Köpf | Martin Luther

Ulrich Köpf

Martin Luther

Der Reformator und sein Werk

Reclam

MIX
Papier aus verantwor-
tungsvollen Quellen
FSC® C105673

Alle Rechte vorbehalten
© 2015 Philipp Reclam jun. GmbH & Co. KG, Stuttgart
Satz und Druck: Reclam, Ditzingen
Buchbinderische Verarbeitung: Kösel, Krugzell
Printed in Germany 2015
RECLAM ist eine eingetragene Marke
der Philipp Reclam jun. GmbH & Co. KG, Stuttgart
ISBN 978-3-15-011042-3

Auch als E-Book erhältlich

www.reclam.de

Inhalt

Einleitung

Die Zahl der Lutherbiographien aus älterer und neuerer Zeit ist groß, und die Einzeluntersuchungen zu Leben und Werk des Reformators sind unüberschaubar. Das liegt einerseits an der Fülle der Quellen, die von und über Luther erhalten sind, andererseits an der epochalen Bedeutung des Mannes und an dem dadurch geweckten, seit seinen Lebzeiten bei Anhängern und Gegnern bis heute anhaltenden Interesse. Martin Luther steht in einzigartiger Weise zwischen zwei Zeitaltern der abendländischen Geschichte. Noch im Mittelalter geboren und aufgewachsen, hat er entscheidend zum Ende der seit der Spätantike ausgebildeten Gestalt des westlichen Christentums beigetragen, ohne sie doch durch etwas ganz Neues zu ersetzen. Seine Stellung »zwischen den Zeiten« gab und gibt immer wieder Anlaß zu vielfältigen Fragen und Deutungsversuchen. Wie weit ist Luther vom Mittelalter geprägt und wieviel an ihm gehört dauerhaft dieser vergangenen Zeit an? Wie sehr hat er dadurch die Heraufkunft eines Neuen verzögert? Wodurch weist er andererseits selbst in die Neuzeit hinein und wie weit spricht er noch zu unserer Gegenwart? Das Nachdenken über diese und ähnliche Fragen ist in einer mehr als hundertjährigen Forschungsgeschichte nicht zum Abschluß gekommen. Doch vielleicht wurden von der Forschung manche Alternativen falsch formuliert und sind gerade »mittelalterliche« Elemente bei Luther zu Keimen für neue, in die Zukunft weisende Entwicklungen geworden. Gewiß wurden Einflüsse, die Luther in seiner Frühzeit aufgenommen und selbständig verarbeitet hat, durch ihn in besonderer Weise geschichtsmächtig. Darin liegt ein Teil seiner geschichtlichen Bedeutung.

Offene Fragen verleiten den Lutherbiographen leicht zu Konstruktionen mit Übertreibung der in der Vergangenheit verhafteten oder der in die Zukunft weisenden Momente.

Auch das vorliegende Buch kommt nicht ohne die eine oder andere historische Rekonstruktion aus. Doch verzichtet es auf gewagte Hypothesen und bloße Vermutungen. Es bemüht sich einerseits, die wichtigsten gesicherten Tatsachen aus Luthers Leben in einen biographischen Zusammenhang zu bringen. Es möchte andererseits zu Luthers Werk hinführen, das vor allem im Wort bestand: im gesprochenen und noch mehr im geschriebenen Wort. In zahlreichen gedruckten Zeugnissen wirkt es bis heute fort. Daher soll Luther selbst hier möglichst oft zu Wort kommen. Neben einem Überblick über sein außerordentlich umfangreiches schriftliches Werk soll eine Vorstellung davon vermittelt werden, wie Luthers Person und Luthers Denken in sprachmächtiger Weise gewirkt haben. Dabei soll der Reformator weder verteidigt noch verherrlicht, sondern möglichst nüchtern als Mensch in seiner Zeit und mit seinen Abhängigkeiten und Schwächen vorgestellt werden. Auch die Härte, mit der er seine Gegner oft behandelt hat, soll nicht beschönigt werden.

Wie nur wenige Autoren will Luther immer wieder gelesen werden; seine tiefsten Gedanken erschließen sich erst anhaltender Bemühung. Dieses Buch führt zu zentralen Aussagen des Reformators hin. Es hilft dem Leser, sich in der Fülle seiner Schriften zurechtzufinden und sich ein eigenes Urteil über seine Persönlichkeit und sein Wirken zu bilden. Der begrenzte Umfang erlaubt es allerdings nicht, seine Biographie ausführlich in die Geschichte seiner Zeit einzubetten. Wer sich eingehender über die allgemeinhistorischen Hintergründe informieren möchte, der sei auf die bei Reclam erschienene *Deutsche Geschichte in Quellen und Darstellung. Band 3: Reformationszeit 1495–1555* hingewiesen.

1. Was wissen wir von Martin Luther?

Martin Luther gehört zu den bekanntesten, berühmtesten und zugleich umstrittensten Personen der deutschen Geschichte. Bereits seit seinen Lebzeiten ist sein Bild durch Verehrung und Haß in positiver wie in negativer Weise entstellt worden. Wie anderen vielgenannten Gestalten wurden ihm Aussagen zugeschrieben, die nicht von ihm stammen. Am häufigsten wird heute wohl das einprägsame Wort von dem Apfelbäumchen zitiert, das er auch angesichts des unmittelbar bevorstehenden Weltuntergangs pflanzen würde. Doch gerade dieses Wort stammt nicht von ihm; es läßt sich erst in der Zeit des Zweiten Weltkriegs nachweisen. Angesichts vieler unterschiedlicher Lutherbilder stellen sich die Fragen: Was wissen wir wirklich von Luther, was können wir überhaupt von ihm wissen?

Zunächst: Wohl von keinem und über keinen Menschen seiner Zeit gibt es so viele schriftliche Zeugnisse wie von und über Luther. Die 1883 begonnene, 2009 mit dem letzten Band eines umfangreichen Registers abgeschlossene kritische Gesamtausgabe seiner Werke, die *Weimarer Ausgabe*, umfaßt vier Abteilungen: Die *Schriften* mit 84 Bänden (WA) enthalten die von ihm veröffentlichten Werke, dazu Vorlesungen, Predigten und andere Texte. Luthers Bibelübersetzung ist in ihren verschiedenen Fassungen mit Vorreden, Randbemerkungen und Protokollen der Überarbeitung in einer eigenen Abteilung *Deutsche Bibel* (WADB) in 15 Bänden enthalten. Dazu kommen der *Briefwechsel* (WAB) mit 18 und die *Tischreden* (WATR) mit 6 Bänden. Insgesamt umfaßt die Ausgabe 123 Bände, von denen sechs Bände Revisionsnachträge (RN) in Faszikeln (Heften) erhalten haben.

Das gewaltige Corpus der *Schriften* bietet unmittelbare Zeugnisse von Luthers Wirken durch das geschriebene und gesprochene Wort, darunter auch mehrere autobiographische

Rückblicke, deren Wert für die Kenntnis seines Lebens freilich jeweils im Vergleich mit anderen Quellen erwogen werden muß. Unmittelbaren Einblick in Luthers Lebensgang und in sein Denken bietet auch sein *Briefwechsel* mit mehr als 3700 Stücken, darunter etwa 2600 von Luther geschriebene sowie mehr als 160 Gutachten, die er zusammen mit Kollegen verfaßt hat. Dieser Briefwechsel ist allerdings wesentlich kleiner als der seines Wittenberger Kollegen Philipp Melanchthon (ca. 9600); viele Stücke sind verlorengegangen. Eine Quelle eigener Art sind die *Tischreden*, die meist auf die seit 1531 gemachten Niederschriften von Gesprächspartnern zurückgehen, aber auch Texte aus Luthers Briefen und Schriften enthalten. Ihre Auswertung ist besonders schwierig, da keine unmittelbaren Aufzeichnungen der Äußerungen Luthers erhalten sind. Die Schreiber haben das von Luther oder auch von anderen Ohrenzeugen Gehörte in Heften gesammelt, dabei oft eigene Formulierungen einfließen lassen und diese Aufzeichnungen später wieder – jetzt gewöhnlich in neuer Ordnung – abgeschrieben, um die dadurch entstandenen Bände gleichsam als Nachschlagewerke zu benutzen. Nur in solchen Abschriften sind die einzelnen Sammlungen überliefert. Sie müssen deshalb mit besonderer Vorsicht ausgewertet werden.

Von der Hinterlassenschaft vieler Gelehrter seiner Zeit, auch von der Melanchthons, unterscheidet sich Luthers Werk durch seine Zweisprachigkeit. Seine für Kollegen und Studenten bestimmten Abhandlungen und Briefe hat er lateinisch verfaßt, ist aber daneben schon früh mit deutschen Schriften an eine weitere Öffentlichkeit getreten, die kein Latein konnte. Durch seine vielen deutschsprachigen Briefe ist er der erste große Briefschreiber in deutscher Sprache geworden. In einer Zeit, in der es noch keine normierte hochdeutsche Sprache gab, bediente er sich beim Schreiben des »Frühneuhochdeutschen« in der Gestalt, die damals in der sächsischen Kanzlei gebraucht und in ganz Deutschland verstanden wurde. Wer seine Predigten und Tischreden liest, der wird überrascht sein, in vielen Texten eine Mischung lateinischer und deutscher Partien zu finden. Das geht in manchen Fällen auf den Brauch der Gelehrten zurück, deutsche Ausführungen mit geläufigen lateinischen Formulierungen zu durchsetzen oder im lateinischen Vortrag gelegentlich besonders plastische deutsche Wendungen zu gebrauchen. In anderen Fällen schrieben die Zuhörer in einer für das Lateinische geschaffenen Stenographie mit, die später auch lateinisch aufgelöst wurde. So viele Unsicherheiten in solchen Mischtexten stecken, so viel zuverlässiges Material zu Luthers Leben und Werk bieten doch seine Briefe und Schriften.

Dennoch stößt auch bei manchen elementaren Sachverhalten der Biographie Luthers unser Wissen immer wieder an Grenzen. Dies soll an drei Beispielen erläutert werden.

Zunächst an Luthers Geburtsjahr. Es wird in Biographien und Lexikonartikeln durchweg als 1483 angegeben. Diese Jahreszahl ist freilich unsicher. Amtliche Dokumente über Luthers Geburt gab es in einer Zeit ohne Standesämter und Kirchenbücher natürlich nicht. Man war damals auf das Gedächtnis angewiesen. Luther selbst wußte nicht genau, in welchem Jahr er geboren war. 1539 sagte er in einer Predigt, er glaube, Papst Julius sei in dem Jahr gestorben, in dem er selbst geboren sei (WA 47, 581,26 f.). Offenbar hat er Julius II. (Papst 1503–1513), den er bewußt erlebt hatte, mit Sixtus IV. (Papst 1471–1484) verwechselt. Demnach setzte er seine Geburt ins Jahr 1484. Doch kann man auf eine solche Angabe bauen? Unter den Tischreden finden sich mehrere Listen mit wichtigen und meist richtigen Lebensdaten. In einer sagt Luther: »Ich bin 1483 geboren« (WATR 2, Nr. 2250), in einer anderen: »Ich bin 1484 geboren« (WATR 5, Nr. 5347). Deshalb empfiehlt es sich, mit den früheren Biographen Philipp Melanchthon zu folgen, der in seinem Vorwort zum zweiten Band der lateinischen Werke Luthers berichtet, dessen Mutter sei selbst über das Geburtsjahr unsicher gewesen, habe sich aber an den Tag und die Stunde der Geburt erinnert: am 10. November nachts nach zehn Uhr sei der Sohn zur Welt gekommen und am folgenden Tag auf den Namen des Tagesheiligen Martin getauft worden. Sein Bruder Jakob habe aber das Geburtsjahr 1483 als Meinung der Familie genannt (CR 6, 156).

Sodann wissen wir, daß Luther wenige Jahre nach seinem Eintritt ins Kloster eine Reise nach Rom unternommen hat. Doch im späteren Rückblick macht er über die Zeit dieser Reise selbst nur wenige und unterschiedliche Angaben. Meist nennt er dafür das Jahr 1510, vereinzelt aber auch 1511 oder 1509. Als Ursache dieser Reise gibt er den »Staupitz-Streit« an, eine Auseinandersetzung innerhalb seines Ordens. Ob er die Reise für oder gegen Staupitz unternommen hatte, sagt er nirgends. Mit dem Zweck der Reise hängt aber ihre Datierung aufs engste zusammen. Nur eine sorgfältige Untersuchung und Abwägung aller Aussagen der Quellen kann eine Entwirrung dieser Fragen bringen. Im folgenden schließe ich mich der jüngst erschienenen Studie an, die eine Lösung auf der Grundlage neuer Quellenfunde vorschlägt (s. Literaturhinweise).

Ein drittes Problem verbindet sich mit den 95 Thesen über den Ablaß. Im geschichtlichen Bewußtsein vor allem der Deutschen hat sich die Vorstellung festgesetzt, Luther habe seine Thesen am 31. Oktober 1517 mit wuchtigen Hammerschlägen an der Tür der Wittenberger Schloßkirche befestigt und mit dieser symbolträchtigen Handlung die Reformation eingeleitet. Einige spätere Drucke der 95 Thesen sind ebenso erhalten wie der Brief, mit dem Luther am 31. Oktober 1517 ein handschriftliches Exemplar an Erzbischof Albrecht von Mainz gesandt hat. Im Vorwort der Thesen drückt der Verfasser die Absicht aus, in Wittenberg unter seinem Vorsitz eine Disputation über diese Sätze halten zu lassen; Abwesende bittet er um eine schriftliche Stellungnahme. Diese Disputation war offenbar nicht als eine Veranstaltung im Rahmen der regulären Lehrveranstaltungen der theologischen Fakultät gemeint, sondern sollte eine von Luther persönlich veranstaltete außerplanmäßige Diskussion werden. In späteren Briefen (WAB 1, 138,17–19; 152,6–10) bekräftigt er nachträglich diese Absicht. Doch die gewünschte Disputation fand nicht statt (139,46). Über einen Anschlag der Thesen an der Tür der Schloßkirche gibt es weder eine Aussage Luthers noch ein anderes zeitgenössisches Zeugnis. Er wird zum ersten Mal von Melanchthon in seinem bereits zitierten, wenige Monate nach Luthers Tod entstandenen Vorwort erwähnt: Luther habe die Thesen »am Vortag des Allerheiligenfestes 1517 öffentlich an die Wittenberger Schloßkirche angeheftet (oder: anheften lassen)« (CR 6, 162). In den Statuten der Universität Wittenberg vom 1. November 1508 ist festgelegt, die Feste, Disputationen und Promotionen der Universität sollten von den Pedellen bekanntgemacht und an den Türen der Wittenberger Kirchen mitgeteilt werden. Wahrscheinlich hat Melanchthon im Wissen um diese Bestimmung den Vorgang beschrieben, ohne nähere Kenntnis davon zu haben, ob er tatsächlich stattgefunden hatte. Alle anderen Erwähnungen eines Thesenanschlags dürften von seiner Darstellung abhängig sein – auch die späten Eintragungen von Luthers Schüler und Mitarbeiter Georg Rörer aus Deggendorf in Niederbayern (1492–1557; 1525–37 Diakon an der Wittenberger Stadtkirche, dann hauptamtlich Mitarbeiter an Ausgaben der Werke Luthers) in Luthers Handexemplar des Neuen Testaments (Wittenberg 1540; WA 48 RN 116) und in einen Band mit eigenen Handschriften (WADB 11 II, CXLI). Im übrigen ist es ganz unwahrscheinlich, daß der 1517 bereits sehr angesehene Professor mit dem öffentlichen Anschlag seiner Einladung zu einer Disputation weder ein positives noch ein negatives öffentliches Echo gefunden haben sollte. Die Rede von »Luthers Thesenanschlag« muß deshalb als historisch unbegründet gelten.

2. Die Jugendzeit bis 1505

Martin wurde wohl als erster Sohn des Hans Luder (1458–1530) und seiner Frau Margarete, geb. Lindemann (um 1463–1531), in Eisleben in der Grafschaft Mansfeld geboren. Der Vater, der 1484 mit der Familie nach der Stadt Mansfeld umzog, stammte aus einem bäuerlichen Geschlecht, war selbst im Kupferbergbau tätig und brachte es im Laufe der Zeit zu Vermögen und Einfluß. Seinem Erfolgsstreben entsprach es, daß er seinem Ältesten eine sorgfältige Erziehung angedeihen ließ. Martin besuchte bis 1497 die städtische Schule in Mansfeld, dann ein Jahr wohl die Domschule in Magdeburg, schließlich noch drei Jahre die Pfarrschule in Eisenach, der Heimat seiner Mutter. Er verließ die Schule mit den Kenntnissen, die für die Aufnahme eines Studiums nötig waren, vor allem mit der Beherrschung der lateinischen Sprache.

Im Frühjahr 1501 begann Martin das Studium an der Universität, die Eisenach am nächsten gelegen war: in Erfurt. Wie seit den Anfängen der Universität üblich absolvierte er zunächst das Grundstudium an der Fakultät der *Artes*. Diese hatte ihren Namen von ihren Inhalten: den sieben »freien Künsten« (*artes liberales*) Grammatik, Rhetorik und Logik (Dialektik) sowie Arithmetik, Musik, Geometrie und Astronomie, die freilich schon seit dem 13. Jahrhundert durch verschiedene philosophische Disziplinen erweitert worden waren. Alle Fächer wurden auf der Grundlage älterer, meist sogar antiker Lehrbücher betrieben; die Logik und die philosophischen Fächer Metaphysik, Physik und Naturkunde, Psychologie, Ethik, Oekonomik und Politik auf der Grundlage von Werken des Aristoteles. Dadurch wurde Aristoteles zur beherrschenden Autorität dieser Fakultät. In der Auslegung seiner Lehren bildeten sich verschiedene Schulen heraus. Eine wichtige Rolle spielte dabei die Lösung des Universalienproblems: Hatten die Allgemeinbegriffe (*universalia*) ein von den konkreten Dingen unabhängiges Sein oder existierten sie nur in diesen Dingen? Gab es beispielsweise »das Weiße« oder nur weiße Dinge, »das Menschsein« oder nur einzelne Menschen? Seit den griechischen Philosophen Platon und Aristoteles war unter dem Thema der »Ideen« über diese Fragen diskutiert worden; im späten Mittelalter hatten sich daran Richtungen (*viae*: »Wege«, d. h. Schulen) geschieden, die nach ihren wichtigsten Vertretern bezeichnet wurden. Im Gegensatz zum nahen Leipzig wurde von den Artisten in Erfurt die *via moderna* gelehrt. Sie vertrat im Anschluß vor allem an Wilhelm von Ockham (1285/90 – ca. 1349) die »Nominalismus« oder besser »Terminismus« genannte Meinung, die Allgemeinbegriffe besäßen kein selbständiges Sein, sondern würden vom Verstand aus den einzelnen Dingen abstrahiert.

Martin hat sein Grundstudium noch ganz im Rahmen des überkommenen scholastischen (schulmäßigen) Lehrbetriebs mit der geschilderten Ausrichtung des spätmittelalterlichen Aristotelismus absolviert. Aus seiner weiteren Entwicklung läßt sich schließen, daß er daneben auch schon von dem in Erfurt außerhalb der Universität bestehenden Humanismus beeinflußt wurde. Die Humanisten Hieronymus Marschalck und Crotus Rubeanus haben ihm aber wohl noch keine traditionskritische Haltung, sondern vor allem das Interesse an der lateinischen Sprache und Dichtung vermittelt.

Anfang Februar 1505 schloß Martin sein Grundstudium erfolgreich mit der Promotion zum »Magister artium« ab. Damit erhielt er das Recht, wurde aber auch dazu verpflichtet, noch zwei Jahre lang als Dozent der Artistenfakultät zu lehren – auch falls er ein weiterführendes Studium an einer der drei »oberen« Fakultäten (der medizinischen, juristischen und theologischen) aufnehmen sollte. Auf Wunsch seines Vaters, der sein bisheriges Studium finanziert hatte, für ihn einen einträglichen weltlichen Beruf erhoffte und auch schon an seine Bindung durch eine »ehrbare und reiche Heirat« dachte (WA 8, 573,24), begann er neben der Lehrtätigkeit als Artist im Sommersemester mit dem Studium der Rechtswissenschaften, das ihm freilich nichts bedeutete.

3. Die erste Lebenswende 1505: Eintritt ins Kloster

Noch während des ersten Semesters seines Jurastudiums ergab sich eine einschneidende Wende in Martins Leben: Am 17. Juli trat er in ein Erfurter Kloster ein. Diese Lebenswende ist mit vielen Fragen verbunden. Aus unbekannten Gründen war Martin für einige Tage in sein Elternhaus zurückgekehrt. Er berichtet in späteren Jahren, als er am 2. Juli zurückkehrte, habe ihn bei Stotternheim nahe Erfurt ein Blitz überrascht und so erschüttert, daß er in seinem Schrecken gesagt habe: »Hilff du, S. Anna, ich wil ein monch werden!« Als ihn hinterher sein Gelübde reute und viele ihm zuredeten, es nicht zu halten, blieb er standhaft, verabschiedete sich von seinen Freunden und hielt gegen den Willen seines erzürnten Vaters an seinem Vorsatz fest (WATR 4, Nr. 4707). Wer die spätmittelalterliche Frömmigkeit kennt, die von Furcht vor dem göttlichen Gericht und vor einem plötzlichen Tod ohne letzte Zuwendung der kirchlichen Gnadenmittel geprägt war, der kann seine Schilderung verstehen. Martin lebte noch tief in dieser Frömmigkeit – weit stärker als sein Vater, der durch den plötzlichen Entschluß seine Hoffnungen auf einen sozialen Aufstieg des Sohns zerstört sah und, »moderner« als dieser eingestellt, dem Mönchtum kritisch gegenüberstand (WATR 3, Nr. 3556A). Wahrscheinlich hat Martin das Gelübde nicht ganz unvorbereitet geleistet; es gibt Nachrichten darüber, daß er durch verschiedene Erschütterungen innerlich auf eine Änderung seiner Lebensplanung vorbereitet war. Das Kloster bot seinem tief verunsicherten Gewissen einen sicheren Weg, um sich aus den Anfechtungen zu retten, die ihn offenbar zunehmend bedrängten. Der vom Gewitter verursachte Todesschrecken dürfte die wohl seit längerem erwogene Entscheidung für diesen Weg ausgelöst haben.

Nach zweiwöchigen Überlegungen und Beratungen mit seinen Freunden, aber noch ohne Wissen seiner Eltern, wandte sich Martin am 17. Juli als Postulant (Bewerber) an das Erfurter Augustinereremiten-Kloster (wegen der Farbe der Ordenstracht »Schwarzes Kloster« genannt). Die Augustinereremiten waren ein Orden, der sich um die Mitte des 13. Jahrhunderts durch den Zusammenschluß mehrerer mittelitalienischer Eremitengemeinschaften gebildet hatte und die sogenannte »Augustinusregel« befolgte. In ihrer Verfassung als zentralisierter Personenverband wie in ihrer Lebensführung orientierten sie sich an den bestehenden Mendikantenorden (Bettelorden), besonders an den Dominikanern. Ein Leben in sexueller Enthaltsamkeit, der Verzicht des einzelnen wie der Gemeinschaft auf Eigentum und unbedingter Gehorsam gegenüber den Oberen machten sie ständig für geistliche Aufgaben verfügbar.

Da Martin sich nicht über die Gründe seiner Wahl geäußert hat, wurde in der neueren Forschung überlegt, weshalb er gerade diesen und nicht einen der anderen in Erfurt ansässigen Bettelorden (Dominikaner und Franziskaner) wählte. Zogen ihn der gute Ruf, in dem die Erfurter Augustiner standen, ihre besondere Strenge oder gar ihre enge Verbindung zur Universität an? War er durch die räumliche Nähe ihres Klosters zur Georgenburse, in der er als Artist gelebt hatte, auf sie aufmerksam geworden? Wir wissen es nicht. Auf keinen Fall dürfte ihn aber der Gedanke an eine weitere wissenschaftliche Karriere an der theologischen Fakultät zu diesem Schritt bewogen haben. Wer in ein Kloster eintritt, der verläßt damit bewußt die »Welt«, d. h. alles, was außerhalb des Klosters ist und geschieht. Mit der »ewigen« (unwiderruflichen) Profeß (Ablegung der Gelübde), dem endgültigen Kleiderwechsel und dem Empfang der Tonsur (dem Scheren des Hauptes bis auf einen Haarkranz) – im Mönchtum gleichsam als zweite Taufe verstanden – beginnt er ein neues Leben, das als ein Stand fortwährender Buße aufgefaßt wird. Der Tageslauf des Mönchs ist seit alters durch das regelmäßige Stundengebet (Horen) gegliedert. Es wird zu festen Zeiten von der Gemeinschaft im Chor gebetet und besteht vor allem aus dem Psalter, der in Verbindung mit anderen Texten einmal im Laufe der Woche vollständig rezitiert wird. Auch wenn die Augustinereremiten nicht alle Horen – herkömmlich sieben am Tag und eine in der Nacht – beteten wie die kontemplativen Gemeinschaften der Benediktiner und Zisterzienser, war das Pensum ihres Chordiensts beträchtlich.

Das in den Gelübden konkretisierte Mönchsideal blieb für Martin zwanzig Jahre hindurch die Grundlage seiner Existenz. Von 1505 bis 1525 – also im zweiten, entscheidenden Drittel seines Lebens – lebte er als Mönch. Als Mönch gewann er seine wegweisenden religiösen Erfahrungen und theologischen Erkenntnisse, als Mönch brach er mit der theologischen und kirchlichen Überlieferung und noch als Mönch begründete er eine neue Theologie und ein neues Kirchenwesen. Erst in den letzten Jahren dieses Zeitraums distanzierte er sich allmählich von der monastischen Lebensweise.

4. Der junge Augustinereremit

Nach der vorläufigen Aufnahme ins Kloster mußte Martin ein einjähriges Noviziat durchmachen, in dem er mit dem neuen Leben bis hin zum Bettel vertraut gemacht und zugleich auf seine Eignung für dieses Leben geprüft wurde. Das erste Jahr im Kloster schloß vermutlich im Spätsommer 1506 mit der feierlichen Profeß: der Ablegung der drei Gelübde Armut, Keuschheit und Gehorsam.

Weder klerikale Weihen noch eine weitere wissenschaftliche Ausbildung sind anfänglich mit dem Mönchsleben verbunden – im Gegenteil, sie gefährden das Mönchsein in seinem ursprünglichen Sinn. Freilich war zu Martins Zeit die Spannung zwischen Mönchsein und Priesteramt weitgehend geschwunden, so daß er sich nach der Profeß nicht gegen das Ansinnen seines Oberen sträubte, Priester zu werden. Voraussetzung für die Priesterweihe war damals noch nicht ein Theologiestudium. Doch mußte sich Martin auf die priesterlichen Aufgaben, vor allem die Abhaltung des Meßgottesdiensts und die Verwaltung der übrigen Sakramente, besonders der Buße, durch Lektüre von zwei modernen Handbüchern vorbereiten: der Erklärung der Meßfeier (*Expositio canonis missae*) des Tübinger Professors Gabriel Biel (vor 1410–1495) und des Beichthandbuchs (*Summa de casibus conscientiae* oder *Summa Angelica*) des italienischen Franziskaners Angelo da Clavasio (gest. 1495). Nachdem Martin an einem nicht genau bekannten Zeitpunkt (zwischen Februar und April 1507) zum Priester geweiht worden war, feierte er am 2. Mai 1507 seine Primiz (die erste von ihm selbst zelebrierte Meßfeier). Später berichtet er wiederholt, damals habe er beim Aussprechen von Gottesanreden im Meßkanon gestockt und sei von Schrecken vor der göttlichen Majestät ergriffen worden (WA 43, 382,1–6), ja wäre deshalb vom Altar weggelaufen, wenn ihn sein Prior nicht ermahnt hätte (WATR 2, Nr. 1558; 3, Nr. 3556A). Sein Vater, der mit zwanzig Begleitern und einem Geldgeschenk zu der Feier gekommen war, erinnerte Martin an das Gebot, die Eltern zu ehren, und redete ihm ins Gewissen, indem er fragte, ob das Erlebnis, das zu seinem Eintritt ins Kloster führte, nicht vielleicht ein Blendwerk gewesen sei (WA 8, 574,2; TR 3, Nr. 3556A u. ö.). Anders als sein Vater war Martin noch tief in der spätmittelalterlichen Frömmigkeit gefangen. Die Frage des Vaters hat ihn heftig und noch lange Zeit beunruhigt.

Die Pflichten seines neuen Standes nahm der junge Mönch sehr ernst. Vor allem aus späteren Jahren liegen zahlreiche Äußerungen vor, in denen er auf seinen Eifer in der Erfüllung des Mönchsideals hinweist. Als ihm Herzog Georg von Sachsen (1471–1539) 1533 vorwarf, er habe seine Gelübde gebrochen, beteuerte er:

»War ists, Ein fromer Munch bin ich gewest, Und [habe] so gestrenge meinen Orden gehalten, das ichs sagen thar [wage]: ist jhe ein Munch gen himel komen durch Muncherey, so wolt ich auch hinein komen sein. Das werden mir zeugen alle meine Klostergesellen, die mich gekennet haben. Denn ich hette mich (wo es lenger geweret [gewährt] hette), zu tod gemartert mit wachen, beten, lesen und ander erbeit [Mühe] etc.« (WA 38, 143,25–29)

Mit der Bemühung waren aber auch heftige Anfechtungen verbunden. Je höher die Forderung ist, die der Mönch an sich selbst stellt, um so schwerer fällt es ihm, sie angemessen zu erfüllen, und um so leichter drängt sich ihm der Verdacht auf, er könne dieser auf Gott zurückgeführten Forderung nicht gewachsen sein und sei deshalb der Strafe verfallen, die das Versagen nach sich zieht. In Martin verbanden sich die spätmittelalterliche Angst vor dem richtenden Gott in der Gestalt Christi mit der Bedenklichkeit des besonders gewissenhaften Mönchs.

Gegenüber dem Einsiedler hat der in einer Gemeinschaft lebende Mönch aber den Vorteil, daß ihm Mitbrüder zur Seite stehen, vor allem Obere, die ihn seelsorgerlich betreuen. Unter seinen Vorgesetzten hatte einer für Martin in mehrfacher Hinsicht besondere Bedeutung: als Ordensoberer, der wiederholt in seinen Lebensgang eingriff, wie als Seelsorger, der ihm immer wieder Trost und Weisung für sein inneres Leben gab. Das war Johann von Staupitz (ca. 1468 Motterwitz bei Leisnig – 1524 Salzburg). Einem sächsischen Adelsgeschlecht entstammend war er nach dem artistischen Studium zwischen 1489 und 1494 dem reformierten Zweig der Augustinereremiten beigetreten. Schon im späten 14. Jahrhundert war nämlich wie bei anderen religiösen Gemeinschaften auch unter den Augustinereremiten eine Bewegung entstanden, die auf schärfere Beachtung (Observanz) der eigenen Regeln und Verfassungsdokumente drang und in ihrem Sinne Reformen in Klöstern und Orden durchführte. Die daraus hervorgegangene Reformkongregation der deutschen Augustinereremiten stand in Spannung zur Organisation des Ordens in Provinzen. Staupitz, seit 1497 Mitglied des Tübinger Konvents, dort 1500 zum Doktor der Theologie promoviert und anschließend Prior des Münchener Konvents, wechselte 1502 auf Wunsch des sächsischen Kurfürsten Friedrichs III., des Weisen (1463–1525) nach Wittenberg, um hier an der Gründung der Universität mitzuwirken. Diese wurde 1502 als vorletzte Gründung der sogenannten »zweiten Gründungswelle« deutscher Universitäten von Friedrich dem Weisen in einer seiner Residenzstädte errichtet. Zwölf Professuren wurden durch Pfründen der Chorherren des erweiterten Allerheiligenstifts besoldet, drei weitere hatten die beiden Bettelorden der Franziskaner und der erst zur Universitätsgründung nach Wittenberg geholten Augustinereremiten unbesoldet zu besetzen. Die Verfassung der neuen Universität war stark von Tübingen bestimmt. Die ältesten Statuten ihrer Artistenfakultät sind fast wörtlich aus Tübingen übernommen. Doch während dort mit den beiden »Wegen« *via antiqua* und *via moderna* gemeint waren, wurde in Wittenberg die *via moderna* nur kurz und einflußlos vertreten (1507–1510 durch Jodocus Trutfetter aus Erfurt). Hier wurden vielmehr die beiden Richtungen der *via antiqua* gelehrt: der Weg des Dominikaners Thomas von Aquin und der des Franziskaners Johannes Duns Scotus. Auf die theologische Fakultät hatten diese in stark harmonisierender Weise gelehrten philosophischen Richtungen keinen prägenden Einfluß. Sie wurde stärker davon bestimmt, daß die Verfassung der Universität trotz ihrer mittelalterlichen Grundstruktur von Anfang an nicht ganz abgeschlossen, sondern für Ergänzungen durch den Humanismus offen war. Als Professor hat später auch Martin Luther einiges zu ihrer Reform beigetragen.

Staupitz wurde sogleich Dekan der theologischen Fakultät und übernahm die Professur dieser Fakultät, die sein Orden zu besetzen hatte. Bereits 1503 wurde er jedoch als Nachfolger von Andreas Proles (1429–1503) Generalvikar der Reformkongregation der Augustinereremiten in Deutschland – ein Amt, das ihn von nun an stark in seiner Lehrtätigkeit behinderte. In seinem Bemühen um Ausweitung der Reform strebte er einen Zusammenschluß der sächsischen Ordensprovinz mit der deutschen Reformkongregation an. Im Dezember 1507 stellte der päpstliche Gesandte Kardinal Carvajal in Memmingen eine Bulle (päpstliche Urkunde) aus, die den von Staupitz angestrebten Zusammenschluß bestätigte. Das Kapitel der sächsischen Provinz in Münnerstadt am 9. September 1509 billigte die Union und wählte den Generalvikar der Observanten Staupitz zugleich zum Oberen der Provinz (Provinzial). Doch eine Minderheit von sieben observanten Konventen – darunter der Erfurter – leistete dagegen erbitterten Widerstand. Weil sie durch die Verbindung der beiden Ämter in einer Person eine Abschwächung der Observanz befürchtete, erklärte sie diese Verbindung für einen Verstoß gegen die Verfassung des Ordens.

Trotz seines großen Einsatzes in Ordensleitung und Ordenspolitik hat Staupitz weiterhin häufig gepredigt. Aus zwei Predigtreihen formte er Traktate, die rasch gedruckt wurden. Auch andere kleine Schriften haben erbaulichen Charakter. Alle seine Werke zeigen Staupitz als einen der Schultheologie fernstehenden, stark an Paulus und Augustinus orientierten, gegenüber äußerlichen Bräuchen und Institutionen zurückhaltenden seelsorgerlich-praxisbezogenen Theologen, in dessen Denken das durch Christus vermittelte Verhältnis des einzelnen zu Gott eine zentrale Rolle spielt.

Doch nicht so sehr durch seine Veröffentlichungen als durch persönlichen Zuspruch und Weisungen hat Staupitz dem jungen Mitbruder in seinen religiösen Nöten und Anfechtungen wiederholt hilfreichen Rat gegeben. Noch in späteren Jahren erinnerte dieser sich gerne daran:

»Als ich ins Kloster eingetreten war, geschah es, daß ich ständig traurig und betrübt einherging und diese Traurigkeit nicht ablegen konnte. Deswegen bat ich Doktor Staupitz um Rat und beichtete ihm, einem Mann, den ich gerne erwähne, und bekannte ihm, welch schreckliche Gedanken ich hatte. Darauf sagte jener: Du weißt nicht, Martin, wie nützlich und notwendig dir jene Anfechtung ist; denn Gott beunruhigt dich so nicht ohne Grund. Du wirst sehen, daß er dich als Diener für große Vorhaben gebraucht. Und so geschah es.« (WAB 5, 519,25–32 [1530])

Wenn Martin sich wegen verbotener Regungen für verdammt hielt, wies Staupitz ihn auf den Heiland hin: »So habe ich Christus, enthalte mich der Begierde, so gut ich kann, und was ich nicht habe, das verzeiht er durch die Vergebung der Sünden« (WA 40II, 92,6–8). Offenbar hat Staupitz seinen von Gewissensnöten geplagten Mitbruder besonders wirksam auf die Bedeutung Christi für sein persönliches Leben hingewiesen: »Man mus den man ansehen, der da heyst Christus.« Martin fügt knapp hinzu: »Staupicius hat die *doctrinam* [Lehre] angefangen« (WATR 1, Nr. 526 [1533]). 1522 trat Staupitz in das Benediktinerkloster St. Peter zu Salzburg ein und ließ sich hier zum Abt wählen. Trotz seiner Enttäuschung über diesen Schritt versicherte Martin ihm, durch ihn habe zuerst das Licht des Evangeliums in der Finsternis seines Herzens aufzuleuchten begonnen (WAB 3, 155,7 f.). Diese und viele andere Äußerungen zeigen, wie viel der Zuspruch des Oberen zur religiösen Entwicklung Martins beigetragen hat. Seine theologische Entwicklung, die ihn schließlich in die Öffentlichkeit führen sollte, vollzog sich aber auf einem anderen Weg, auf den ihn freilich ebenfalls Staupitz gebracht hatte.

5. Das Theologiestudium

Martin war nach der Sitte seiner Zeit Priester geworden, ohne eine regelrechte theologische Ausbildung genossen zu haben. Doch der Orden hatte schon früh seine geistige Eignung zu einer Laufbahn als Theologe erkannt. Deshalb bestimmte er ihn bald nach seiner Priesterweihe zum Studium an der theologischen Fakultät der Universität Erfurt, das er wohl schon im Sommersemester 1507 aufnahm. Als Magister artium besaß er die formale Voraussetzung dazu. Er hat das Studium planmäßig, jedoch ungewöhnlich rasch absolviert.

Das Theologiestudium besaß zu Beginn des 16. Jahrhunderts noch genau die Grundstruktur, die sich zu Beginn des 13. Jahrhunderts zuerst an der Universität Paris entwickelt hatte. Nachdem der Theologiestudent zunächst als Hörer an Vorlesungen und Disputationen teilgenommen hatte, wurde er zum »Baccalaureus biblicus« graduiert. Als solcher mußte er den Inhalt je eines Buches des Alten und des Neuen Testaments relativ rasch (kursorisch) darlegen (daher auch der Titel »Cursor«). Anschließend hatte er als »Baccalaureus sententiarius« die vier Sentenzenbücher des Petrus Lombardus (gest. 1161) zu erklären, eine systematisch nach Themen geordnete Sammlung vor allem von Zitaten aus der Bibel und der altkirchlichen Literatur. Waren die ersten beiden Bücher erklärt, so mußte man unter dem Titel eines »Baccalaureus (sententiarius) formatus« noch die beiden letzten auslegen. Im Laufe dieses Studiums hatte man auch zunehmend aktiv an den von den Professoren geleiteten Disputationen mitzuwirken. Nach frühestens fünf Jahren konnte man zum »Lizentiaten« der Theologie promoviert werden; der Grad verlieh die Befugnis (*licentia*), die Heilige Schrift in aller nötigen Ausführlichkeit zu kommentieren und selbst Disputationen zu veranstalten, für die man als Leiter Thesen aufstellte und an deren Ende man das Ergebnis formulierte. Der Titel »Magister« (Doktor) erhöhte zwar das Ansehen des Lehrenden, setzte aber keine weiteren wissenschaftlichen Leistungen voraus, sondern erforderte nur beträchtliche Ausgaben für den Doktorschmaus und Geschenke, so daß sich manche Theologen mit der Lizenz begnügten.

Über den äußeren Verlauf von Martins Theologiestudium wissen wir wenig. Von Herbst 1508 bis Herbst 1509 war er an die Universität Wittenberg abgeordnet. Zusammen mit ihm wurden sechs weitere Augustiner immatrikuliert: eine kräftige Verstärkung des Ordens an der jungen Universität. Luther sollte zugleich die Professur an der Artistenfakultät vertreten, zu deren Besetzung sich sein Orden verpflichtet hatte. Er las über Moralphilosophie an Hand der Nikomachischen Ethik des Aristoteles. Gleichzeitig setzte er sein Theologiestudium fort. Am 8./9. März 1509 erwarb er den Grad eines »Baccalaureus biblicus« und las jetzt kursorisch über die Bibel, nahm aber weiterhin an Lehrveranstaltungen der Professoren teil. Nachdem er bereits die Disputation zur Erlangung des Grades eines »Baccalaureus sententiarius« absolviert hatte, wurde er im Herbst 1509 plötzlich nach Erfurt zurückversetzt. Vielleicht dürfen wir darin ein Zeichen des Protests des observanten Erfurter Konvents gegen die Ordenspolitik Johanns von Staupitz sehen. Erst nach einigen Schwierigkeiten erhielt Martin wohl im Frühjahr 1510 in Erfurt den Grad eines Sententiars. Das Exemplar der Sentenzen, in das er Notizen zur Vorbereitung seiner Vorlesung eintrug, blieb erhalten und läßt manche selbständigen Züge in Martins Arbeit erkennen. Von humanistischen Interessen zeugt, wie er Belege für den hebräischen Gottesnamen *elohim* zusammenträgt (AWA 9, 270–272). Zugleich begann er sich in einer Kritik an der scholastischen Tugendlehre bereits von dem rüde kritisierten Aristoteles abzusetzen (AWA 9, 320,6 f.). Andere erhaltene Bücher aus dem Erfurter Konvent mit Martins Eintragungen – gewiß nur ein Teil seiner

Lektüre – zeigen, wie breit schon damals sein Interesse war. Neben scholastischer Literatur las er Augustinus (unter anderem die großen Werke *De trinitate* und *De civitate Dei*), das Gesamtwerk Anselms von Canterbury und kleine Schriften des Franziskanertheologen Bonaventura: durchweg Werke, die den Horizont der Schultheologie aufbrachen.

Die Eintragungen im Erfurter Exemplar der Sentenzen zeigen, daß Luther hier die drei ersten Sentenzenbücher auslegte, während das vierte Buch nur noch zwei Bemerkungen aufweist. Im Spätsommer 1511 brach er nämlich nach Vollendung des dritten Buches seine Vorlesung ab, um dem erneuten Ruf seines Oberen Staupitz nach Wittenberg zu folgen, jetzt mit dem Ziel, hier seine theologische Ausbildung mit einer Doktorpromotion abzuschließen. Staupitz wünschte durch einen Nachfolger auf der theologischen Professur, die das Augustinerkloster zu besetzen hatte, seine Doppelbelastung zu beenden. Martin erinnerte sich später daran, wie ihn der Obere, unter einem Birnbaum im Klostergarten sitzend, zum Erwerb des Doktorgrads aufgefordert hatte. Auf Martins Einwand, dieses Unterfangen werde seine letzten Kräfte aufzehren, habe Staupitz geantwortet, Gott benötige im Himmel kluge Ratgeber, denen er Martin, falls er sterben sollte, beigesellen werde (WATR 2, Nr. 2255 u. ö.). Das war natürlich Ironie; Staupitz wußte wohl, was er seinem jungen Mitbruder zumuten konnte.

6. Die Romreise 1511/12

Im Spätsommer 1511 übersiedelte Bruder Martin endgültig in das Wittenberger Augustinerkloster, das bis zu seinem Tod sein ständiger Wohnsitz bleiben sollte. Doch bevor er in eine reguläre Lehrtätigkeit eintrat, hatte ihn Johann von Staupitz für eine Reise ausersehen, die eine Lösung in seinem Streit mit den observanten Konventen herbeiführen sollte. Alle Verhandlungen mit seinen observanten Gegnern, zuletzt bei einem Treffen am 1. September 1511 in Jena, waren gescheitert. Sein Gegenspieler, der von den observanten Klöstern zum Vikar gewählte Simon Kaiser, appellierte zehn Tage später vor einem Notar und zwei Zeugen an den Papst. Deshalb wollte Staupitz bei Aegidius von Viterbo (1469–1532), dem Generalprior des Ordens in Rom, Anweisungen für sein weiteres Vorgehen erbitten. In Übereinstimmung mit den Bestimmungen der Augustiner wie anderer Bettelorden durften ihre Mitglieder nicht allein reisen. Staupitz sandte daher zwei Mitbrüder nach Rom, die ihm besonders nahe standen: als Höherrangigen Johannes von Mecheln, der als Prior von Enkhuizen 1507 in Wittenberg immatrikuliert und am 15./16. September 1511 zum Doktor der Theologie promoviert worden war, und als seinen Begleiter Bruder Martin. Da Johannes am 4. Oktober 1511 in den Senat der theologischen Fakultät aufgenommen wurde, kann er die Reise frühestens am folgenden Tag begonnen haben. Die beiden Bettelmönche reisten natürlich zu Fuß. Vielleicht wurden sie sogar noch von einem weiteren Mitbruder begleitet: von Johannes Klein (Parvus), dem damaligen Subprior des römischen Konvents Sant'Agostino, den der Generalprior Anfang 1511 wegen des Streits zu Staupitz gesandt hatte und der nun mit den Abgaben der sächsischen Provinz an die Ordensleitung zurückkehrte. Am 28. November überreichte er sie dem Generalprior in Rom. Doch auch wenn Johannes von

Mecheln und Martin allein gereist sein sollten, müssen sie noch vor Ende November in Rom eingetroffen sein, da Papst Julius II. Aegidius anschließend in diplomatischer Mission in die Toskana entsandte. Die Reise, die wohl über Nürnberg, Ulm, die Pässe der Ostschweiz und Mailand führte, dürfte also etwa sechs oder sieben Wochen erfordert haben.

Nach Luthers späteren Aussagen dauerte sein Aufenthalt in Rom vier Wochen. Wahrscheinlich wohnten die beiden Abgesandten im Kloster Sant'Agostino. Über ihre Beratungen mit der Ordensleitung und den für den Orden zuständigen Mitgliedern der Kurie wissen wir so wenig Genaues wie über deren Ergebnisse. Doch läßt sich aus dem Ausgang des Streits schließen, daß die römischen Instanzen Staupitz zum Einlenken drängten. Da die Gespräche vor allem von Johannes von Mecheln geführt wurden, blieb Bruder Martin Zeit, seinen Aufenthalt in der Heiligen Stadt wie ein Pilger zu nutzen. Damals hegte er noch keine Zweifel an der Heilsvermittlung seiner Kirche; deshalb suchte er alle Gnaden zu gewinnen, die sich in Rom erwerben ließen. Er legte eine Generalbeichte ab, machte die übliche Wallfahrt zu den sieben Hauptkirchen, besuchte Märtyrergräber und Reliquien und las so oft wie möglich selbst die Messe. In späteren Jahren hat er von den Erfahrungen, die er einst in Rom gemacht hatte, gerne schriftlich und noch häufiger mündlich berichtet. Doch da er inzwischen viel über die römischen Verhältnisse gelesen und gehört und sich längst polemisch mit der römischen Kirche auseinandergesetzt hatte, muß der biographische Wert seiner Aussagen mit Vorsicht beurteilt werden. Gewiß nahm Martin mit wachen Sinnen alles wahr, was ihm begegnete, und machte treffende Beobachtungen. So bemerkte er später, die antike Stadt habe beträchtlich (»zwo stuben tieff« [WA 37, 14,23]; »ij [zwei] man tieff« [WA 41, 222,4] u. ö.) unter Schutt und Asche begraben gelegen. Ob er Papst Julius II., der sich im Winter 1511/12 fast ständig in Rom aufhielt, tatsächlich gesehen hat (WATR 5, Nr. 6059), ist fraglich. Im Vordergrund seines Interesses stand das, was ihn als einen tiefreligiösen Menschen persönlich berührte. So berichtet er 1530 über seine Aktivitäten: Ich »lieff durch alle kirchen und klufften [Katakomben], gleubt alles, was daselbs erlogen und erstuncken ist, Ich hab auch wol eine Messe odder zehen zu Rom gehalten, und war mir dazumal schier [beinahe] leid, das mein vater und mutter noch lebeten, Denn ich hette sie gern aus dem fegfeur erlöset mit meinen Messen und ander mehr trefflichen wercken und gebeten« (WA 31I, 226,10–14). Noch in einer Predigt des Jahres 1545 erinnert er sich daran, wie er, um seinen Großvater aus dem Fegfeuer zu erlösen, die Treppe des Pilatus [die Scala Santa beim Lateran] hinaufgestiegen sei und auf jeder Stufe ein Vaterunser gebetet habe. Man sei nämlich davon überzeugt gewesen, wer so bete, erlöse eine Seele. Doch als er oben angekommen sei, habe er gedacht: Wer weiß, ob es wahr ist (WA 51, 89,20–23). Trotz aller hier anklingenden Kritik merkt man, daß hinter solchen Äußerungen persönliche Erfahrungen stehen. Daß Martin auch sehr enttäuschende Erlebnisse hatte, zeigt ein Bericht über das Messelesen:

»Ich bin zu Rom gewest (nicht lange), hab da selbs viel messe gehalten, und auch sehen viel messe halten, das mir grawet [graut], wenn ich dran dencke, Da höret ich unter andern guten, groben grumpen [Possen] uber tissche, Curtisanen [Höflinge] lachen und rhümen, wie ettliche messe hielten, und uber dem brod und wein sprechen diese wort: Panis es, panis manebis, Vinum es, vinum manebis [Brot bist du, Brot wirst du bleiben, Wein bist du, Wein wirst du bleiben], und also auff gehaben [hoch gehalten zur Wandlung], Nu ich war ein junger und recht ernster, fromer Münch, dem solche wort wehe thetten [...], Und zwar [wahrlich] ekelt mir seer da neben, das sie so sicher und fein rips raps [ritsch ratsch] kundten Messe halten, als trieben sie ein gauckel spiel, Denn ehe ich zum Euangelio kam, hatte mein neben Pfaff [der Priester, der neben mir Messe las] seine Messe aus gericht [vollendet], und schrien mir zu: Passa, Passa [schnell, schnell], jmer weg, kom da von etc.« (WA 38, 211,32–212,12)

Aus Martins Äußerungen kann man nicht schließen, er sei in Rom zum Reformator geworden. Anderseits hat er hier zweifellos Eindrücke gewonnen, die in seiner späteren Kritik an der römischen Kirche fortwirkten.

Die beiden Abgesandten traten Ende 1511 oder Anfang 1512 die Rückreise an. Allerdings reisten sie nicht gemeinsam zurück, sondern getrennt auf unterschiedlichen Wegen und mit verschiedenen, uns nicht bekannten Begleitern. Da in Oberitalien seit kurzem Krieg zwischen französischen und päpstlichen Truppen herrschte, wichen sie diesem gefährlichen Ereignis aus. Johannes von Mecheln folgte einer östlichen Route, erreichte in der zweiten Februarhälfte Staupitz in Salzburg und reiste in dessen Auftrag am 24. Februar nach Köln weiter. Hier sollte er das Ordenskapitel vorbereiten, das Staupitz am 27. Januar 1512 auf den 2. Mai einberufen hatte. Martin umging die oberitalienischen Kriegsschauplätze auf einer westlichen Route. Der einzige Ort, den er später als Station auf seiner (angeblich 1511 erfolgten) Rückreise nannte, war Augsburg (WATR 6, Nr. 7005). Ob er dabei einen Umweg über Südfrankreich und Genf machte, wie lokale Überlieferungen aus drei Augustinerkonventen in Nizza, Aix-en-Provence und östlich von Avignon sowie ungewöhnliche Äußerungen Luthers über Frankreich vermuten lassen, muß vorerst eine Hypothese bleiben. In Augsburg suchte Bruder Martin die berühmte »Jungfrau Ursel« (Anna Lamenit) auf. Sie ernährte sich angeblich nur von der bei der sonntäglichen Messe gereichten Hostie, wurde aber später als Betrügerin entlarvt. Wahrscheinlich kehrte Martin zunächst nach Wittenberg zurück, um sich als Teilnehmer an der Gesandtschaft nach Rom anschließend nach Köln zu begeben. Auf dem dortigen Ordenskapitel wurde der Streit dadurch beigelegt, daß Staupitz auf die Vereinigung der Reformkongregation mit der sächsischen Provinz und auf das Amt des Provinzials verzichtete. Außerdem wurde Bruder Martin zum Subprior des Wittenberger Konvents ernannt. Dies war sein erstes Amt im Orden.

7. Professor der Theologie in Wittenberg

In Wittenberg hat Bruder Martin seine nach dem dritten Buch abgebrochene Sentenzenvorlesung offenbar nicht zu Ende geführt. Das Kölner Ordenskapitel hatte mit Hin- und Rückreise die Zeit für seine Lehrveranstaltungen ohnehin stark verkürzt. Da er bereits 1508 in Wittenberg immatrikuliert worden war, mußte er sich bei seiner Rückkehr aus Erfurt nicht erneut in die Matrikel eintragen lassen. Am 4. Oktober 1512 empfing er die Lizenz, und am 18./19. Oktober wurde er durch den Theologieprofessor Andreas Bodenstein von Karlstadt (1486–1541) zum Doktor der Theologie promoviert. Die hohen Promotionskosten übernahm Kurfürst Friedrich der Weise für den mittellosen Mönch (WAB 12, 402–405). Martins Promotion in Wittenberg war übrigens von unschönen Auseinandersetzungen mit seiner alten Erfurter Fakultät begleitet, die sich bis 1514 hinzogen. Die mit dem Erfurter Konvent durch Personalunion von Professoren verbundene theologische Fakultät wußte inzwischen sehr gut, was sie an Martin hatte, und versuchte, seine Abwanderung nach Wittenberg zu verhindern. Sie behauptete, er habe bei der Promotion zum Sententiar geschworen, seine Laufbahn in Erfurt zu vollenden. Martin dagegen versicherte, einen solchen Eid nie geleistet zu haben (WAB 1, 30).

Am 22. Oktober wurde der frisch Promovierte als Nachfolger seines Oberen Staupitz in den Kreis der Theologieprofessoren aufgenommen. Als Inhaber des theologischen Lehrstuhls, den das Augustinerkloster besetzen mußte, hatte er in herkömmlicher Weise drei Aufgaben: In Vorlesungen mußte er einzelne biblische Bücher gründlich kommentieren. Bei Disputationen, die einerseits in regelmäßigem Wechsel, andererseits anläßlich von Promotionen stattfanden, hatte er den Vorsitz zu führen, Thesen zu formulieren und Ergebnisse festzuhalten. Schließlich gehörte es zu seinen Pflichten, in Predigten biblische Texte auszulegen. Dieser Aufgabe kam er zunächst in seinem Kloster nach, seit 1514 auch an der Stadtkirche.

Obwohl in der Umbruchzeit manche Theologieprofessoren gelegentlich auch über andere Werke lasen, zumal über solche Augustins, hielt Luther von Anfang an bis zu seinem Tode nur biblische Vorlesungen. Ihrem Anteil an der Bibel entsprechend überwogen bei weitem die alttestamentlichen Texte, ohne daß man Luther deshalb als »Alttestamentler« bezeichnen dürfte. Die erhaltenen Vorlesungen bieten das unmittelbarste Zeugnis seiner ganz auf die Bibel konzentrierten theologischen Arbeit; an den Vorlesungen bis 1521 kann man noch deutlich seine theologische Entwicklung im Ringen um das rechte Textverständnis erkennen. Seit der 1518 begonnenen zweiten Psalmenvorlesung gab er seine durchweg in Latein gehaltenen biblischen Auslegungen immer wieder in den Druck oder ließ sie später von anderen veröffentlichen. Die frühesten Vorlesungen blieben dagegen ungedruckt; sie wurden erst seit dem späten 19. Jahrhundert wieder entdeckt und nun von der Lutherforschung intensiv ausgewertet.

Die durchgehend lateinisch gehaltenen Disputationen boten seit alters Gelegenheit zu systematischer Erörterung von Sachfragen. Dabei konnte Luther manches Problem tief eindringend behandeln, während er im Unterschied zu anderen Reformatoren nie eine zusammenfassende Gesamtdarstellung und Begründung seiner Theologie geboten hat. Veröffentlicht wurden aber meist nur die Thesen der Disputationen, nicht die Verlaufsprotokolle. Doch dienten die gedruckten und nicht selten auch ins Deutsche übersetzten Thesenreihen einer raschen Verbreitung seiner Gedanken in gedrängter Form.

Von den Predigten, die Luther – außerhalb des Klosters natürlich in Deutsch – hielt, sind über 2000 erhalten. Die meisten von ihnen stammen aus den zwanziger Jahren; später konnte Luther aus gesundheitlichen Gründen nur noch eingeschränkt predigen. Er sprach frei oder nach einem skizzenhaften Konzept und veröffentlichte seine Predigten nicht selbst, sondern verarbeitete sie bestenfalls zu einzelnen »Sermonen«. Außerdem ließ er Lese- oder Musterpredigten drucken – 1521 zuerst lateinisch, 1522 und 1525 als deutschsprachige Postillen (Predigtreihen). Von Weihnachten 1522 bis kurz vor Luthers Tod hat Georg Rörer die meisten der von Luther gehaltenen Predigten aufgezeichnet, ohne freilich ihren Wortlaut immer genau festzuhalten. Seine Nachschriften und die anderer Hörer wurden wiederholt bearbeitet und gedruckt. Daneben erschienen seit 1526 verschiedene von Schülern Luthers ausgearbeitete Postillenwerke. Da Luther keine Vorlesungen über ganze Evangelien gehalten hat, sind seine Predigten die wichtigste Quelle für die Kenntnis seiner Evangelienauslegung.

8. Die erste Vorlesung des Wittenberger Professors

Doch kehren wir von unserem Überblick über die Tätigkeiten des Theologieprofessors zu seinen Anfängen zurück. Der gerade neunundzwanzigjährige Martin wählte für seine erste Vorlesung den Psalter, ein seit alters häufig kommentiertes biblisches Buch, das ihm aus dem Stundengebet besonders vertraut war. Bevor er – erst ein Jahr später – mit der Vorlesung begann, bereitete er sich mit größter Sorgfalt und unter Benutzung der neuesten humanistischen Hilfsmittel auf die Auslegung vor. Er legte zwar, wie üblich, die lateinische Psalmenübersetzung der Vulgata zu Grunde, bemühte sich aber zugleich nach Kräften, auch in den hebräischen Originaltext einzudringen. Da es weder in Wittenberg noch in Erfurt einen Hebräischunterricht gab, war Martin auf autodidaktisches Lernen angewiesen. Dafür zog er das Lehrbuch und Lexikon *De rudimentis hebraicis* (1506) des Juristen, Humanisten und Begründers einer wissenschaftlichen Hebraistik Johannes Reuchlin (1455–1522), dessen soeben (1512) erschienene, auf dem hebräischen Text beruhende Auslegung der sieben Bußpsalmen sowie den erstmals 1509 erschienenen »Fünffachen Psalter« (*Quincuplex psalterium*) des französischen Humanisten Jacobus Faber Stapulensis (um 1450–1536) mit fünf lateinischen Versionen des hebräischen Psalters heran.

Für seine Hörer ließ er einen lateinischen Psalter drucken, in den er seine bisher erworbenen bescheidenen Hebräischkenntnisse einarbeitete. So stellte er dem Buch den in lateinischen Buchstaben geschriebenen hebräischen Titel mit Übersetzung und editorischen Bemerkungen voran. Darauf folgt eine sorgfältig formulierte *praefatio* (Vorrede), als deren Verfasser er weder sich selbst noch eine kirchliche Autorität nennt, sondern Jesus Christus, der aus einer Reihe von Bibelzitaten die Grundsätze richtiger Psalmenauslegung entwickelt: Vor allem müßten die Psalmen prophetisch und deshalb von Christus verstanden werden; ferner müsse neben dem wörtlichen auch der allegorische und der tropologische (moralische) Sinn des Texts herausgearbeitet werden. Vor die einzelnen Psalmen setzte er knappste Summarien (Zusammenfassungen des Inhalts) und Titel, die er mit großer Sorgfalt unter Berücksichtigung des hebräischen Texts formulierte. Außerdem bemühte er sich, durch Beigabe einzelner hebräischer Wörter und der hebräischen Buchstaben in Umschrift zu den alphabetischen Psalmen an den Urtext zu erinnern. In seinem Druck ließ er weite Abstände zwischen den Zeilen und breite Ränder, damit hier von ihm und seinen Hörern nach herkömmlichem Brauch kurze Erklärungen (Glossen) eingetragen werden konnten. In seinem noch erhaltenen Exemplar hat er diese freien Räume eifrig mit Zeilenglossen (Interlinearglossen) und Randglossen (Marginalglossen) gefüllt. Längere Erklärungen und Erörterungen zeichnete er als Scholien (Vorträge) auf gesonderten Blättern auf.

Im übrigen zog er für seine Auslegung die wichtigsten lateinischen Psalmenexegeten heran: den philologisch grundlegenden Kirchenlehrer Hieronymus, den gelehrten Cassiodor, das mittelalterliche Standardwerk der *Glossa ordinaria* und mehrere Exegeten dieser Zeit, allen voran aber Augustinus, dem er für das theologische Verständnis am meisten verdankte. Daneben sind auch Einflüsse anderer Theologen bemerkbar, die keine Psalmenkommentare verfaßt haben. Unter ihnen fällt ein Autor des 12. Jahrhunderts auf, der einen Typus theologischen Arbeitens vertrat, der grundsätzlich von der für Martin bisher prägenden Scholastik abweicht: der Zisterzienserabt Bernhard von Clairvaux (1090–1153), der Vollender einer stark erfahrungsbezogenen monastischen (d. h. im Rahmen des Mönchtums entstandenen, aber darüber hinaus gültigen) Theologie. Bereits in seiner Erfurter Zeit hatte Martin Werke dieses bedeutenden und noch im Spätmittelalter viel gelesenen Autors studiert und sich längere Zitate daraus notiert. Schon zu Beginn seiner Psalmenvorlesung (Scholion zu Ps. 1,3) betont er die Rolle eigener Erfahrung mit Worten, die an Bernhard erinnern:

»Der Erfahrene weiß: Wer über das Gesetz Gottes meditiert, der wird rasch und plötzlich sehr viel gelehrt, und es wird ›im Rauschen von Wasserfällen‹ (Ps. 41,8) gleichsam eine Flut von Einsichten in das Gesetz überfließen [...]. Wer reichlich belehrt werden und gleichsam durch Wasserströme des Wissens überschwemmt werden will, der gebe sich der Meditation über das Gesetz des Herrn Tag und Nacht hin, und durch Erfahrung wird er belehrt werden, daß der Prophet in diesem Vers die Wahrheit gesagt hat.« (WA 55II, 16,2–8)

Bereits in dieser Vorlesung spricht Martin anläßlich Ps. 76 (77) die Einsicht der monastischen Theologie über die hermeneutische Rolle der eigenen Erfahrung aus:

»Wer diese Zerknirschung und betrachtende Versenkung nicht selbst erfahren hat, kann über diesen Psalm durch keine Worte belehrt werden. Daher ist der Psalm auch für mich schwierig, da ich über die Zerknirschung rede, obwohl ich nicht zerknirscht bin. Keiner spricht und hört nämlich eine Schriftstelle angemessen, wenn er nicht in gleicher Weise berührt ist, so daß er innerlich fühlt, was er äußerlich hört oder spricht, und sagt: Ja, so ist es wirklich!« (534,772–777)

Eigene Erfahrung ist also die Voraussetzung für einleuchtendes Verstehen dessen, was im Text ausgedrückt wird – eine für die neuere Hermeneutik grundlegende Einsicht. Zu Ps. 33 (34),9 »Schmecket und sehet, wie süß der Herr ist«, schreibt Luther an den Rand:

> »Aus diesem Vers lernen wir: Mögen wir auch die Macht und Weisheit Gottes ohne den Geschmack seiner Güte sehen können, so kann doch keiner seine Güte recht sehen und glauben, der sie nicht zuerst irgendwie erfahren und geschmeckt hat. Wer den Sinn Bernhards hätte, der begriffe diesen Vers gut [...].« (WA 55I, 301)

Bernhard von Clairvaux ist für Luther auf Grund seiner tiefen Erfahrungen und Einsichten das Vorbild rechten Verstehens.

9. Eine umstürzende Erkenntnis

Dem Rückblick von 1545 auf sein frühestes Wirken als Wittenberger Professor verdanken wir den Hinweis auf die entscheidende Wende in Martins theologischem Denken. Im Psalmengebet hatte er seit Jahren immer wieder zu Gott gesprochen: »Richte mich gemäß meiner Gerechtigkeit« (Ps. 7,9) oder »Richte mich gemäß deiner Gerechtigkeit!« (Ps. 34[35],24). Noch in seiner letzten Vorlesung erinnerte er sich an den Schauder, den er beim Beten des Wortes: »Errette mich durch deine Gerechtigkeit!« (Ps. 30[31],2; 70[71],2) empfunden, und an den Haß, den er gegen dieses Wort gehegt hatte (WA 44, 485,41–486,2). Unter »Gerechtigkeit« verstand er dabei, wie in der spätmittelalterlichen Frömmigkeit üblich, wie in der Darstellung des richtenden Christus abgebildet und wie schon in der Ethik des Aristoteles gelehrt, die Belohnung und Strafe zuteilende »distributive« Gerechtigkeit des göttlichen Richters.

Wie ließen sich daneben die Aussagen des Apostels Paulus über eine Gerechtigkeit aus Glauben verstehen? Die Psalmen mit ihren zahlreichen Aussagen über »Gerechtigkeit«, »Gericht«, »Urteil« und Gott als Richter zwangen Martin erstmals zu intensiver Bemühung um diese Begriffe und die damit verbundenen Vorstellungen. In den Scholien über Ps. 70(71),2 verdichten sich seine Bemühungen um sie in besonderer Weise (WA 55II, 433–440). Gottes Urteil über uns schien ihm jetzt im Gegensatz zum Urteil der Menschen zu stehen: Dieses Urteil sei uns am Kreuz Christi gezeigt; daher müßten wir mit ihm zusammen ein ähnliches Urteil tragen, geistlich gekreuzigt werden und sterben (439,160–164). »Gerechtigkeit« aber solle nicht mehr als die austeilende und vergeltende Gerechtigkeit der Philosophen verstanden werden, sondern – in Analogie zu Formulierungen wie »Wahrheit«, »Weisheit« und »Kraft Gottes« – als jenes Vermögen, durch das uns Gott gerecht macht

(440,184–186). In diesen und weiteren exegetischen Überlegungen ging Martin ein neues Verständnis der Rede von Gottes Gerechtigkeit in Röm. 1,17 auf. Er habe begonnen, »Gottes Gerechtigkeit« als die zu verstehen, durch die der Gerechte wie durch ein Geschenk Gottes lebe, und zwar »aus Glauben«. Durch das Evangelium werde die Gerechtigkeit Gottes geoffenbart, nämlich die passive, durch die der barmherzige Gott uns durch den Glauben rechtfertige, »wie geschrieben steht: Der Gerechte lebt aus Glauben« (Hab. 2,4). Hier habe er sich geradezu neu geboren gefühlt und sei durch die geöffneten Tore ins Paradies selbst eingetreten (WA 54, 186,5–9; DG 91).

Natürlich hat sich Martin in dieser wie in den folgenden Vorlesungen am Bibeltext noch viele weitere Einsichten erarbeitet. Doch die Erkenntnis, die ihm erstmals an Ps. 70(71),2 aufgegangen war, erwies sich mit der Zeit am wirkungsmächtigsten und begann ihre Sprengkraft bald zu entfalten. Nachdem er den Sinn eines für ihn zentralen Paulusworts geklärt hatte, hielt er im Anschluß an den Psalter drei Paulusvorlesungen: 1515/16 über den Römerbrief, 1516/17 über den Galaterbrief und 1517/18 über den damals noch für ein Werk des Paulus gehaltenen Hebräerbrief. Daneben suchte er eine Bestätigung seiner neuen Erkenntnis in den antipelagianischen (d. h. den gegen Pelagius, einen asketisch lebenden Zeitgenossen, gerichteten) Schriften Augustins. In ihnen vertrat Augustinus ein stark von Paulus geprägtes Verständnis göttlicher Gerechtigkeit und Gnade, durch das sich Martin in seiner neuen Einsicht bestätigt fühlen konnte.

10. Konsequenzen für die Universität

Schon zu Beginn seiner ersten Psalmenvorlesung hatte Martin den Apostel Paulus als den »tiefgründigsten Theologen« bezeichnet (WA 55II, 36,22 f.). Als er über den Römerbrief las, stellte er das in seiner Psalmenvorlesung gewonnene neue Verständnis der Gerechtigkeit Gottes ausführlich dar: im Gegensatz zu jener Auffassung, die von der Scholastik im Anschluß an die philosophische Lehre des Aristoteles entwickelt worden war. Während nach der aristotelisch-scholastischen Lehre die Gerechtigkeit aus den »Werken«, d. h. aus menschlichen Handlungen, hervorgehen sollte, zeigte Martin, wie Paulus und mit ihm Augustinus von einer Gerechtigkeit aus dem Glauben sprachen, der selbst keine menschliche Leistung war, sondern dem Menschen durch Gott geschenkt wurde (zu Röm. 1,17: WA 56, 171,26–172,15).

Aus Paulus gewann Martin aber auch ein neues Verständnis von »Sünde«. Die Scholastik hatte eine Auffassung der »Ursünde« als Verlust oder Mangel der ursprünglich von Gott dem Menschen verliehenen Gerechtigkeit entwickelt. Dagegen setzte Martin in der Auslegung von Röm. 5,14 das Verständnis der Sünde als eines tiefer gehenden Verlusts der gesamten Rechtschaffenheit und zugleich als einer Macht über den Menschen: einer den Willen bestimmenden Neigung zum Bösen und Abneigung gegen das Gute (WA 56, 312 f.). Die neue Sicht auf die Wurzel des Bösen entsprach Martins persönlicher Gewissenserfahrung. Nicht als ob er sich etwa schwere Vergehen hätte vorwerfen müssen. Wenn er sich der Versuchungen und der Verfehlungen anklagt, dann bleibt er im Rahmen dessen, was der Mönch in sorgfältiger Gewissenserforschung üblicherweise an sich selbst auszusetzen pflegte, ohne damit konkrete Vergehen zu verbinden. Martin hat zweifellos die Vorschriften seiner mönchischen Lebensform sorgfältig beachtet, auch wenn ihm mit der Zeit seine verschiedenen Pflichten so über den Kopf wuchsen, daß er schließlich das Breviergebet versäumte (WATR 4, Nr. 5094; 5, Nr. 5428; 6077). Seine neue Einsicht in das Wesen der »Sünde« ließ ihn sein radikales Ungenügen nicht nur an einzelnen Leistungen, sondern an seiner religiösen Leistungsfähigkeit überhaupt aus dem grundlegenden menschlichen Unvermögen vor Gottes Forderung verstehen. Andererseits zeigte ihm sein neues Verständnis der Gerechtigkeit Gottes die Nichtigkeit aller religiösen Bemühungen, die nach Verdiensten vor Gott und Lohn von Gott strebten.

Wenn sich die Lehre des Aristoteles von der Gerechtigkeit mit der paulinischen Auffassung von der Gerechtigkeit Gottes nicht vereinbaren ließ, dann mußte die ganze scholastische Theologie unbrauchbar sein, insofern sie auf den aristotelischen Überzeugungen beruhte. Bruder Martin hatte sein Theologiestudium im Zeichen einer spätfranziskanischen Sünden- und Gnadenlehre absolviert, die durch Johannes Duns Scotus (ca. 1265–1308) und besonders durch Wilhelm von Ockham geprägt war und in vereinfachter, trivialisierter Gestalt Einfluß auf die kirchliche Praxis gewonnen hatte. In seinen neuen Einsichten steckten Elemente, die nicht nur in der akademischen Diskussion wirken, sondern auch zu einer Erosion des bestehenden Systems kirchlicher Heilsvermittlung hinführen mußten.

Spürbare Auswirkungen hatten diese Einsichten aber zunächst im Rahmen der Wittenberger Universitätsreform. Die 1502 gegründete Universität war ja auch zehn oder fünfzehn Jahre später noch immer in innerer Bewegung. An der Artistenfakultät war der alte Gegensatz der »Wege« längst abgemildert, ja verwischt. Die Werke des Aristoteles bildeten allerdings zusammen mit mittelalterlichen Kommentaren noch die wichtigsten Lehrbücher für die philosophischen Fächer wie in der Frühzeit der Universitäten. Aber unter dem Einfluß des

Humanismus war bereits der Wunsch aufgekommen, einen regulären Unterricht in den biblischen Sprachen Griechisch und Hebräisch einzuführen. In seiner theologischen Vorlesung über den Römerbrief vollzog Bruder Martin erstmals eine entschiedene und unumkehrbare Abwendung von der Scholastik und von ihren philosophischen Grundlagen bei Aristoteles. Wenn er sich hier mit starken Worten gegen die Redeweise der Philosophen wendet (z. B. WA 56, 334,14 f.), Metaphysik und Philosophie des Aristoteles »trügerisch« nennt (349,23) und die auf Aristoteles beruhenden Gedankengebilde der Scholastiker als »eitel und schädlich« bezeichnet (354,22), dann übt er hier wie an vielen anderen Stellen eine fundamentale Kritik am überkommenen Universitätswesen.

Bereits während seiner Römerbriefvorlesung wurden seine neuen Gedanken in Wittenberg aufgegriffen. Sein Schüler Bartholomäus Bernhardi aus Feldkirch in Vorarlberg (1487–1551) wurde im September 1516 unter Martins Vorsitz zum »Baccalaureus sententiarius« promoviert. Die Thesen für seine Promotionsdisputation verfaßte er auf der Grundlage dessen, was er von seinem Lehrer gehört hatte (WA 1, 145–151). Die an den Anfang gestellte Frage nach dem natürlichen Vermögen des Menschen, die Gebote zu halten, Gutes zu tun und mit Hilfe von Gottes Gnade Verdienste zu erwerben, beantwortete er in dem Sinn, daß der Mensch unfähig sei, aus eigenen Kräften das Rechte zu wollen oder auch nur zu denken.

1517 herrschte an der Universität Wittenberg hoffnungsvolle Aufbruchstimmung. Martins briefliche Bemühungen, Anfang 1517 seine Erfurter Mitbrüder für Reformen des artistischen und des theologischen Studiums zu gewinnen, blieben zwar erfolglos. Doch konnte er bereits am 18. Mai aus Wittenberg berichten, mit Aristoteles gehe es abwärts, die für die Theologie der Scholastik wichtigen Sentenzenvorlesungen würden verschmäht und das Studium Augustins mache Fortschritte

(WAB 1, 99). Es war ihm gelungen, seinen Kollegen Karlstadt von der Bedeutung Augustins für die Theologie zu überzeugen. Im Sommersemester 1517 hielt Karlstadt eine Vorlesung über Augustins antipelagianische Schrift »Geist und Buchstabe« (*De spiritu et litera*). Während Martin gleichzeitig den Hebräerbrief auslegte, lasen seine Kollegen Petrus Lupinus über Ambrosius und Johannes Rhagius Aesticampianus über Hieronymus. Das Studium der altkirchlichen Theologie florierte.

Martin verschärfte seine Aristoteleskritik wesentlich in den 97 Thesen, die er für die Disputation zur Promotion des Franz Günther aus Nordhausen zum »Baccalaureus biblicus« am 4. September 1517 formulierte. Er behauptete hier unter anderem, fast die ganze Ethik des Aristoteles sei der schlimmste Feind der Gnade (These 41; WA 1, 226,10). Das war eine verallgemeinernde Konsequenz aus seiner in den letzten Jahren gewonnenen Überzeugung vom verderblichen Einfluß des aristotelischen Gerechtigkeitsbegriffs auf die herkömmliche Lehre von Belohnung und Strafe in der Religion. Im Gegensatz zu der verbreiteten Meinung, ohne Aristoteles werde man nicht zum Theologen, behauptete Martin, man werde zum Theologen nur, wenn man auf die Argumente des Aristoteles verzichte (Thesen 43 f.: 226,14–16). Mit diesen und anderen Aussagen, die eine Berufung auf Aristoteles ablehnten, entzog er nicht nur der Schultheologie, sondern der gesamten überkommenen Schulwissenschaft den Boden. Seit im 12. und 13. Jahrhundert alle wichtigen Werke des griechischen Philosophen ins Lateinische übersetzt worden waren, hatten sie sich rasch als Grundlage des wissenschaftlichen Unterrichts durchgesetzt. Die mittelalterliche Wissenschaft kannte kaum die Mittel von Beobachtung und Experiment. Sie war fast ausschließlich eine Bücherwissenschaft – sogar in den naturwissenschaftlichen Fächern, die an Hand der als Lehrbücher benutzten Schriften des Aristoteles studiert wurden. Martins Angriff auf den Gebrauch des Aristoteles in der Theologie war zugleich ein Generalangriff auf das herkömmliche Bildungswesen, dessen Impuls von seinen Kollegen freilich nicht sofort voll aufgenommen wurde. Er wirkte aber zunächst als Unterstützung humanistischer Forderungen, die Werke des Aristoteles ohne Benutzung der scholastischen Kommentare auszulegen. Seit dem Wintersemester 1517/18 sollten in Wittenberg Vorlesungen über die aristotelische Logik, Physik, Metaphysik und Zoologie auf der Grundlage einer neuen, humanistischen Übersetzung gehalten werden. Der Gebrauch des griechischen Originaltexts in Lehrveranstaltungen war damals nicht möglich, da den Studenten und teilweise auch den Dozenten noch die dazu nötigen Sprachkenntnisse fehlten. Doch nun vermehrten sich die Bemühungen, an denen auch Martin beteiligt war, in Wittenberg Professuren für Hebräisch und Griechisch einzurichten. Sie führten im Sommer 1518 zu einem ersten Erfolg: Der Kurfürst berief den Tübinger Magister Philipp Melanchthon (1497–1560) auf Empfehlung seines Verwandten Johannes Reuchlin als Professor für griechische Sprache und Literatur nach Wittenberg. Der jugendliche Gelehrte hielt am 28. August 1518 seine der Studienreform gewidmete Antrittsvorlesung. Mit ihm, der bald zu Luthers wichtigstem Universitätskollegen wurde, hat sich der Humanismus in Wittenberg endgültig durchgesetzt. Die Besetzung einer Professur für Hebräisch war schwieriger. Zeitweise übernahm Melanchthon auch den Hebräischunterricht, und erst seit Juni 1521 war Matthäus Goldhahn (Aurogallus; um 1490–1543) dauerhaft als Professor für Hebräisch tätig.

11. Der Schritt vom 31. Oktober 1517

Inzwischen hatte Bruder Martin einen Schritt getan, von dem es für ihn kein Zurück mehr gab. Als Schriftsteller war er bereits 1516 an die Öffentlichkeit getreten. Damals kam ihm eine fragmentarische Handschrift mystischen Inhalts zur Kenntnis, die er im Dezember 1516 als »ein geistlich edles Büchlein« herausgab. Im Juni 1518 konnte er das Werk auf der Grundlage einer vollständigeren Vorlage erneut veröffentlichen; er gab ihm jetzt den Haupttitel: »Eyn deutsch Theologia«, unter dem es bekannt geworden ist. Wie seine Randbemerkungen zu Johannes Taulers Predigten (WA 9, 95–104) ist das Büchlein mit seinen Vorreden (WA 1, 153.378 f.) ein wichtiges Zeugnis dafür, wie sehr ihn die deutschsprachige Mystik beeindruckte. Sie bedeutete ähnlich wie die monastische Theologie Bernhards von Clairvaux eine Alternative zur Scholastik, von der sich Martin in diesen Jahren zunehmend distanzierte. Seine erste eigene Schrift erschien im Frühjahr 1517: die deutsche Übersetzung und Auslegung der sieben Bußpsalmen (WA 1, 158–220) – ein erbauliches Werk für einen weiteren Leserkreis. In einer Nachbemerkung betont er, Christus bringe uns nicht als ferne Ursache Gerechtigkeit, sondern sei selbst bei uns (219,30–36), und kritisiert unter Hinweis darauf, daß der Mensch immer auf Gottes Gnade und Barmherzigkeit angewiesen sei, den leichtfertigen Umgang mit dem Gedanken der »täglichen« (läßlichen) Sünde (220,11–23).

Nach fünf Jahren intensiver wissenschaftlicher Arbeit, begleitet von einer regelmäßigen Predigttätigkeit und von aufwendigen Funktionen im Orden (seit 1512 Subprior seines Klosters, seit 1515 Distriktsvikar für Thüringen und Meißen), nach Bemühungen um eine Studienreform und nach bescheidenen literarischen Anfängen ging Martin im Herbst 1517 zum offenen Angriff auf kirchliche Mißstände über, mit dem er tief in das kirchliche System eingriff. Seit Jahren schon hatte er in seine exegetischen Vorlesungen kritische Bemerkungen einfließen lassen, die seine Unzufriedenheit mit manchen kirchlichen Verhältnissen und Bräuchen zeigten. So hatte er im Anschluß an die Auslegung von Röm. 13,1 eine längere Kritik an Mißständen in der Kirche entwickelt (WA 56, 476,27–480,16). Bereits seit der ersten Psalmenvorlesung (WA 55II, 384,17 f.; 394,319 f.; 395,338–340) hatte er mehrfach den leichtfertigen Umgang mit dem »Ablaß« getadelt.

Der »Ablaß« ist ein Brauch im Rahmen der Verwaltung des Bußsakraments, der noch heute in der Römisch-katholischen Kirche besteht. Er ist der Ersatz »zeitlicher« (d. h. zeitlich begrenzter) Sündenstrafen, die einerseits schon im Leben, andererseits nach dem Tod im Fegfeuer abgeleistet werden müssen. Im 11. Jahrhundert kam der Brauch auf, Gläubigen ihre zeitlichen Sündenstrafen gegen eine kleinere Leistung – die Teilnahme an einem Kreuzzug, eine Wallfahrt, schließlich auch eine Geldzahlung – zu erlassen. Die Kirche, vertreten durch den Papst und die Bischöfe, berief sich für die Vollmacht zu diesem Straferlaß auf den Schatz an überschüssigen Verdiensten Christi und der Heiligen (*thesaurus ecclesiae*: »Kirchenschatz«). Seit einer Bulle des Papstes Sixtus IV. von 1476 wurde auch Ablaß für Verstorbene gewährt. Im Laufe der Zeit wurde das Ablaßwesen neben anderen Instrumenten zu einem wichtigen Mittel der Finanzierung kirchlicher und anderer Projekte.

Als Papst Julius II. 1506 den Grundstein zum Neubau der Peterskirche gelegt hatte, verkündete er einen vollständigen Ablaß (Plenarablaß) zugunsten dieses Projekts, den sein Nachfolger Leo X. (1513–1521) wiederholt bekräftigte. 1515 wurde er auf acht Jahre für die beiden Erzdiözesen Magdeburg und Mainz erlassen, denen seit 1513 und 1514 (zugleich mit der Verwaltung des Bistums Halberstadt) Albrecht von Brandenburg (1490–

1545) vorstand. Um die hohen Gebühren zu finanzieren, die er
für diese Ernennungen und als Dispens für die an sich unge-
setzliche Häufung mehrerer Bischofsämter an die römische
Kurie zu zahlen hatte, vereinbarte Albrecht mit dieser einen
Handel: Das Bankhaus der Fugger, das ihm den benötigten Be-
trag geliehen hatte, sollte den ausgeschriebenen Ablaß verwal-
ten und eine Hälfte davon zur Tilgung des Darlehens verwenden, die andere Hälfte an die Kurie abliefern. Zur Verkündigung und zum Verkauf des Petersablasses ernannte Albrecht,
der Generalkommissar des Ablasses, zwei Unterkommissare,
unter ihnen den Dominikaner Johannes Tetzel (um 1465–
1519), einen erfahrenen Ablaßprediger. Für sie erließ der Erzbischof eine ausführliche »Summarische Instruktion«. Gegen
Ende 1516 begann diese Ablaßkampagne, deren Hintergründe
natürlich nicht öffentlich bekannt waren. Kurfürst Friedrich
der Weise und Herzog Georg von Sachsen verhinderten sie in
ihren Territorien. Doch waren die Ablässe so attraktiv, daß viele ihrer Untertanen sie jenseits der Landesgrenzen erwarben
und dadurch gegen den Wunsch der Landesherren Geld aus
dem Land trugen. Martin erfuhr von diesen Vorgängen mit
Unwillen durch Einwohner Wittenbergs, die sich von aus-
wärts Ablässe besorgt hatten.

Um eine Diskussion über diesen Mißstand herbeizuführen,
verfaßte er 95 lateinische Thesen (WA 1, 233–238). In diesen
nicht sehr systematisch aufgebauten Sätzen ist der Ablaß ganz
in den Rahmen des Bußsakraments und in weitere Zusam-
menhänge gestellt. Bereits die beiden ersten Thesen messen
die kirchliche Überlieferung an einem Wort Jesu:

»1. Wenn unser Herr und Meister Jesus Christus sprach: Tut
Buße usw. [Mt. 4,17], dann wollte er, das ganze Leben der
Gläubigen solle Buße sein. 2. Dieses Wort kann nicht im
Sinne der sakramentalen Buße (d. h. der Beichte und Genug-

tuung, die durch das Priesteramt vollzogen wird) verstanden werden.«

Damit spricht Martin dem Bußsakrament eine Begründung im Wort Jesu ab und fordert von den Gläubigen eine das ganze Leben bestimmende Bußgesinnung, die sich freilich auch in der äußeren Haltung bewähren müsse (These 3). Dadurch überträgt er die Auffassung des Mönchslebens als einer lebenslangen Existenz in Buße auf das Leben aller Gläubigen. Im übrigen enthalten die in einem sehr lockeren Zusammenhang stehenden Thesen Aussagen vor allem gegen verschiedene mit dem Ablaß verbundene Mißbräuche und über ein richtiges Verständnis der Aufgabe des Papsts. Wiederholt stellen sie aber auch grundsätzlich Notwendigkeit und Sinn des Ablasses in Frage. Wahre Reue ziehe durch Teilhabe an den Gütern Christi und der Kirche ohne Ablaßbriefe die Vergebung von Strafe und Schuld nach sich (Thesen 36 f.). Die Vergebung durch den Papst sei aber nicht zu verachten, weil sie die göttliche Vergebung verkünde (These 38). Martins Haltung gegenüber dem Papst ist durchweg von Respekt geprägt; er interpretiert seine Rolle in positivem Sinne und schreibt das Tadelnswerte anderen zu. Doch enthalten seine Thesen so viel Kritik an kirchlichem Brauch und Verhalten, daß sie bei kirchlichen Amtsträgern stärksten Anstoß erregen mußten.

Am 31. Oktober 1517 trat Martin mit der Kritik an der Ablaßpraxis zum ersten Mal über seinen bisherigen Wirkungskreis hinaus. Er richtete einen persönlichen Brief an Erzbischof Albrecht von Mainz (WAB 1, 110–112), dem er seine 95 Thesen für eine akademische Disputation (WA 1, 233–238) sowie eine kurze »Abhandlung über den Ablaß« (*Tractatus de indulgentiis*: WAB 12, 5–9) beifügte. In seinem Brief beklagt er vor allem die verheerenden Wirkungen des Ablasses auf die Gläubigen und bittet Albrecht, seine eigene Instruktion für die Ablaßprediger aufzuheben und diesen eine andere Anweisung für ihre Verkündigung zu geben. Die Beilagen führen aber weit über den unmittelbaren Anlaß hinaus und rühren bereits an die Grundlagen der kirchlichen Heilsvermittlung. In der beigefügten Abhandlung konzentriert sich Luther ganz auf den Ablaß und stellt zunächst fest, das getäuschte Volk glaube, durch einen vollkommenen Ablaß werde seine Sünde sogleich getilgt und es sei gerettet. Dagegen betont er, durch den Erlaß zeitlicher Strafe werde weder die Verderbnis der Menschennatur gemindert noch Liebe oder eine Gnade oder innere Tugend vermehrt, was doch vor dem Eintritt ins Reich Gottes nötig sei. Bei der Begründung des Ablasses räumt er zwar ein, die Verdienste Christi könnten vom Papst verwaltet werden. Doch der Papst trete nur als Vermittler auf; daher liege allein bei Gott die Entscheidung, ob er ihn erhören wolle. Man müsse sich hüten, von der durch den Ablaß geleisteten Genugtuung zu falscher Sicherheit und Trägheit verleitet zu werden.

Der Freimut, mit dem Martin gegenüber dem Erzbischof auftrat, hing auch mit einem neuen Selbstbewußtsein zusammen, das sich in seiner Selbstbezeichnung niederschlug. In seiner Unterschrift nennt er sich nun »Martinus Luther« und »berufener Doktor [d. h. Lehrer] der Theologie« – offenbar, um damit gegenüber der Lehrautorität des Bischofs seine eigene Vollmacht zu betonen. Hatte er früher neben dem Taufnamen Martinus seinen Familiennamen stets in herkömmlicher Weise »Luder« geschrieben, so begegnet bereits seit 1516 immer häufiger die neue Form »Luther«. Im November 1517 gebraucht er erstmals in Briefen an seinen Erfurter Mitbruder Johannes Lang (1486/88–1548) und an seinen Vertrauten Georg Spalatin (1484–1545), den kurfürstlichen Sekretär, Bibliothekar, Hofprediger und geistlichen Berater, das latinisierte griechische Wort *Eleutherius* (»wie ein Freier«). Darin drückt sich offenbar ein neues Bewußtsein der Freiheit aus, dessen Kehrseite freilich eine tiefe Bindung an Christus ist. Als er am 11. November 1517 die 95 Thesen an Johannes Lang sendet, unterzeichnet er als *F. Martinus Eleutherius, imo dulos et captivus nimis* (»Bruder Martin, wie ein Freier oder vielmehr ein Sklave und ganz Gefangener«: WAB 1, 122,56). Seit Februar 1519 nennt er sich nur noch »Luther«, was er offenbar mit dem Freiheitsbegiff verbindet. Das neue Freiheitsbewußtsein gegenüber menschlichen – auch kirchlichen – Mächten, das zugleich Gebundenheit an Christus bedeutet, sollte zu einem Wesenszug von Luthers weiterem Handeln und der daraus hervorgehenden Bewegung werden.

12. Der Ablaßstreit

In seinen 95 Thesen hatte Luther nicht nur der gängigen Ablaßpraxis widersprochen, sondern auch dem Bußsakrament seine biblische Grundlage entzogen. Die Autorität des Papsts hatte er auf Kirchenstrafen beschränkt, die jener selbst verhängt hatte. Vor allem mit seiner Ablaßkritik sprach er vielen Gläubigen aus dem Herzen, und seine weitergehenden Argumente fanden bei ihm Nahestehenden Zustimmung, während sie bei den Nutznießern des kirchlichen Systems heftigen Widerspruch hervorrufen mußten.

War die von Luther gewünschte Disputation in Wittenberg nicht zustande gekommen, so wurden doch die Thesen, die Luther nur einzelnen Freunden zukommen ließ (so Johannes Lang am 11. November 1517: WAB 1, 121 f.), gegen seinen Willen (WAB 1, 152,7 f.) rasch verbreitet. Noch im Jahr 1517 wurden sie in Leipzig, Nürnberg und Basel nachgedruckt; in Nürnberg fertigte Caspar Nützel sogleich eine deutsche Übersetzung an (152 Anm. 3). Da die nur als Diskussionsgrundlage gedachten Thesen ohne sein Zutun so schnell wirkten, hielt Luther es für nötig, seine Absichten einem weiteren Kreis verständlich zu machen.

Zu ihrer Erläuterung verfaßte er zwei Schriften: einen knappen deutschen »Sermon von dem Ablaß und Gnade« (WA 1, 243–246), der im März gedruckt vorlag, und eine umfangreiche lateinische Abhandlung *Resolutiones disputationum de indulgentiarum virtute* (»Disputationsthesen über die Kraft des Ablasses«), die er am 13. Februar handschriftlich dem für ihn zuständigen Bischof Hieronymus Scultetus von Brandenburg zusandte (WAB 1, 138–140) und deren Druck am 21. August abgeschlossen war. In der kurzen, klar aufgebauten Flugschrift über den Ablaß hatte Luther die Form des volkstümlichen deutschen Sermons gefunden, in der er in den folgenden Jahren noch viele Themen einem breiteren Leserkreis nahebringen sollte. Durch zahlreiche Nachdrucke (allein im Jahr 1518 mindestens 16) wurden sein Name und seine in 20 Punkte gefaßte Kritik an dem so aktuellen Thema des Ablasses rasch weiten Kreisen bekannt. Zugleich wurden die Leser auch mit seinem neuen Verständnis der Gerechtigkeit Gottes vertraut gemacht:

> »Es ist eyn großer yrthum, das yemand meyne, er wolle gnugthun vor seyne sund [für seine Sünden Genugtuung leisten], so doch got die selben altzeit umbsunst auß unschetzlicher [unschätzbarer] gnad vortzeyhet, nichts darfur begerend, dann hynfurder woll leben.« (WA 1, 245,21–23)

Von diesem kurzen Sermon ging die Wirkung von Luthers Ablaßkritik im Volk aus. Die allein den Gebildeten zugänglichen *Resolutiones* wiederholten die 95 Thesen und gaben zu den meisten von ihnen Erläuterungen, teilweise von beträchtlicher Länge. Die kirchlichen Reaktionen folgten rasch, blieben Luther aber zunächst noch verborgen. Erzbischof Albrecht bat am 1. Dezember 1517 die Universität Mainz um ihr Urteil; doch bereits bevor sie am 17. Dezember geantwortet hatte, sandte er Luthers Brief und die Beilagen nach Rom. Dort hoffte man wohl, über den Augustinerorden auf den aufsässigen Mönch einwirken zu können. Im April 1518 fand ohnehin in Heidelberg das Kapitel der Reformkongregation der Augustiner statt, das Gelegenheit bot, mit Luther über seine Ablaßkritik zu sprechen. Nach dem Kapitel sandte dieser seine noch ungedruckten *Resolutiones* mit einer Widmung an Papst Leo X. (WA 1, 527–529), wobei er den Dienstweg über seinen Ordensoberen Johann von Staupitz einhielt (525–527).

Während sich die kirchlichen Amtsträger noch zurückhielten, reagierte der Ablaßprediger Johannes Tetzel rasch und heftig. Zunächst ließ er von seinem Ordensbruder Konrad Wimpina (um 1460–1531), Professor der Theologie an der Universität Frankfurt a. d. Oder, eine Reihe von Gegenthesen gegen Luthers 95 Thesen formulieren, über die er am 20. Januar 1518 disputierte und die auch gedruckt wurden. Gegen den »Sermon von Ablaß und Gnade« veröffentlichte er noch im Frühjahr eine »Widerlegung«, in der er die kirchliche Ablaßpraxis ohne Abstriche verteidigte. Weit wirksamer als sie war Luthers Gegenschrift vom Juni »Eine Freiheit des Sermons päpstlichen Ablaß und Gnade belangend« (WA 1, 383–393), die bis 1520 zehnmal nachgedruckt wurde. Daß ihn seine Gegner von den Kanzeln als Häretiker verklagten, beunruhigte ihn weniger, als daß sie ihre Vorwürfe auch gegen seine Universität richteten. Er sah schon einen Prozeß wie den jüngst gegen den Hebraisten Johannes Reuchlin geführten auf sich zukommen (WAB 1, 146,52–147,1). Hinter den Kulissen arbeitete Professor Johannes Eck in Ingolstadt (1486–1543) gegen ihn, ein gelehrter Theologe, den Luther bisher durchaus geschätzt hatte. In einer handschriftlichen Stellungnahme für den Eichstätter Bischof Gabriel von Eyb verfaßte er kurze Sätze gegen Luther (*Obelisci* [»Spießchen«, d. h. kritische Anmerkungen]), auf die dieser mit ebenfalls nicht veröffentlichten eingehenderen Ausführungen (*Asterisci* [»Sternchen«, hier: Gegenbemerkungen]) antwortete (WA 1, 281–314).

Das turnusmäßige Kapitel der Augustiner-Reformkongregation, auf dem auch Neuwahlen für die höheren Ämter anstanden, fand im April 1518 in Heidelberg statt. Es bot Luthers Mitbrüdern Gelegenheit, mit ihm über seine Ablaßkritik zu diskutieren. Undenkbar, daß keine Aussprache über dieses brisante Thema stattgefunden hätte. Doch schweigen die erhaltenen Quellen völlig davon. In den Thesen, die Luther als Distriktsvikar aufzustellen und deren Behandlung in einer Disputation er zu leiten hatte – er formulierte 28 Thesen aus der

Theologie und 12 aus der Philosophie (WA 1, 353–355) –, spielen ganz andere Fragen eine Rolle. Luther griff noch einmal auf, was ihn seit seinem neuen Verständnis der Gerechtigkeit Gottes bewegt hatte, und formte es nun zu Aussagen über das Gesetz Gottes und das menschliche Handeln. Der freie Wille des Menschen sei nach dem Sündenfall eine bloße Behauptung; wenn er tue, was in seiner natürlichen Fähigkeit liegt, dann begehe er eine Todsünde. Sodann stellte Luther zwei Wege zu Gott einander gegenüber: die Erkenntnis der unsichtbaren Eigenschaften Gottes aus der Schöpfung, die zur Verkehrung von Gut und Böse führe, die aufblähe, verblende und verhärte – eine »Theologie der Herrlichkeit«, und die Erkenntnis von Gottes Wirken aus Leiden und Kreuz – eine »Theologie des Kreuzes«, die zur Gerechtigkeit aus dem Glauben an Christus führe. In den Thesen aus der Philosophie setzte Luther seine Polemik gegen Aristoteles fort, dem er Platon mit seiner Ideenlehre vorzog. Das war zugleich eine deutliche Distanzierung von der Grundentscheidung des Nominalismus, in dessen Zeichen Luther in Erfurt Philosophie studiert hatte. Zeugen der Disputation waren nicht nur Luthers Mitbrüder, sondern auch andere Heidelberger Studenten. Der Dominikaner Martin Bucer (1491–1551), später Reformator in Straßburg, gab seinem Freund, dem elsässischen Humanisten Beatus Rhenanus (1485–1547), einen begeisterten Bericht über Luthers Ausführungen (WA 9, 161–169). Auch eine Reihe weiterer Teilnehmer, die später an verschiedenen Orten für die Reformation gewirkt haben, wurde damals anscheinend von Luther für seine Gedanken gewonnen.

13. Der römische Prozeß gegen Luther

Lange Zeit konnten weder Luther noch die kirchliche Hierarchie in Deutschland und Rom absehen, was sich aus dem Ab-
laßstreit entwickeln würde. Der religiös und moralisch empörte Luther wollte zunächst Mißbräuche bekämpfen. Da er sie,
auch aus Mangel an ausreichender historischer Einsicht, noch
nicht in ihrem ganzen Zusammenhang mit dem kirchlichen
System begriff, konnte er auf eine rationale Erörterung seines
Anliegens mit den höchsten kirchlichen Autoritäten hoffen.
Die Kurie erkannte zwar die Gefährlichkeit seines Angriffs. In
der Meinung, der unbedeutende Kritiker im fernen Wittenberg lasse sich leicht zum Schweigen bringen, behandelte man
seine Sache aber vorerst mit geringem Nachdruck. Doch gerade
die weite Entfernung Luthers von Rom diente seiner Sicherheit.

Wir wissen nicht, ob die Kurie durch die Meldung Erzbischof Albrechts oder durch die Anzeige der deutschen Dominikaner im späten Frühjahr 1518 zur Einleitung des kanonischen (kirchenrechtlichen) Prozesses gegen Luther veranlaßt
wurde. Das Gutachten für die Voruntersuchung erstellte der
Dominikaner Silvester Prierias (1456–1523), Professor am
Gymnasium Romanum, päpstlicher Haustheologe und Bü-
cherzensor. In dieser Eigenschaft wurde er mit der Beurteilung
der 95 Thesen beauftragt. Im Juni erschien seine Schrift »Dia-
log gegen die vermessenen Thesen Martin Luthers über die
Gewalt des Papsts«, in der er vom Standpunkt eines ungetrüb-
ten Papalismus aus die römische Ablaßpraxis verteidigte und
Luther für häretisch erklärte. Luther erhielt sie spätestens Anfang August; er ließ sie gegen Ende des Monats zusammen mit
einer ausführlichen Entgegnung (WA 1, 647–686) drucken, die
er angeblich in zwei Tagen niedergeschrieben hatte. Das war
ein Verfahren, das Luther immer wieder anwandte: Die Schrif-

ten seiner Gegner sollten nicht nur durch seine Gegenschriften widerlegt werden, sondern auch durch öffentliche Verbreitung in ihrer Haltlosigkeit bloßgestellt werden.

Am 7. August 1518 wurde Luther aufgefordert, binnen 60 Tagen an der römischen Kurie zu erscheinen, um sich dort zu verantworten (WA 2, 25,35 f.). Damit war erstmals eine für ihn gefährliche Lage entstanden. In Rom wäre er schutzlos einem Ketzerprozeß ausgeliefert gewesen, dem er kaum hätte entrinnen können. Nachdem bereits im Frühjahr Drohungen gegen ihn ausgestoßen worden waren, hatten ihm manche geraten, nicht nach Heidelberg zu reisen (WAB 1, 154,11–155,17). Da er außerhalb Kursachsens gefährdet war, bemühte sich Friedrich der Weise, ihn wenigstens durch Empfehlungsschreiben zu schützen. Als er die Vorladung nach Rom erhalten hatte, bat Luther den Kurfürsten, sich zusammen mit dem Kaiser für Verhandlungen über ihn auf deutschem Boden einzusetzen (188,5–10). Inzwischen hielt sich Friedrich der Weise in Augsburg auf, wo unter dem Vorsitz Kaiser Maximilians (1459–1519) ein Reichstag stattfand. Eines seiner Themen war die Erhebung einer Reichssteuer zur Finanzierung eines Kriegs gegen die Türken. Ein anderes war der Wunsch des alten Kaisers, seinen jungen Enkel Karl von Spanien (1500–1558) noch bei seinen Lebzeiten zum Römischen König und damit zum Anwärter auf die Kaiserwürde wählen zu lassen. Dadurch wollte er den seit 1517 nach der deutschen Krone strebenden Franz I. von Frankreich (1494–1547, seit 1515 König) verhindern, aber auch der Gefahr einer herrscherlosen Zeit vorbauen. An dieser Wahl war Papst Leo X. ebenfalls aufs stärkste interessiert. Als Landesherr des Kirchenstaats fürchtete er sowohl die Stärkung der Franzosen im Norden, die seit der Schlacht von Marignano (13./14. September 1515) Mailand und den Zugang nach Italien beherrschten (bis 1521), als auch die des spanischen Königs, der zugleich Herrscher über das südlich unmittelbar an den Kirchenstaat angrenzende Königreich Neapel war. Gerne hätte er eine Alternative begünstigt, die schwächer war als die beiden genannten Konkurrenten. Nicht nur als Königswähler, sondern auch als ein möglicher Kandidat für die Königswürde spielte deshalb Kurfürst Friedrich der Weise damals für kurze Zeit eine wichtige Rolle. Auf seinen Wunsch, Luther zu schützen, mußte man Rücksicht nehmen.

Päpstlicher Legat auf dem Augsburger Reichstag war der Dominikaner Kardinal Thomas de Vio (1469–1534), nach seiner Herkunft aus Gaeta Cajetanus genannt. Als einer der bedeutendsten thomistischen Theologen seiner Zeit war er ein ebenbürtiger theologischer Gesprächspartner Luthers. Natürlich hatte er von Rom nicht den Auftrag, mit Luther zu diskutieren, sondern ihn zu verhören, zum Widerruf aufzufordern und, falls er sich weigern sollte, als Häretiker festzunehmen.

Gegen Ende September 1518 reiste Luther zusammen mit seinem Ordensbruder Leonhard Beyer, der ihn schon nach Heidelberg begleitet hatte, nach Augsburg und traf dort am 7. Oktober ein. Da es hier kein Augustinerkloster gab, wohnten sie im Kloster St. Anna, einer Niederlassung der Karmeliten, die als Bettelorden in ihrer Lebensweise den Augustinereremiten nahestanden. Am 12. Oktober suchte Luther den Legaten erstmals in seinem Quartier auf. Er kam mit dem Wunsch, mit ihm über seine Anliegen zu diskutieren. Doch Cajetan, der inzwischen Luthers einschlägige Schriften gelesen hatte, lehnte das ab und forderte ihn freundlich auf, seine Irrtümer zu widerrufen und zu versprechen, sich künftig ruhig zu verhalten. Als Luther ihn bat, ihn über seine Irrtümer zu belehren, nannte Cajetan zwei Thesen, von denen eine gegen die Ablaßbulle Clemens VI. von 1343 verstoße, die andere eine neue und irrige Lehre sei. Auf Luthers Entgegnung, den Ablaßbullen fehle es an Autorität im Vergleich mit der Heiligen Schrift, auf die er sich stütze, betonte Cajetan die Gewalt des Papstes, die über jedem Konzil, jeder Schrift und der ganzen Kirche stehe. Luther beendete das kontroverse Gespräch mit der Bitte um Bedenkzeit. Am folgenden Tag erschien er in Begleitung von Zeugen und verlas eine Erklärung (*Protestatio*), wonach er treu zur Römischen Kirche stehe und sich ihrem Urteil unterwerfe, erbot sich aber zugleich, Rechenschaft über seine Aussagen abzulegen. Am 14. Oktober überreichte er dem Legaten eine rasch niedergeschriebene Antwort auf seine beiden Einwände, die jenen allerdings nicht von seiner Forderung nach Widerruf abbrachte. Nach Androhung der Exkommunikation (Ausschluß aus der sakramentalen Gemeinschaft der Kirche) gegen ihn und seine Anhänger schickte er Luther weg. Da Luther seine Verhandlungen mit Cajetan als gescheitert betrachten mußte, appellierte er nun an den Papst und ließ diesen rechtlichen Akt, wie üblich, von einem Notar ausfertigen (WA 2, 28–33). Da er Sorge vor einer Verhaftung hatte, verließ er am Abend des 20. Oktober heimlich Augsburg. Cajetan bemühte sich bei Friedrich dem Weisen erfolglos um die Auslieferung Luthers, der dem Kurfürsten den Verlauf seiner Begegnungen schilderte (WAB 1, 236–246). Wieder forderte er, die Vernunftgründe und Aussagen der Tradition zu erfahren, durch die sein Irrtum widerlegt werden könne (244, 326 f.). Der Kurfürst stellte sich am 23. November wie die Universität Wittenberg hinter Luther (vgl. WAB 12, 16 f.), der bereits am 28. November vom Papst an ein Konzil appellierte (WA 2, 36–40). Im übrigen schrieb Luther nach seiner Rückkehr eine Darstellung der Vorgänge in Augsburg nieder und fügte vorhandene Texte hinzu; sein lateinischer Bericht (*Acta Augustana*) war im Dezember gedruckt, freilich mit der vom Kurfürsten geforderten Schwärzung einer längeren Stelle (WA 2, 6–26).

Noch während dieser Vorgänge in Wittenberg veröffentlichte Papst Leo X. am 9. November 1518 eine Dekretale (päpstliches Schreiben), in der er die römische Lehre vom Ablaß ohne nähere Begründung bestätigte. Als Luther sie gelesen hatte, schrieb er Mitte 1519 an den Kurfürsten (WAB 1, 306–308), wobei er an der neuen Dekretale vor allem bemängelte, daß sie nicht »einführt [anführt] einigen Spruch der Schrift, der Lehrer oder Gesetze oder Ursach [Gründe, *rationes*], sonder allein bloße Wort hersetzt« (307,43–45). Inzwischen hatte die Kurie, die weiterhin auf den Kurfürsten Rücksicht nahm, einen neuen Versuch gemacht, den Streit um Luther intern beizulegen. Der päpstliche Kammerherr Karl von Miltitz (um 1490–1529), ein sächsischer Adliger, hatte schon im September den Auftrag erhalten, Friedrich dem Weisen die päpstliche Auszeichnung der Goldenen Rose (Tugendrose) zu überbringen. Miltitz sprach am 5./6. Januar 1519 auch mit Luther, der sich entgegenkommend zeigte. In Verhandlungen mit dem kursächsischen Hof verfolgte der Diplomat das Ziel, das Verfahren in einem Verhör Luthers durch den Trierer Erzbischof und Kurfürsten Richard von Greiffenclau (1467–1531) beizulegen. Der Kirchenfürst, der in Paris Theologe studiert hatte, sollte Luther zum Widerruf der anstößigen Thesen bewegen. Am 3. Mai 1519 schrieb Miltitz drei Briefe an Friedrich den Weisen, Spalatin und Luther, den er aufforderte, rasch nach Koblenz zu reisen, um sich dort der Untersuchung zu stellen (374–379). Luther lehnte diese Aufforderung ab, da der Erzbischof noch gar nicht von Rom beauftragt worden sei und in Leipzig bereits jene Disputation, die ihm Cajetan in Augsburg verweigert habe, mit Johannes Eck geplant sei (402 f.). Bei dieser Gelegenheit hoffte Luther endlich in akademischem Rahmen als gleichberechtigter Partner die Probleme diskutieren zu können, die ihn bei der Abfassung seiner Ablaßthesen bewegt hatten.

Inzwischen bahnte sich eine grundlegende Änderung der politischen Lage an. Am 12. Januar 1519 war Kaiser Maximilian gestorben. Danach setzte ein heftiger Wahlkampf zwischen Franz I. von Frankreich und dem Habsburger Karl von Spanien ein. Beim Ringen um die Gunst der sieben Kurfürsten als Königswähler flossen reichlich Bestechungsgelder. Karl brachte für seine Bemühungen mit Hilfe des Bankhauses Fugger insgesamt 852 000 Gulden auf. Eine wichtige Rolle spielte aber auch die öffentliche Meinung, die von Versammlungen des Adels und der Bürgerschaft wie von humanistischen Literaten beeinflußt wurde. Den französischen Einfluß fürchtete man im ganzen mehr als den habsburgischen. Karl war zwar in Burgund aufgewachsen und verstand kein Deutsch; aber wegen seiner männlichen Vorfahren konnte er als Deutscher betrachtet werden.

Als sich die Waage auf Karls Seite neigte, griff kurz vor der Wahl erneut der Papst ein. Leo X. bot Friedrich dem Weisen, von dem für ihn die geringste politische Bedrohung ausging, die Anerkennung seiner Wahl zum König an, falls er wenigstens zwei Kurstimmen erhalte. Damit wandte er das kirchenrechtliche Prinzip der Wahl durch die *sanior pars* – eine nicht zahlenmäßige, aber durch bessere Einsicht gedeckte Mehrheit – auf die Königswahl an. Nachdem die Aussichten des französischen Kandidaten geschwunden waren, bildete sich unter den Wählern tatsächlich die Meinung, Friedrich solle gewählt werden. Damit hätte Deutschland allerdings einen König ohne größere Machtbasis erhalten. Friedrich war so weise, im Bewußtsein seiner Grenzen abzulehnen. Dadurch machte er die einstimmige Wahl Karls V. am 28. Juni 1519 möglich. In seiner von Friedrich dem Weisen entworfenen Wahlkapitulation vom 3. Juli 1519 sicherte Karl zu, künftig niemanden »on ursach, auch unverhort« in die Reichsacht zu tun, sondern nur in einem ordentlichen Prozeß nach den Gesetzen des Reichs (DG 81).

Zwar war diese Bestimmung nicht auf Luther gemünzt; aber sie sollte auch ihm zugute kommen. Am 4. Juli, dem Tag der Königswahl in Frankfurt a. M., vereinbarte der sächsische Kurfürst mit dem Erzbischof von Trier, er solle die Sache Luthers auf dem nächsten Reichstag untersuchen (WAB 1, 526,20– 527,25). Luther war mit diesem Plan einverstanden; ihm lag alles daran, gehört zu werden und mit der Gegenseite in eine offene Diskussion einzutreten. Ein solcher Gedankenaustausch über die in Frage stehenden Themen lag der kirchlichen Hierarchie allerdings ganz fern. Sie wünschte, Luther möglichst rasch und unauffällig zum Schweigen zu bringen. Nachdem die Kurie sich aus Rücksicht auf Friedrich den Weisen und auch aus Geringschätzung Luthers noch über die Wahl hinaus zurückgehalten hatte, nahm sie erst Anfang 1520 wieder Beratungen über das weitere Vorgehen auf, von deren Ergebnis Luther freilich nicht vor Mitte 1520 erfuhr.

14. Festigung und Vertiefung der neuen Richtung

Trotz der Verhandlungen um ein Verhör durch den Erzbischof von Trier blieb Luther vom römischen Prozeß gegen ihn bis in den Herbst 1520 weitgehend unberührt. Diese lange Ruhepause gab ihm die Möglichkeit, seine Theologie weiterzuentwickeln, die Wittenberger Studienreform tatkräftig zu fördern und seine Gedanken in vielen Schriften – meist im schmalen Umfang von Flugschriften – weiter zu verbreiten.

In seiner Wittenberger Lehrtätigkeit las Luther nach den Paulus-Vorlesungen seit Sommer 1518 erneut über den Psalter. Dabei gab er erstmals die bisherige Auslegung in Glossen und Scholien auf und interpretierte stattdessen einheitlich Vers für Vers und Wort für Wort philologisch und theologisch mit großer Gründlichkeit. Auch an dieser zweiten Psalmenvorlesung, die Luther im Frühjahr 1521 bei Ps. 21 (22) unterbrechen mußte, als er zum Wormser Reichstag reiste, läßt sich die weitere Ausbildung und Vertiefung seiner Theologie beobachten. Anders als die erste Psalmenvorlesung bearbeitete er die zweite, um sie seit 1519 als *Operationes in Psalmos* (»Ausarbeitungen über die Psalmen«) in einzelnen Abschnitten (Ps. 1–5, 6–10, 11–17, 18–20, 21) zu veröffentlichen.

Ein weiterer wichtiger Schritt in Luthers Entwicklung war die Disputation in Leipzig mit Johannes Eck, von der er Miltitz am 17. Mai 1519 schrieb. Die Auseinandersetzung zwischen Eck und Luther hatte mit ihren nur handschriftlich vorliegenden Streitschriften *Obelisci* und *Asterisci* begonnen. Während Luthers Teilnahme am Heidelberger Ordenskapitel veröffentlichte sein Kollege Karlstadt zu Luthers Verteidigung mehrere Thesenreihen, darunter 112 Thesen gegen die *Obelisci*. Eck antwortete im August 1518 mit 111 Gegenthesen und schlug Karlstadt eine Disputation über ihre Differenzen vor. Bereits auf dem Augsburger Reichstag sprach Luther mit Eck über dieses Vorhaben. Nach monatelangen Verhandlungen zwischen der Universität Leipzig, Herzog Georg von Sachsen und dem Bischof von Merseburg einigte man sich auf Themen und Modalitäten der Disputation. Auch die Disputatoren – zunächst nur Eck und Karlstadt – verhandelten vor und noch während der Disputation über das Verfahren und die Institutionen, die über ihr Ergebnis urteilen sollten. Luther hatte sich schon am 19. Februar 1519 vergeblich bei Herzog Georg um Zulassung zu der Disputation bemüht (WAB 1, 341). Er mußte als Begleiter Karlstadts nach Leipzig reisen und erhielt erst dort freies Geleit und Redeerlaubnis (WA 54, 183,1–11).

Wie wichtig Herzog Georg dieses außerplanmäßige akademische Ereignis war, zeigt sich daran, daß er in seinem Schloß, der Pleißenburg, den größten Raum dafür zur Verfügung stellte und auch selbst bei einem Teil der Disputation anwesend war. Da er Latein konnte, war es ihm möglich, den langsam vorgetragenen Argumenten zu folgen. Auch zahlreiche auswärtige Hörer waren gekommen – aus Wittenberg etwa Luthers Fakultätskollege Nikolaus von Amsdorf (1483–1565), Melanchthon und andere. Wie vereinbart, hielten vier Notare den Verlauf der Disputation fest. Dieses offizielle Protokoll ist zwar verloren. Doch machten viele Hörer Mitschriften, und bald danach erschienen mehrere Drucke, so daß wir den Verlauf der Disputation im wesentlichen kennen (WA 2, 254–383; 59, 433–605).

Die Leipziger Disputation dauerte drei Wochen, abzüglich der Feiertage insgesamt 15 Tage: Eck und Karlstadt diskutierten am 27. und 28. Juni, am 1. und 3. und nochmals am 14. und 15. Juli, dazwischen vom 4. bis 14. Juli Eck und Luther, so daß das Hauptgewicht auf der Auseinandersetzung zwischen Eck und Luther lag. Aber auch die inhaltlichen Schwerpunkte verschoben sich gegenüber dem ursprünglichen Plan. Waren für die Disputation mit Karlstadt die Themen Sünde und Gnade, mit Luther die Themen des Ablaßstreits (Fegfeuer, Ablaß, Buße) vereinbart worden, so trat in der Disputation mit Luther bald die Frage der kirchlichen Autoritäten in den Vordergrund. Eck hatte in seiner 13. These gegen Luther behauptet, wie die Römische Kirche von Anfang an über allen anderen Kirchen gestanden habe, so sei der Inhaber des Römischen Stuhls immer als Nachfolger Petri und Stellvertreter Christi anerkannt worden. Dagegen hatte Luther die These gesetzt, die Obergewalt der Römischen Kirche werde nur aus den kraftlosen Dekreten der römischen Bischöfe bewiesen – gegen den Text der Heiligen Schrift, die anerkannte Geschichte von 1100 Jahren und das Dekret des Konzils von Nicaea (WA 2, 185,2–12). An diesen gegensätzlichen Behauptungen entzündete sich in Leipzig eine heftige Auseinandersetzung, bei der Luther die göttliche Einsetzung des päpstlichen Primats in Frage stellte. Während er das Papsttum als eine menschliche Einrichtung anerkannte, bestritt er seine Begründung im göttlichen Recht. Er argumentierte bereits historisch mit Gründen, die er sich bei der Vorbereitung auf die Disputation durch das Studium historischer und kirchenrechtlicher Werke erarbeitet hatte. Als Eck Luthers Ablehnung des päpstlichen Primats mit den vom Konstanzer Konzil 1415 verurteilten Irrtümern von John Wyclif und Jan (Johannes) Hus gleichsetzte (275,8–33), wurde eine Diskussion über die Autorität der allgemeinen Konzilien unvermeidlich. Während Luther einerseits an der Verbindlichkeit von Konzilsbeschlüssen in Glaubensfragen festhalten wollte, betonte er andererseits, auch ein Konzil habe schon geirrt und könne irren, zumal in Fragen, die nicht den Glauben betreffen, und kein Konzil könne neue Glaubensartikel schaffen (303,16–21). Daß Luther behauptete, unter den Artikeln des Johannes Hus oder der Böhmen seien viele völlig christlich und evangelisch und könnten nicht von der Kirche verurteilt werden (279,11–13), nahmen ihm Herzog Georg und andere besonders übel; denn im Herzogtum Sachsen, das unmittelbar an Böhmen grenzte, war die Erinnerung an die verheerenden Hussiteneinfälle der zwanziger und dreißiger Jahre des 15. Jahrhunderts noch immer lebendig. Seit der Leipziger Disputation gehörte Herzog Georg zu den schärfsten Gegnern Luthers. Solange er lebte, also bis 1539, blieb das Herzogtum Sachsen offiziell der von Wittenberg ausgehenden Bewegung verschlossen.

Von Frühjahr 1519 bis 1520 veröffentlichte Luther eine größere Anzahl kürzerer deutscher Traktate, die oft aus Predigten hervorgingen und denen er den schon aus seiner deutschen Flugschrift über den Ablaß bekannten Namen »Sermon« (Predigt) gab. Ihnen waren 1518 und 1519 einige lateinische *Sermones* vorangegangen. In den deutschen, für einen weiteren Leserkreis ohne Lateinkenntnisse bestimmten Sermonen behandelte Luther zahlreiche Themen aus der Ethik und der Frömmigkeitspraxis: Das waren 1519 »Ein Sermon von dem ehelichen Stand«, »Ein Sermon von dem Gebet und Prozession in der Kreuzwoche [den Tagen vor dem Fest Christi Himmelfahrt]«, »Ein Sermon von der Bereitung zum Sterben«, »Ein Sermon von dem Sakrament der Buße«, »Ein Sermon von dem heiligen hochwürdigen Sakrament der Taufe«, »Ein Sermon von dem hochwürdigen Sakrament des heiligen wahren Leichnams [Leibes] Christi [d. h. vom Abendmahl] und von den Bruderschaften [Vereinigungen zu gemeinsamen religiösen Begehungen]«, 1519 ein großer und 1520 ein kleiner »Sermon vom Wucher [Zinsnehmen]«, 1520 »Ein Sermon von dem Bann« und »Ein Sermon von dem neuen Testament, das ist von der heiligen Messe«. Das umfangreichste Werk dieser Gattung war der im Frühjahr 1520 veröffentlichte Sermon »Von den guten Werken« (WA 6, 202–276), die erste reformatorische Darstellung der Ethik. Im Unterschied zu der nach dem

Schema der sieben Tugenden (vier philosophischen »Kardinaltugenden« und drei theologischen Tugenden) aufgebauten scholastischen Lehre folgt Luther hier den Zehn Geboten des alttestamentlichen Dekalogs (2. Mose 20). Das erste Gebot interpretiert er unter Berufung auf Joh. 6,28 f. christologisch: »Das erste und hochste, aller edlist gut werck ist der glaube in Christum« (204,25 f.); von ihm leitet er alle weiteren Weisungen ab. Dadurch gelingt es ihm, eine biblische Ethik von großer Geschlossenheit zu entwerfen, die zugleich vielen Praktiken der herkömmlichen Frömmigkeit einen entlarvenden Spiegel vorhält.

Mit den »Sermonen« knüpfte Luther in mancher Hinsicht an die seelsorgerliche und katechetische Literatur des Spätmittelalters an, setzte aber inhaltlich ganz neue Akzente. Auf die verbreitete Vergegenwärtigung von Leiden und Kreuz Christi in Passionstraktaten und bildlichen Darstellungen der Passion zielt der »Sermon von der Betrachtung des heiligen Leidens Christi« (WA 2, 136–142). In ihm wendet sich Luther gegen eine historisierende Betrachtung, die sich in Anklagen gegen Judas und die Juden ergehe oder des Leidens Christi mit Werken wie dem Fasten und der Messe gedenke. Der wahre Sinn einer Betrachtung des Leidens Christi sei vielmehr unsere Selbsterkenntnis – die Erkenntnis, daß dieses Leiden unser Werk sei (137,22–29). Das Erschrecken über unsere Untat führe zu unserem Heil. »Dan wirffestu deyn sunde von dir auff Christum, wan du festiglich gleubst, das seyne wunden und leyden seyn deyn sunde, das er sie trage und bezale« (140,6–8). Der »Sermon von der Bereitung zum Sterben« (WA 2, 685–697) geht in gewisser Weise auf die Gattung der »Sterbekunst« (*ars moriendi*) zurück, die ebenfalls mit Texten und Bildern arbeitet. Luther unterscheidet sich von der Tradition aber darin, daß er davon abrät, im Angesicht des Todes die üblichen Bilder von Tod, Sünde und Hölle zu betrachten. Richtig sei es dagegen, den

Tod mit dem Blick auf das Leben, die Sünde mit dem Blick auf die Gnade, die Hölle mit dem Blick auf den Himmel, alle drei aber mit dem Blick auf Christus und seine Heiligen zu betrachten (689,3–690,32). Die Sakramente, mit deren Hilfe man sich auf den Tod vorbereite, seien nichts anderes als »zeychen, die zum glauben dienen und reytzen [...], An [ohne] wilchen glauben sie nichts nutz seyn« (686,17 f.). Am Glauben hänge alles: »Dann ßo du gleubst yn die zeichen und wort gottis, ßo hat got eyn auge auff dich« (695,29 f.).

Hier begegnet uns wieder der Begriff des Glaubens, der bereits in Luthers Entdeckung während der ersten Psalmenvorlesung eine zentrale Rolle gespielt hatte (»Gerechtigkeit aus Glauben«). Unter Glauben versteht Luther nicht mehr, wie es seit der Antike üblich gewesen war, ein Fürwahrhalten als geringere Art des Erkennens, das zwischen dem sicheren Wissen der Wissenschaft und der bloßen Vermutung liegt. Glaube ist für ihn vielmehr Vertrauen und Zuversicht; diese Bedeutung hat er für Luther immer behalten. Im Sermon »Von den guten Werken« umschreibt er das erste Gebot so: »dieweil ich allein got bin, soltu [sollst du] zu mir allein dein gantze zuvorsicht, traw [Vertrauen] unnd glauben setzen, und auff niemandt anders« (WA 6, 209,25–27). In allen Zusammenhängen spielt der so aufgefaßte Glaube eine tragende Rolle.

Ein wichtiges Thema der Sermone sind die Sakramente, deren praktischer Gebrauch auf gewissen dogmatischen Voraussetzungen beruht. Aus ihrer seit langem durch Konzilsbeschlüsse festgelegten Siebenzahl hat Luther damals bereits nur noch Buße, Taufe und Abendmahl anerkannt. An Spalatin schrieb er am 18. Dezember 1519, einen Sermon über die anderen Sakramente dürfe niemand von ihm erwarten. Zum Sakrament gehöre nämlich eine ausdrückliche göttliche Verheißung, die den Glauben einübe; ohne das Wort des Verheißenden und den Glauben des Aufnehmenden sei ein Umgang mit Gott nicht möglich (WAB 1, 594,19–595,24). Noch weiter ging er in seiner Kritik mit der Aussage, »das zwey furnemliche sacrament seynd yn der kirchen, Die tauff und das brott [Abendmahl]« (WA 2, 754,1 f.). Immerhin behandelt er in seinen Sermonen aber noch die drei genannten Sakramente. In ihnen entfernt er sich bereits weit von der letzten ausführlichen Formulierung der kirchlichen Sakramentenlehre durch das Konzil von Florenz (1439). Ohne polemisch zu argumentieren, stellt er das göttliche Verheißungswort und den ihm entsprechenden Glauben in den Mittelpunkt seiner Ausführungen.

Der »Sermon von dem Sakrament der Buße« (WA 2, 713–723) ist von dem Gedanken durchzogen, die Wirksamkeit dieses Sakraments hänge ganz vom Glauben an das gewisse Wort Christi ab – dem Glauben an seine Zusage der Sündenvergebung: »Und an dem glauben ligt es als [alles] miteynander, der allein macht, das die sacrament wircken, was sie bedeuten, und alles war wirt, was der priester sagt, dan wie du glawbst, ßo geschicht dir« (715,30–33). Wenn man dem Wort des Priesters bei der Absolution – der Lossprechung nach der Beichte – glaube, so sei man frei von den Sünden »umb des warhafftigen worts Christi willen« (717,10 f.). »Es ligt nicht am priester, nicht an deynem thun, ßondern gantz an deynem glauben: ßo vill du gleubist, ßo vill du hast« (719,7 f.). Deshalb kann Luther auch sagen: »Es ist keyn grosser sund, dann das man nit gleubt den artickel ›vorgebung der sund‹, wie wir beten ym teglichen glauben [Glaubensbekenntnis], und diße sund heist die sund yn [gegen] den heiligen geyst, die alle andere sund sterckt und unvorgeblich [unvergebbar] macht zu ewigen zeyten [in Ewigkeit]« (717,33–36).

Beruht der Glaube in der Buße allein auf der Zusage Gottes, so hat Gott den beiden anderen Sakramenten auch sichtbare Zeichen gegeben. Bei der Taufe ist es das Eintauchen ins Wasser, bei der Messe sind es Brot und Wein. Bezeichnenderweise geht Luther aber erst bei der Erörterung der Messe näher auf die Zeichenfrage ein. Zwar seien die Einsetzungsworte beim letzten Abendmahl für das Geschehen in der Messe grundlegend. Doch habe Christus »zu mehrer sicherung oder sterck unßers glaubens« auch ein Zeichen gegeben: »sein eygen warhafftig fleysch und blůt unter dem brot und weyn« (WA 6, 358,36 f.; 359,5 f.). Allerdings seien die Worte wichtiger als die Zeichen:

> »Die wort seyn [sind] gottlich gelubd, zusagung und testament, die zeychen seyn sacrament, das ist heylige zeychen. Nu als [wie] vil mehr ligt an dem testament den [als] an dem sacrament, also ligt vil mehr an den worten den an den tzeychen, dan die tzeychen můgen wol nit sein, das dennoch der mensch die wort habe, und also on sacrament, doch nit an [ohne] testament selig werde [...].« (363,4–9)

Entscheidend ist dabei freilich der Glaube; »den schmack [die erfahrbare Wirkung] bringt der glaub, der dem testament und zusagen glaubt und trawet [vertraut]« (361,17 f.). An ihm hängt alles; »denn das sacrament fur sich selb, on den glauben, wirckt nichts, ja got selber, der doch alle dingk wirckt, wirckt unnd kan mit keynem menschen guts wircken, er glaub dann yhm festiglich, wie vil weniger das sacrament« (371,7–10). So gewinnen die Beziehung von Wort und Glauben und darin der Glaube die zentrale Bedeutung für Luthers Auffassung von der Zueignung des Heils: »Gleubstu, ßo hastu. Zweyffelstu, ßo bistu vorloren« (WA 2, 733,35 f.).

Von seiner grundlegenden Einsicht in die Bedeutung des Glaubens und von der daraus fließenden Gewißheit aus gewinnt Luther Gesichtspunkte für eine kritische Beurteilung der herrschenden Lehre und Praxis. Jetzt steht die gängige Auffassung der Messe im Mittelpunkt seiner Kritik. Den Gedanken einer wirklichen Verwandlung von Brot und Wein in Leib und Blut Christi hält er fest (WA 2, 749,10–12). Dagegen muß er die Vorstellung ablehnen, die Messe wirke allein durch ihren Vollzug (als *opus operatum*) (WA 2, 751,20. 37). Verkehrt ist für ihn die verbreitete Meinung, die Messe sei ein gutes Werk, mit dem Gott ein Dienst geleistet werde (WA 6, 364,14–16). Damit müsse aber auch der Gedanke hinfällig werden, die Messe sei ein Opfer, das Gott dargebracht werde (365,23–25). In Wirklichkeit sei die Messe eingesetzt, um Christus zu predigen und zu loben, seine Leiden und seine Wohltaten zu preisen (373,25–27). Damit werden nach seinem Urteil die Seelenmessen für die Verstorbenen hinfällig (370,35–371,20). »Stille Messen«, bei denen der Priester die Worte unhörbar spricht, widersprechen dem Gedanken der Messe als Verkündigung, die auf deutsch gehalten werden solle (362,13–35). Den eigentlichen Sinn der so gestalteten Messe sieht Luther darin, den Glauben zu nähren und zu stärken (363,22 f. u. ö.). Noch mehr: »Er [der Glaube] ist allein das recht priesterlich ampt, und lesset auch niemant anders seyn: darumb seyn all Christen man [Christenmenschen] pfaffen, alle weyber pffeffyn, es sey junck oder alt, herr oder knecht, fraw oder magd, geleret oder leye« (370,24–27).

15. Die große Reformschrift von 1520

Nachdem Luther den großen und für sein Glaubensverständnis grundlegenden Sermon »Von den guten Werken« im Mai 1520 abgeschlossen hatte, machte er sich nach anfänglichem Zögern (WAB 2, 98,7 f.; 11, 103,5) an eine Erwiderung auf die Schrift des Franziskaners Augustin von Alveld (Alfeld; um 1480 – um 1535) »Über den Apostolischen Stuhl«. In seiner Antwort »Von dem Papsttum zu Rom wider den hochberühmten Romanisten zu Leipzig« (WA 6, 285–324), einer sehr polemisch formulierten Auseinandersetzung mit dem »affenbuchle« (323,28) des Leipziger »Romanisten«, d. h. Parteigängers Roms, setzte er dessen Behauptung von der durch göttliches Recht errichteten Oberhoheit des Papsts ein neues Verständnis der Kirche entgegen, die in einer geistlichen Gemeinschaft, einer »vorsamlung der hertzen in einem glauben« (293,4), gründe.

Bereits im Juni 1520 verfaßte Luther seine bedeutendste Reformschrift »An den christlichen Adel deutscher Nation von des christlichen Standes Besserung« (WA 6, 404–469). Der ersten Auflage, die in der ersten Augusthälfte in einer Höhe von 4000 Exemplaren ausgeliefert wurde und schon am 18. August beim Drucker Melchior Lotther in Wittenberg vergriffen war, folgten rasch die geringfügig erweiterte zweite Auflage sowie zahlreiche Nachdrucke. Luthers Ausführungen stehen in der Tradition der seit Mitte des 15. Jahrhunderts in Deutschland vorgetragenen politischen Beschwerden und Reformforderungen, die sich vor allem gegen die Römische Kurie richteten (»Gravamina deutscher Nation«: DG 52–57), und greifen auch Überlegungen deutscher Humanisten auf. Die Schriften seiner Gegner und die Haltung der kirchlichen Hierarchie bestärkten ihn in der Überzeugung, die Römische Kirche sei unbelehrbar und könne sich aus eigener Kraft nicht bessern. Daher wandte er sich an die höchsten Repräsentanten der christlichen Laienschaft im Deutschen Reich: den Kaiser und den Adel. Die ihnen gewidmete Schrift erreichte weiteste Verbreitung und durch ihren konkreten Bezug auf viele Lebensbereiche die größte und nachhaltigste Wirkung.

Die Schrift besteht aus zwei Hauptteilen. In ihrem ersten beschreibt und bestürmt Luther drei »Mauern«, mit denen sich Rom und die »Romanisten« bisher gegen alle Reformbemühungen geschützt hätten: Erstens hätten sie so zwischen dem geistlichen Stand der Geweihten (Papst, Bischof, Priester) und dem weltlichen Stand der Laien (die keine geistliche Weihe empfangen haben) unterschieden, daß sie die Geistlichkeit einem eigenen Recht unterstellten und so jede Reform des geistlichen Bereichs durch die weltliche Obrigkeit verhinderten. Dagegen behauptet Luther ähnlich wie schon im »Sermon von der Messe« unter Berufung auf 1. Kor. 12,12 ff., 1. Petr. 2,9 u. a., nicht die Weihe, sondern die Taufe, das Evangelium und das Glaubensbekenntnis machten allein geistlich und christlich. »Dem nach szo werden wir allesampt durch die tauff zu priestern geweyhet« (407,22 f.), seien also »alle geystlichs stands, warhafftig priester, bischoff und bepste, aber nit gleichs eynerley wercks« (408,29 f.), sondern jeweils mit einem besonderen Amt oder einer Aufgabe (unserem »werck«) beauftragt. Die Lehre vom »Priestertum aller Gläubigen oder Getauften« bedeutet nach Luther demnach nicht, jeder könne nach Belieben geistliche Funktionen ausüben, sondern setzt einen Auftrag durch die Gemeinschaft voraus. Sie schließt ein neues Berufsverständnis ein, nach dem jeder Christ – ob Geistlicher oder Handwerker und Bauer – »mit seinem ampt odder werck denn andern nutzlich unnd dienlichst sein« solle (409,7 f.). Demnach solle auch »weltlich Christlich gewalt yhr ampt uben frey unvorhyndert, unangesehen obs Bapst, bischoff, priester sey den sie trifft, wer schuldig ist der leyde: was geistlich recht da widder gesagt hat, ist lauter ertichtet Romisch vormessenheit« (409,31–34). Indem er eine rechtliche Sonderstellung des Klerus bestreitet, entzieht Luther bereits einem wichtigen Bereich des kanonischen (kirchlichen) Rechts seine Grundlagen. Als »zweite Mauer« bekämpft er mit biblischen Argumenten den Anspruch des Papsts auf Irrtumslosigkeit im Glauben und seine alleinige Vollmacht zur Auslegung der Schrift. Luther widerspricht dem mit Hinweis auf das Wort Joh. 6[,45], »das alle Christen sollen geleret werden von got« (411,26). Aus dem allgemeinen Priestertum wie aus Paulusworten schließt er, wir sollten »auch haben macht, zuschmecken und urteylen, was do recht odder unrecht ym glaubenn were« (412,22 f.). Fielen die beiden ersten Mauern, meint Luther, so falle auch die dritte: der Alleinanspruch des Papsts auf Einberufung oder Bestätigung eines Konzils. Vielmehr sei jedes treue Glied der Christenheit, vor allem aber die weltliche Gewalt, dazu berufen, »ein recht frey Concilium« herbeizuführen (413,29).

Der zweite Hauptteil, in dem Luther konkrete Reformforderungen zusammenstellt, ist wieder zweigeteilt. Zunächst erörtert Luther die wichtigsten Gesichtspunkte einer Reform der Römischen Kurie, die auf Konzilien behandelt werden sollten (415,7–427,29). Er wendet sich gegen den Prunk und das weltliche Verhalten des Papsts, gegen den Aufwand für die Kardinäle, deren Zahl er auf höchstens zwölf verringern möchte, und gegen die verschwenderische päpstliche Hofhaltung. Mit erstaunlicher Sachkenntnis beschreibt und kritisiert er sodann die römischen Praktiken im Umgang mit den Deutschen: die »Annaten« (die Abgabe des Ertrags des ersten Jahres für die Verleihung kirchlicher Pfründen), die »Papstmonate« (das Anrecht des Papsts auf die Verleihung geistlicher Lehen in jedem zweiten Monat), den Anspruch auf freie Pfründen solcher, die in Rom oder auf dem Weg dahin sterben, den Anspruch auf die Lehen aller, die in den Hofstaat des Papsts und der Kardinäle aufgenommen sind, hohe Abgaben für die Vergabe von Bistümern und anderes. Für Luther beweisen all diese Praktiken, daß man in Rom das »eygenn ertichtet geystlich recht« nicht beachte, das doch ohnehin mehr eine bloße Tyrannei, Habgier und weltlicher Prunk sei als Recht (418,11–13). Im zweiten Abschnitt dieses Hauptteils reiht Luther 26 (seit der 2. Auflage 27) Forderungen aneinander, die durch die weltliche Gewalt oder ein allgemeines Konzil erfüllt werden sollten. Hier verbindet er sehr konkrete Kritik mit durchaus realistischen Besserungsvorschlägen. Zunächst knüpft er noch einmal an die schon genannten Mißstände der päpstlichen Praxis an und dehnt seine detaillierten Forderungen bis zur Abschaffung des päpstlichen Fußkusses und der Wallfahrten nach Rom, ja des gesamten Wallfahrtswesens, aus. Mit dem 13. Punkt, der Kritik an den Bettelorden, geht er zu den Mißständen im geistlichen Leben der ganzen Christenheit über. Dabei weist er nicht nur auf viele Unsitten hin, sondern macht auch ebensoviele positive Vorschläge. Im 24. Punkt nimmt er auf ausgewogene Weise Stellung zum Vorgehen gegen Johannes Hus und Hieronymus von Prag und gibt Ratschläge für das Verhalten gegenüber den Böhmen. Dabei läßt sich auch eine Fortbildung seiner Abendmahlslehre erkennen: Für Luther ist die »Transsubstantiation« (die Lehre von der substantiellen Wandlung von Brot und Wein in Fleisch und Blut Christi bei äußerlichem Verbleiben der beiden Elemente) jetzt kein Glaubensartikel mehr, sondern ein »Wahn« des Thomas von Aquin und des Papsts, während er das Verbleiben der natürlichen Stoffe für einen Glaubensartikel erklärt (456,34–38). Ans Ende seiner Ausführungen über die geistlichen Gebrechen stellt er in der 1. Auflage Vorschläge für die Verbesserung des Universitäts- und Schulwesens. Seine Gedanken zur Universitätsreform gipfeln in der Beschränkung des Aristotelesstudiums auf die nützlichen Bücher der Logik, Rhetorik und Poetik, der Beseitigung des kanonischen

Rechts aus der Rechtswissenschaft und der Konzentration der Theologen auf das Studium der Heiligen Schrift. Daneben schlägt er jeder Stadt die Einrichtung von Mädchen- wie von Jungenschulen vor. Im Mittelpunkt des Unterrichts, der auch für Mädchen lateinisch sein könne, solle die Heilige Schrift stehen, in erster Linie das Evangelium (461,11–15). In der 2. Auflage fügte Luther einen 26. Abschnitt ein, in dem er die Theorie von der Übertragung des Kaisertums an die Deutschen durch das Papsttum für falsch erklärt. Im letzten Abschnitt über weltliche Mißstände tadelt er schließlich den Aufwand für Kleider und Gewürze, das Kreditwesen, das Übermaß beim Essen und Trinken sowie die Frauenhäuser, und macht Vorschläge für eine gottgefällige Erziehung der Jugend. Mit diesem umfassenden Reformprogramm kam er vielen Beschwerden und Wünschen entgegen und machte Vorschläge, die eine breite und dauerhafte Wirkung taten.

16. Eine neue Lehre von den Sakramenten 1520

Im Laufe des Mittelalters hatte sich die Kirche zu einer Institution zur Verwaltung der durch Christus bewirkten heilbringenden Gnade entwickelt. Als sichtbares Mittel zur Weitergabe der unsichtbaren Gnade galten die Sakramente, deren Siebenzahl und Eigenart in den Diskussionen der Schultheologen seit dem 12. Jahrhundert herausgearbeitet wurden. Den Abschluß der mittelalterlichen Lehrbildung über die sieben Sakramente bildete das erwähnte 1439 auf dem Konzil von Florenz verabschiedete Dekret. Nachdem Luther schon in mehreren Sermonen allgemeinverständlich über drei dieser Sakramente gehandelt hatte, bot ihm eine weitere Schrift Augustins von Alveld – jetzt über die Kommunion unter beiderlei Gestalt – den Anlaß, sich erneut mit der Messe und mit allen anderen Sakramenten auseinanderzusetzen, nun aber in einer für Theologen bestimmten lateinischen Abhandlung. Am 6. Oktober 1520 wurde sein weitgehend im August verfaßtes *De captivitate Babylonica ecclesiae praeludium* (»Vorspiel über die babylonische Gefangenschaft der Kirche«: WA 6, 497–573) ausgeliefert. Als »mehr denn eine Babylonische Gefangenschaft« hatte er schon 1519 in einer Antwort an Johann Eck den päpstlichen Anspruch auf Auslegungshoheit über die Schrift bezeichnet (WA 2, 215,2). In *De captivitate Babylonica ecclesiae* wollte er zeigen, in welcher »Gefangenschaft« die Sakramente und vor allem das Abendmahlssakrament durch falsche Lehren gehalten wurden. Das Wort *praeludium* (»Vorspiel«) im Titel deutet an, daß er beabsichtigte, die Kritik später fortzusetzen (WA 6, 501,13–15).

Luther beginnt mit der Erklärung, er leugne die Siebenzahl der Sakramente und halte vorerst nur drei fest (eben jene, über die er schon Sermone verfaßt hatte), obwohl es nach dem Sprachgebrauch der Schrift eigentlich nur ein einziges Sakrament und drei sakramentale Zeichen gebe. Dies alles sei durch die Römische Kurie in beklagenswerte Gefangenschaft gebracht, und die Kirche sei ihrer ganzen Freiheit beraubt worden (501,33–38). Beim »Sakrament des Brots« (Abendmahl) beklagt er drei Arten der Gefangenschaft: zunächst, daß den »Laien« (den Nichtgeweihten) der Genuß beider Gestalten Brot und Wein verweigert werde, sodann die bereits in der »Adelsschrift« verworfene Lehre von der »Transsubstantiation« und als dritte und schlimmste die Meinung, die Messe sei ein gutes Werk und ein vom Priester dargebrachtes Opfer. In Wirklichkeit habe Christus sich selbst als Opfer hingegeben; das Altarsakrament sei das Testament, das er sterbend seinen Gläubigen als seinen Erben hinterlassen habe. Die Messe sei also die Verheißung der Sündenvergebung an uns durch Gott, bekräftigt durch den Tod seines Sohnes (513,14–36). In der Verheißung des Neuen Testaments würden in offenen Worten Leben und Heil umsonst zugesagt und denen geschenkt, die ihr glaubten (d. h. vertrauten) (515,5–7). Nicht durch Werke, eigene Kräfte oder Verdienste gelange man zu einer solchen Verheißung, sondern allein durch den Glauben (*sola fide*), der freilich sogleich eine Erfahrung im Herzen und in dem vom Heiligen Geist mit Liebe beschenkten Geist des Menschen hervorrufe, so daß ein anderer, ein neuer Mensch entstehe (515,29–33). Zwar seien die Zeichen von Brot und Wein eingesetzt; doch hänge die Wirksamkeit dieses Sakraments nicht an seinem richtigen Vollzug (*opus operatum*) und nicht an seinem Verständnis als Opferhandlung (513,11–13). Nur wenn wir die Messe als Verheißung und Testament Christi empfingen, hätten wir das ganze Evangelium und den damit verbundenen Trost (523,17–19). Hänge die Wirksamkeit des Sakraments aber so sehr an der Verheißung und dem ihr entsprechenden Glauben, dann könne sie nur den einzelnen Menschen betreffen. Eine unwiderlegliche Wahrheit laute: »Wo es sich um eine göttliche

Verheißung handelt, da steht jeder für sich selbst, ist sein eigener Glaube gefordert, legt jeder für sich selbst Rechenschaft ab und trägt er seine eigene Last« (521,20–23). Wie Luther betont, hatte diese Erkenntnis einschneidende Konsequenzen für die jahrhundertealte kirchliche Praxis: Wenn jeder sich die Messe nur für sich selbst durch seinen eigenen Glauben zunutze machen und für niemanden anderen kommunizieren konnte, dann wurden alle Meßstiftungen, Jahrestagsfeiern, Fürbittgottesdienste, Zuwendungen der Früchte des Meßopfers, Gebete zum Gedenken der Heiligen und anderes, womit für den Priester und seine Kirche reiche Einkünfte verbunden waren, hinfällig. Gerade diese Einsicht in die »Knechtschaft des gottlosesten Erwerbs« habe ihn dazu bewegt, über die »Gefangenschaft der Kirche« zu schreiben (521,34–522,2).

Auch für die Taufe sei die göttliche Verheißung grundlegend, die das Heil unlösbar mit dem Glauben verbinde (Mk. 16,16) und deren Gewicht unvergleichlich größer sei als alles Gepränge von Werken, Gelübden, Verpflichtungen in religiösen Gemeinschaften – die Profeß des Mönchs wurde als zweite Taufe betrachtet – und von anderen menschlichen Erfindungen. An dieser Verheißung hänge unser ganzes Heil. Doch werde sie nur wirksam, wenn wir ihr glaubten (d. h. vertrauten); sonst sei sie sogar hinderlich (527,33–528,2). Allerdings müsse immer wieder an die Verheißung der Taufe erinnert werden, die Luther in herkömmlicher Weise an den Kindern üben möchte. Wenn eingewandt wird, diese könnten die Verheißung nicht verstehen und nicht an sie glauben, verweist er darauf, der Glaube derer, die ihn zur Taufe bringen, komme dem Täufling zu Hilfe; außerdem werde durch das Gebet der darbringenden und glaubenden Gemeinde auch das Kind durch den eingegossenen Glauben verwandelt, gereinigt und erneuert (538,4–11). Das äußere Zeichen der Taufe, das Eintauchen ins Wasser und das Zurückholen aus dem Wasser, vergleicht er in traditioneller Weise mit Tod und Auferstehung, mit einer neuen Schöpfung, Wiedergeburt und geistlichen Geburt, die allerdings erst mit dem leiblichen Tod vollendet werden (534,3–17). Die Unterstellung unter die Taufe gewähre eine Freiheit, deren freilich zur Zeit der Papst mit seinen Gesetzen die Gläubigen beraubt habe: durch vorgeschriebene Gebete, Fasten, Schenkungen und andere Forderungen, vor allem aber durch die Gelübde eines klösterlichen Lebens, von Wallfahrten oder anderen Leistungen. Gelübde – ausgenommen die privaten, freiwilligen – sollten aufgehoben oder wenigstens erschwert werden. Dagegen könnten echte Gelübde, wie das Eheversprechen, nicht gelöst werden, wenn einer der Ehepartner ins Kloster eintreten wolle, auch wenn der Papst – wie zu Luthers Zeit üblich – dafür Dispens (Erlaubnis, Befreiung) erteile. Von gültigen Gelübden könnten weder Menschen noch Engel dispensieren (542,12 f.). Doch vom Gelübde als einem Zeremonialgesetz und menschlichen Brauchtum sei die Kirche durch die Taufe befreit. »Der Christ ist allein dem göttlichen Gesetz verpflichtet« (540,3 f.).

Über das Sakrament der Buße meint Luther schon so viel geschrieben zu haben, daß er sich hier kurzfassen könne. Als Hauptfehler bezeichnet er es, daß dieses Sakrament, das aus einem Wort der Verheißung und unserem Glauben bestehe, aufgehoben worden sei. Durch Aufrichtung einer päpstlichen Herrschaft sei verdunkelt worden, was den Christen durch Christus verheißen worden sei, worauf sie vertrauen und wieviel Trost sie haben sollten (543,12–27). Im folgenden überprüft Luther die drei Teile des traditionellen Bußsakraments – Reue, Beichte und Genugtuung – kritisch daraufhin, wie weit sie dem biblischen Bußverständnis entsprechen. Wahre Reue sei notwendig, ebenso das Bekenntnis der Sünden, obgleich nicht in den kirchlich vorgeschriebenen Modalitäten der Beichte, während die übliche Art der Genugtuung durch den Glauben und ein neues Leben überflüssig gemacht werde (544,26–549,14).

Die vier übrigen kirchlichen Sakramente – Firmung, Ehe, Ordination (Priesterweihe) und Letzte Ölung – lehnt Luther ab, weil sie nicht auf göttlichen Verheißungen oder einer Einsetzung durch Christus gegründet seien. Am systemrelevantesten war unter ihnen die Priesterweihe, weil auf ihr nach herkömmlicher Lehre die Befugnis zur Verwaltung der Sakramente beruhte. Die Ausübung des geistlichen Amts widerspach zwar nicht der inzwischen von Luther entwickelten Auffassung von einem Priestertum aller Getauften. Sie war aber an eine besondere Beauftragung durch die Gemeinde gebunden. So konnte Luther das Priestertum als einen Dienst definieren, zu dem einzelne nach einem bestimmten Verfahren aus der Gesamtheit der Christen ausgewählt würden, um in deren Namen das Amt des Predigers auszuüben (564,6–17). Im übrigen wird der gesamte Klerus wegen seiner Amts- und Lebensführung einer scharfen Kritik unterzogen. Am Ende weist Luther darauf hin, nur diejenigen Sakramente verdienten diesen Namen, die in Verbindung mit Zeichen eingesetzt worden seien. Da dem Bußsakrament ein sichtbares und von Christus eingesetztes Zeichen fehle und es nichts anderes sei als die Rückkehr zur Taufe, könne es – streng genommen – nicht den beiden wahren Sakramenten der Taufe und des Altars gleichgestellt werden (572,10–22).

Die Schrift *De captivitate Babylonica ecclesiae* bildete nach den Angriffen der »Adelsschrift« eine noch weiter ins Grundsätzliche gehende, die Grundlagen der sakramentalen Heilsanstalt bestreitende Kritik an der Römischen Kirche. Durch ihre Veröffentlichung hatte Luther endgültig nicht nur mit dem bestehenden Kirchenwesen, sondern mit der kirchlichen Tradition gebrochen, ohne freilich von seinem Vorhaben abzugehen, die Kirche durch ständigen Rückgriff auf die Heilige

Schrift zu reformieren. So faßte er hier zugleich die bisher in verschiedenen Sermonen vorgetragenen Einsichten über den Zusammenhang von Verheißungswort und Glauben zusammen und begründete damit eine neue, auf Taufe und Abendmahl konzentrierte Sakramentenlehre und -praxis. Mit dieser Schrift fand er bei manchen Lesern begeisterte Zustimmung; bei anderen stieß er auf erschrockene Ablehnung. König Heinrich VIII. von England (1491–1547, König seit 1509), der einst eine klerikale Ausbildung genossen hatte, mahnte Kaiser Karl V., Luthers Ketzereien nicht zu dulden, und veröffentlichte im Juli 1521 eine Widerlegung Luthers (*Assertio septem sacramentorum adversus Martinum Lutherum*), die er Papst Leo X. widmete. Dieser verlieh Heinrich als Dank den Titel eines »Verteidigers des Glaubens« (*Defensor fidei*), den der englische König auch nach seinem Bruch mit Rom (1534) beibehielt.

17. Die Freiheit des Christen

Bereits in früheren Zusammenhängen hatte Luther den Gedanken der Freiheit betont, und in *De captivitate Babylonica ecclesiae* war »Freiheit« geradezu zu einem Gegenbegriff gegen die bekämpfte römische »Gefangenschaft«, »Knechtschaft« und »Tyrannei« geworden – allerdings weniger im politischen als in einem tieferen religiösen Sinn: als die Freiheit, zu der die Christen durch die göttliche Verheißung berufen sind. Es legte sich nahe, dieses Thema zum Gegenstand einer eigenen Schrift zu machen – der dritten großen Schrift des Jahres 1520, die Luther im Herbst des Jahres in zwei nahe verwandten, aber selbständigen Versionen veröffentlichte: in der deutschen Fassung »Von der Freiheit eines Christenmenschen« (WA 7, 20–38), die er eingangs als »ein tractatell und Sermon« bezeichnet (20,19), und dem lateinischen *Tractatus de libertate christiana* (»Abhandlung über die christliche Freiheit«: 49–73).

Im ersten Abschnitt der deutschen Fassung stellt er als Charakteristik zwei sich widerstreitende Sätze voran, für die er sich auf Paulusworte (1. Kor. 9,12; Röm. 13,8; Gal. 4,4) beruft: »Eyn Christen mensch ist eyn freyer herr über alle ding und niemandt unterthan. Eyn Christen mensch ist eyn dienstpar knecht aller ding und yderman unterthan« (21,1–4). Die Grundstruktur seiner Schrift wird durch den Widerspruch zwischen diesen beiden Aussagen bestimmt, die Luther in Beziehung zur Unterscheidung zwischen der geistlichen, inneren und der leiblichen, äußeren Natur des Menschen setzt. Was der Seele als der inneren Natur Freiheit und Rechtschaffenheit (»frumkeit«) verleihe, sind für ihn nicht äußere religiöse Handlungen und andere »gute Werke« (wie lautes Beten, Fasten, Wallfahren u. ä.); denn all dies könne man tun und zugleich ein böser Mensch sein (21,18–36). Was die Seele frei, rechtschaffen und christlich mache, sei allein das Evangelium, das von Christus gepredigte Wort Gottes (22,3–5). Allein dieses lebendige, tröstliche Wort verleihe uns Gnade. Wir sollten uns Christus mit festem Glauben ergeben und auf ihn vertrauen. Dann würden uns alle Sünden vergeben, all unser Verderben überwunden und wir gerecht, wahrhaftig, rechtschaffen und frei sein (22,34–23,3). Während der Mensch aus den Geboten sein Unvermögen lerne, verleihe der Glaube an Christus Gnade, Gerechtigkeit, Friede und Freiheit: »glaubstu, so hastu, glaubstu nit, so hastu nit« (24,13 f.). Mit Bildern, die er wohl Bernhard von Clairvaux verdankt, beschreibt Luther die Beziehung der Seele zu Christus als Vereinigung von Braut und Bräutigam. Ihre Folge sei »der frölich wechßel und streytt«, in dem Christus als Gott und Mensch, der noch nie gesündigt habe, die Sünde der gläubigen Seele sich selbst zu eigen mache und dadurch vernichte (25,26–26,12). Unentbehrlich sei dabei der Glaube des Herzens, der allein das erste Gebot (und mit ihm auch alle anderen Gebote) erfülle und damit die »guten Werke« überflüssig mache (26,13–31). Im übrigen seien wir alle im Glauben Priester und mehr als Könige, frei von allen Dingen und über allen Dingen allein durch den Glauben (28,6–21).

Was den äußeren Menschen angeht, so sei er auf leibliche Bedürfnisse angewiesen und müsse seinen Körper von bösen Lüsten reinigen und in Werken üben. Doch dürften diese Werke nicht in der falschen Meinung getan werden, der Mensch werde dadurch ohne Glauben rechtschaffen vor Gott und selig (30,31–31,15). Vielmehr gelte, »das allweg die person zuvor muß gut und frum [rechtschaffen] sein vor allen gutten wercken, und gutte werck folgen und außgahn von der frumen gutten person« (32,7–9). »Alßo muß der mensch ynn der person zuvor frum oder böße seyn, ehe er gutte oder böße werck thut, Und seyne werck machen yhn nit gut odder böße, sondern er macht gutt odder böße werck« (32,15–18). Fragt man aber, auf welchem Weg denn die Person dazu befähigt werde, gute Werke zu tun, dann verweist Luther erneut auf den Glauben an das Wort als die Quelle alles Guten: »So dann die werck niemant frum machen, und der mensch zuvor muß frum sein, ehe er wirckt, so ists offenbar, das allein der glaub auß lauttern gnaden, durch Christum und seyn wort, die person gnugsam frum und selig machet« (32,27–30). »Die person aber macht niemant gut, denn allein der glaub, und niemand macht sie boße, denn allein der unglaub« (33,10–12). Hatte Luther bisher von Werken gesprochen, die der Mensch für sich selbst tut, so geht er zuletzt zu den Werken gegen andere über. Auch sie haben ihre Wurzel im Glauben; denn »also fleusset auß dem glauben die lieb und lust zu gott, und auß der lieb ein frey, willig, frolich lebenn dem nehsten zu dienen umbsonst« (36,3 f.). Was immer ein freier Christ tut, das solle er nicht um seines eigenen Nutzens und Heils willen tun, sondern anderen »zu willen, exempel und dienst« (37,11 f.). Daher kann Luther sagen, »das eyn Christen mensch lebt nit ynn yhm selb, sondern ynn Christo und seynem nehstenn, ynn Christo durch den glauben, ym nehsten durch die liebe« (38,6–8). Und er schließt mit dem Hinweis, dies sei »die rechte, geystliche, Christliche freyheyt, die das hertz frey macht von allen sundenn, gesetzen und gepotten, wilch alle andere freyheyt ubirtrifft, wie der hymmell die erdenn« (38,12–14).

18. Der Bann durch Kirche und Reich

Während Luther eine Reihe von Schriften verfaßte, deren Gedanken das traditionelle kirchliche System sprengten und die durch zahlreiche Nachdrucke in hohen Auflagen rasch verbreitet wurden, begannen die kirchlichen Autoritäten, Maßnahmen gegen ihn zu ergreifen. Am 24. Januar 1520 ließ Bischof Johann von Meißen auf Veranlassung Herzog Georgs von Sachsen durch seinen Offizial (Leiter der bischöflichen Gerichtsbehörde) ein Mandat gegen Luthers »Sermon vom Sakrament des Leichnams Christi« ausgehen, das dieser am 5. Februar erhielt und auf das er sogleich eine scharfe deutsche (WA 6, 137–141), wenige Tage später auch eine lateinische Antwort (144–153) verfaßte. Bereits im Oktober 1518 hatte der humanistische Theologe Wolfgang Capito (1481–1541) in Basel eine erste Ausgabe lateinischer Schriften Luthers besorgt, die raschen Absatz bis nach Spanien fand. Sie wurde Gegenstand der Überprüfung durch die theologischen Fakultäten der Universitäten Köln und Löwen, die im August und im November 1519 zu Lehrverurteilungen durch beide Fakultäten führte. Im März 1520 ließ Luther beide Verurteilungen zusammen mit seiner entschiedenen Zurückweisung drucken (WA 6, 181–195). Auch dieses Urteil angesehener Fakultäten, das freilich viele Humanisten ablehnten und gegen das sein Wittenberger Schüler Johannes Dölsch eine Verteidigungsschrift veröffentlichte, konnte Luthers Position nicht schwächen.

Gefährlicher war, daß im Laufe des Frühjahrs unter Mithilfe Johannes Ecks an der Römischen Kurie die Verurteilung Luthers vorbereitet wurde. Am 15. Juni 1520 wurde die Bannandrohungsbulle ausgefertigt, die man – wie bei Bullen üblich – nach ihren Anfangsworten *Exsurge Domine* (»Erhebe dich, Herr«) zu bezeichnen pflegt (DG 153–161). Sie verwirft 41 aus 17 Schriften Luthers zusammengestellte »Irrtümer« ohne Be-

gründung und mit undifferenzierter Bezeichnung ihrer Gefährlichkeit, verurteilt die Schriften, in denen sie enthalten
sind, und räumt ihrem Verfasser und seinen Anhängern 60 Tage für einen Widerruf ein. Fall sie den Widerruf verweigerten,
sollten sie als ausgesprochene und hartnäckige Ketzer verurteilt sein und bestraft werden. Alle Schriften Luthers sollten
dann vernichtet werden.

Auch wenn das sachliche Urteil über Luther eindeutig war,
kann man in der Bulle noch immer ein gewisses Zaudern im
Vorgehen gegen ihn erkennen. Noch bevor sie veröffentlicht
war, forderte die römische Kurie den sächsischen Kurfürsten
auf, seinen Untertan zum Widerruf zu nötigen. Als ihr Brief
im Juli am kursächsischen Hof eintraf, wurde Luther um eine
Stellungnahme gebeten. Er verhandelte wie gewöhnlich über
Spalatin mit dem Kurfürsten und erreichte es, daß dieser Anfang August das Verlangen Roms abwies und sich für Luthers
alte Forderung einsetzte, sich vor einem unparteiischen Gre-
mium verantworten zu dürfen. Noch im August schrieb Luther an Karl V. und veröffentlichte eine deutsche und lateinische Erklärung (»Erbieten«: WA 6, 480 f.; *Oblatio sive protestatio*: 482 f.). Darin bat er erneut, unter freiem Geleit vor einer
unvoreingenommenen Universität in öffentlicher Disputation
verhört zu werden; einer Widerlegung auf Grund der Heiligen
Schrift werde er sich beugen.

Als schließlich im Herbst 1520 die Bannandrohungsbulle in
Deutschland durch zwei päpstliche Nuntien – Hieronymus
Aleander und Johannes Eck, durch letzteren nicht einmal persönlich – ausgehändigt wurde, war die Entwicklung bereits
über sie hinweggegangen. Luther hatte seine fortgeschrittenen
Überlegungen längst so weit im Druck verbreitet, daß an
Rücknahme oder Widerruf nicht mehr zu denken war. Am
12. Oktober versuchte Karl von Miltitz ein letztes Mal, Luther
zu einer Versöhnung mit dem Papst zu bewegen, und erreich-

te, daß er einen Brief in Latein und Deutsch an Leo X. schrieb, den er einer kleinen Schrift beigeben wollte (WAB 2, 197). Diese Schrift war der Traktat *De libertate christiana* mit seiner deutschen Fassung. Beiden Fassungen stellte Luther einen in der jeweiligen Sprache abgefaßten »Sendbrief« (offener Brief) an den Papst voran (WA 7, 3–11; 42–49), der gleichzeitig, aber unabhängig vom Traktat erschien und an Leo X. gesandt wurde. In ihm versichert er den Papst seines persönlichen Respekts, wiederholt die heftigsten Vorwürfe gegen die Römische Kirche (»eyn mordgruben uber alle mordgruben, eyn buben hauß uber alle buben heußer, eyn heubt und reych aller sund des todts und vordampniß«: 5,28 f.), schiebt die Verantwortung für den Streit auf Eck (»eynen sonderlichen feynd Christi und der warheyt«: 7,15 f.) und verweigert den geforderten Widerruf (»Das ich aber solt widderruffen meyne lere, da wirt nichts auß«: 9,27 f.). Man fragt sich, ob er wirklich hoffte, mit solchen Äußerungen den Papst zum Einlenken zu bewegen. Gegen Ende Oktober veröffentlichte er lateinisch und deutsch Angriffe auf die Bannandrohungsbulle: *Adversus execrabilem Antichristi bullam* (WA 6, 597–612) und »Wider die Bulle des Endchrists [Antichrists]« (WA 6, 614–629). Seine Bezeichnung des Urhebers der Bulle als »Antichrist« und damit die endgültige Verbindung der Römischen Kurie mit dieser Vorstellung – schon in der »Adelsschrift« hatte er den Papst beinahe (»schier«) als »widderchrist« und »Antichrist« bezeichnet (WA 6, 434,15 f.) – machte den Bruch vollends unheilbar.

Kurz bevor die sechzigtägige Widerrufsfrist abgelaufen war, erneuerte Luther seine Appellation vom Papst an ein Konzil (vom 28. November 1518) am 17. November 1520 lateinisch und deutsch (WA 7, 75–82; 85–90) und verfaßte auf Wunsch seines Kurfürsten im Dezember eine ausführliche Begründung aller in der Bannandrohungsbulle verworfenen Artikel (*Assertio omnium articulorum M. Lutheri per Bullam Leonis X. novissi-*

mam damnatorum: 94–151; im Januar 1521 die deutsche Fassung: »Grund und Ursach aller Artikel D. Martin Luthers, so durch römische Bulle unrechtlich verdammt sind«: 308–457). Während er noch an der lateinischen Beweisführung arbeitete, entschloß er sich zu einer Handlung von einschneidender, unumkehrbarer Wirkung. Schon im Oktober hatten in Löwen und Ingolstadt, im November in Köln und Mainz Verbrennungen von Luthers Schriften stattgefunden. Auf den 10. Dezember, 9 Uhr, lud Philipp Melanchthon die Wittenberger Studenten durch einen Anschlag an der Pfarrkirche zu einer Verbrennung »der gottlosen Bücher der päpstlichen Gesetzgebung und der scholastischen Theologie« bei der Heilig-Kreuz-Kapelle vor dem Elstertor, dem östlichen Stadttor, ein (WA 7, 183; DG 162). Neben den Studenten folgten mehrere Kollegen der Einladung. Wie Luther noch am selben Tag Spalatin berichtete, wurden hier das gesamte Kirchenrecht, die Bannandrohungsbulle, die *Summa Angelica*, dazu Bücher Johannes Ecks und eines anderen heftigen Luthergegners, Hieronymus Emsers (1478–1527), verbrannt (WAB 2, 234). Am Nachmittag setzten die Studenten allein die Bücherverbrennung fort, und am Folgetag nahm Luther in seiner Psalmenvorlesung dazu Stellung (WA 7, 184–186). Da die Nachricht von dem spektakulären Ereignis sich rasch verbreitete, verfaßte er sofort eine Begründung, die noch vor Ende des Monats erschien, zahlreiche Nachdrucke erlebte und auch ins Lateinische übersetzt wurde: »Warum des Papsts und seiner Jünger Bücher von D. Martin Luther verbrannt sind« (161–182).

Die Handlung am 10. Dezember hatte mehr als bloß symbolischen Charakter. Durch sie verwarfen Luther und seine Anhänger mit dem Kirchenrecht die Grundlagen der nicht nur in ihren Institutionen, sondern bis ins religiöse Leben hinein rechtlich verfaßten abendländischen Kirche. Obwohl Luther keineswegs die Absicht hatte, eine neue Kirche zu gründen, sondern eine gründliche Erneuerung der bestehenden Kirche anstrebte, bedeutete die Verwerfung des Kirchenrechts für alle künftigen Maßnahmen den weitgehenden Verzicht auf bestehende Rechtsnormen und Einrichtungen. Erst beim Übergang von bloßen Reformforderungen zu einer konkreten Reformation sollten sich die Probleme zeigen, die mit diesem Verzicht und mit der Bemühung, die Kirche allein nach den Weisungen der Heiligen Schrift zu erneuern, verbunden waren.

Durch die Verbrennung der Bulle *Exsurge Domine* hatte Luther auch jede persönliche Verständigung mit der römischen Kurie unmöglich gemacht. Da er den geforderten Widerruf nicht geleistet hatte, wurde am 3. Januar 1521 der kirchliche Bann (Exkommunikation) über ihn und seine Anhänger verhängt (DG 162–169). Die beiden päpstlichen Nuntien im Reich hatten die Aufgabe, dieses Urteil, das sich schon im Herbst 1520 abzeichnete, bekanntzumachen und zu veranlassen, daß Luther nun auch entsprechend dem bestehenden weltlichen Ketzerrecht behandelt werde. Dafür verantwortlich war der am 23. Oktober 1520 im Aachener Dom zum deutschen König (jedoch erst 1530 in Bologna vom Papst zum Kaiser) gekrönte Karl V., der vorerst den Titel »Erwählter Römischer Kaiser« trug, zusammen mit den Reichsständen. Unter diesen weigerte sich vor allem der Kurfürst von Sachsen gegen einen raschen Vollzug des Urteils ohne vorherige Anhörung seines Untertanen Luther. Auch andere Reichsstände waren mit dem römischen Vorgehen nicht einverstanden. In Verhandlungen mit dem Kaiser Ende Oktober erreichte Friedrich der Weise die Zusage, Luther solle nicht ungehört verurteilt werden. Am 27. Januar 1521 eröffnete der Kaiser seinen ersten Reichstag in Worms. Auf ihm sollte es allerdings vor allem um das Reichsregiment während Karls Abwesenheit, um andere Fragen des Reichs und um die Finanzierung eines Zugs nach Rom gehen. Am 13. Februar überbrachte der Nuntius Hieronymus Aleander

Karl die Nachricht von der Exkommunikation Luthers und forderte von den Reichsständen die Vollstreckung des Urteils. Diese verlangten weiterhin, Luther solle unter Zusicherung freien Geleits vorgeladen und vor unparteiischen Richtern verhört werden. Nach längeren Verhandlungen gab Karl nach und ließ am 6. März die Vorladung Luthers auf den Reichstag sowie einen Geleitsbrief ausfertigen (WAB 2, 280 f.). Beides sandte er nach Wittenberg durch den Reichsherold Kaspar Sturm, der Luther nach Worms geleiten sollte.

Luther entschloß sich sofort, der kaiserlichen Vorladung zu folgen. Er reiste am 2. April mit drei Begleitern ab, darunter einem Mitbruder, predigte unterwegs an mehreren Orten, wurde in Leipzig und Erfurt ehrenvoll begrüßt und erreichte Worms am 16. April. Am 17. und 18. April fand das Verhör vor dem Kaiser statt. Luther trug den Ordenshabit; er hatte sich aber auch – was Spaniern aus der Umgebung des Kaisers besonders auffiel – seine Tonsur frisch scheren lassen, und zwar größer als üblich. Offenbar wollte er demonstrativ als korrekter Mönch auftreten. Während Luther hoffte, seine Äußerungen begründen und verteidigen zu können, erwartete der Kaiser von ihm nur einen Widerruf. Am 17. fragte der kaiserliche Sprecher Johannes von der Ecken (nicht zu verwechseln mit dem Luthergegner Johannes Eck!) Luther erstens, ob er sich zu seinen Schriften bekenne, und zweitens, ob er bereit sei, ihren Inhalt zu widerrufen. Nachdem die Titel der Bücher vorgelesen waren, bekannte sich Luther zu ihnen, bat aber zur Beantwortung der für ihn offenbar überraschenden zweiten Frage um Bedenkzeit, die ihm denn auch bis zum nächsten Tag gewährt wurde. Am 18. hielt er eine freie, aber wohlvorbereitete Rede. Zunächst bekannte er sich erneut zu seinen Schriften, sofern sie nicht von anderen verfälscht worden seien, was angesichts der vielen unbefugten Nachdrucke durchaus möglich war. Sodann antwortete er auf die Aufforderung zum Widerruf in differenzierter Weise. Seine Schriften über Glauben und Sitten fänden selbst bei seinen Gegnern Anklang, so daß ein Widerruf unangebracht wäre. Für seine Schriften gegen das Papsttum könne er sich auf die allgemeine Erfahrung und Klage und selbst auf päpstliche Gesetze berufen, so daß er durch einen Widerruf nur die päpstliche Tyrannei stärken würde. In seinen Schriften gegen einzelne Gegner sei er heftiger gewesen, als dem Christen gezieme. Doch durch einen Widerruf würde er ihr tyrannisches Regiment über das Volk Gottes noch stärken. Da er aber ein Mensch und nicht Gott sei, könne er wie Christus vor dem Hohepriester (Joh. 18,23) nur um den Nachweis seiner Irrtümer und um Widerlegung aus evangelischen und prophetischen Schriften bitten. Als ihn darauf der kaiserliche Redner zornig aufforderte, schlicht und kurz zu antworten, sagte Luther, wenn er nicht durch Zeugnisse der Schrift oder durch vernünftige Gründe widerlegt werde – denn weder dem Papst noch den Konzilien allein vermöge er zu glauben, da sie ohne Zweifel wiederholt geirrt oder sich selbst widersprochen hätten – dann halte er sich für überwunden durch die Schrift, auf die er sich gestützt habe, und sein Gewissen sei im Gotteswort gefangen. Darum könne und wolle er nicht widerrufen, weil gegen das Gewissen zu handeln gefährlich sei. Seine Antwort schloß er mit den Worten: »Gott helf mir. Amen« (DG 174 f.).

Am 19. April ließ Karl vor den Reichsständen eine persönliche Erklärung verlesen – zuerst in der französischen Originalfassung, dann in deutscher Übersetzung. Darin bekannte er sich zum Glauben seiner Vorfahren, erklärte seine Entschlossenheit, alles zu dessen Verteidigung einzusetzen, bedauerte seine lange Geduld mit Luther und betonte seine Absicht, jetzt gegen ihn als offenkundigen Ketzer vorzugehen (DG 176 f.) An den folgenden Tagen verhandelten einige Vertreter der Stände unter Leitung des Erzbischofs von Trier mit Luther, doch ohne

Erfolg, da sie sich nicht auf die von Luther erbetene theologische Diskussion der umstrittenen Themen einlassen wollten. Am Abend des 25. April erhielt Luther durch drei hohe Beamte den Bescheid des Kaisers, er werde nun nach seiner Pflicht gegen ihn vorgehen. Luther solle binnen 21 Tagen zurückkehren; das Geleit werde ihm gehalten werden, er dürfe aber unterwegs weder öffentlich predigen noch schreiben (WA 7, 878,33–38). Am 26. April verließ Luther mit seinen Wittenberger Begleitern Worms wieder im Pferdewagen. Nachdem er den Reichsherold entlassen hatte, schrieb er aus Friedberg in Hessen dem Kaiser einen lateinischen Brief, in dem er ihm für das Geleit dankte und sein eigenes Verhalten in Worms rechtfertigte (WAB 2, 307–310). Dieser Brief erreichte Karl nicht; aber seine deutsche Übersetzung wurde vor den Reichsständen verlesen (314–317). Nach einigen Beratungen erließ der Kaiser ein Edikt gegen Luther, das ihn als bereits von der Kirche exkommunizierten Ketzer in die »Acht und Aberacht des Reichs« tat, aber auch Sanktionen gegen seine Anhänger und Unterstützer verhängte. Die Acht bedeutete, niemand dürfe den Geächteten beherbergen, speisen und tränken oder auf andere Art materiell und ideell unterstützen, sondern man müsse ihn bei Gelegenheit gefangennehmen und an den Kaiser ausliefern. Außerdem sollten alle vorhandenen Schriften Luthers konfisziert und vernichtet und das Erscheinen neuer aus seinem Ungeist hervorgegangener Schriften und Bilder verhindert werden (DG 178–183). Dieses Edikt, das erst am 25. Mai den Reichsständen vorgelegt und am folgenden Tag vom Kaiser unterzeichnet wurde, hatte große Bedeutung für Luthers weiteren Lebensgang. Es machte ihm in Zukunft Reisen über das Territorium seines Landesherrn und überzeugter Anhänger, wie des Landgrafen von Hessen, hinaus unmöglich und beschränkte ihn dadurch stark in seiner aktiven Teilnahme an vielen Verhandlungen. Von nun an hatte er nur noch begrenzte Möglichkeiten, an der Umsetzung seiner Gedanken in reformatorisches Handeln außerhalb Kursachsens anders als brieflich mitzuwirken.

Von dem Edikt hatte Luther vorerst keine Kenntnis. Während seiner Rückreise wurde sein Wagen am 4. Mai auf Befehl Friedrichs des Weisen nahe der Burg Altenstein in Thüringen von kursächsischen Reitern überfallen. Luther wurde von seinen Begleitern getrennt und auf die Wartburg im Thüringer Wald bei Eisenach gebracht, wo er für zehn Monate im Schutze des Kurfürsten bleiben sollte. Die Öffentlichkeit erfuhr monatelang nichts über sein Schicksal, so daß manche um sein Leben fürchteten. So klagte etwa Albrecht Dürer:

»O Gott, ist Luther tot, wer wird uns hinfürt das heilig Evangelium so klar fürtragen! Ach Gott, was hätt er uns noch in 10 oder 20 Jahrn schreiben mögen! O ihr alle fromme Christenmenschen, helft mir fleißig beweinen diesen gottgeistigen Menschen und ihn bitten, daß er uns ein andern erleuchten Mann send.« (DG 186)

19. Auf der Wartburg (1521–22)

Der Aufenthalt auf der Wartburg bedeutete einen tiefen Einschnitt in Luthers Biographie. Zum ersten Mal seit sechzehn Jahren lebte der Mönch für längere Zeit außerhalb eines Klosters. Bisher hatte er ja auch auf Reisen meist in einer Niederlassung seines Ordens oder, wenn eine solche nicht vorhanden war, in einem anderen Mendikantenkloster gewohnt. Nun entbehrte er monatelang die klösterliche Lebensweise, die Gemeinschaft seiner Mitbrüder und das regelmäßige Chorgebet. Dazu kam, daß er nach seiner Ächtung im Verborgenen leben mußte. Nur der Burghauptmann Hans von Berlepsch, der an dem Überfall auf Luthers Wagen beteiligt gewesen war, wußte, wen er beherbergte. Um seine Identität möglichst geheim zu halten, legte Luther seinen Ordenshabit ab und trug weltliche Kleidung, ließ Haupthaare und Bart wachsen und lebte als »Junker Jörg« wie ein Weltmensch unter Weltmenschen (WAB 2, 338,60 f.). Wie er damals aussah, wissen wir aus dem Porträt, das Lucas Cranach d. Ä. (1472/80–1553) von Luther anfertigte, als er sich Anfang Dezember für wenige Tage heimlich in Wittenberg aufhielt. Sogar an der Jagd der Burgleute nahm er teil, freilich ohne Vergnügen, sondern mit tiefsinnigen Betrachtungen über die Verfolgung der unschuldigen Tiere, die zugleich von seinem Teufelsglauben zeugen (380,56–381,64). Mit seinen Wittenberger Freunden, vor allem mit Spalatin und Melanchthon, verkehrte er bald wieder brieflich und nahm eifrig an den Vorgängen in Wittenberg teil. Anfangs klagte er über sein müßiges und schwelgerisches Leben, fügte aber gleich hinzu, er lese die griechische und hebräische Bibel, schreibe einen deutschen Sermon und setze begonnene Arbeiten fort. Aus Wittenberg erbat er sich weitere Arbeitsmaterialien (14. Mai 1521 an Spalatin: 337,32–36).

Tatsächlich wurde die Zeit auf der Wartburg zu einer besonders fruchtbaren Phase in Luthers Leben. Obwohl ihn alles, was er aus Wittenberg erfuhr, innerlich stark bewegte und oft auch beunruhigte, bot ihm das abgeschiedene Leben ohne öffentliche Auftritte die Muße, sich vor allem in die Bibel zu vertiefen. Zuerst vollendete er die Auslegung von Psalm 21 (22) für den Druck seiner zweiten Psalmenvorlesung sowie die schon im November 1520 begonnene Übersetzung und Auslegung des *Magnificat* (des Liedes Mariae Lk. 1,46–55), eines Texts, der ihm durch tägliches Beten in der Vesper im Rahmen des Stundengebets oder des Breviers vertraut und lieb geworden war (WA 7, 544–604). Beide Arbeiten hatte er schon vor Mitte Juni 1521 vollendet.

Besonders eingehend studierte er in den folgenden Monaten das Neue Testament. Neben der lateinischen Übersetzung der Vulgata diente ihm dabei vor allem das 1516 erschienene *Instrumentum Novi Testamenti* des niederländischen Humanisten Desiderius Erasmus von Rotterdam (1466/69–1536), eine eigene griechische Ausgabe des Texts mit lateinischer Übersetzung und Anmerkungen. Als Luther Anfang Dezember Melanchthon in Wittenberg traf, forderte ihn dieser auf, eine deutsche Übertragung des ganzen Neuen Testaments herzustellen (WA 48, 448,2–11). Sie sollte der wichtigste Ertrag seiner Arbeit auf der Wartburg werden. Er stellte sie neben anderen Arbeiten von Mitte Dezember 1521 bis Anfang März 1522 fertig, sah sie aber – nach Wittenberg zurückgekehrt – vor allem mit Hilfe Melanchthons nochmals gründlich durch. Noch vor Ende September 1522 war das in einer Auflage von 3000 Exemplaren gedruckte »Septembertestament« erschienen (WADB 6–7). Luther schrieb mehrere theologisch gewichtige Vorreden zum ganzen Neuen Testament, zu den Briefen und zur Offenbarung Johannis. Den einzelnen Büchern gab er in unterschiedlicher Dichte erklärende Randbemerkungen und Hinweise auf biblische Parallelstellen bei. Außerdem ließ er zur Illustration der Offenbarung Johannis 21 von Lukas Cranach und seiner Werkstatt hergestellte Holzschnitte einfügen (WADB 7, 483–523). Fragt man, wie Luther diese gewaltige Arbeit in so kurzer Zeit leisten konnte, so muß man bedenken, daß er das Neue Testament seit etwa fünfzehn Jahren intensiv gelesen, in Predigten und teilweise in Vorlesungen ausgelegt, in zahlreichen Veröffentlichungen zitiert und zuletzt in der Abgeschiedenheit des Wartburg-Aufenthalts erneut gründlich studiert hatte. Seine größte Leistung war die Übertragung des immer wieder von ihm durchdachten Texts in ein lesbares Deutsch, durch dessen Ausdruckskraft er alle älteren Bibelübersetzungen bei weitem übertraf, bei den Lesern einen starken Eindruck erzielte und viele zum Bibellesen anregte. Die erste Ausgabe war so rasch vergriffen, daß bereits im Dezember 1522 ein verbesserter Nachdruck erscheinen konnte (»Dezembertestament«).

Mit seinen Vorreden stellte sich Luther in eine alte abendländische Tradition. Er begnügte sich freilich nicht mit den üblichen Vorfragen, sondern fällte auch markante, für die weitere Beschäftigung mit der Bibel wegweisende Urteile. In der Vorrede auf das gesamte Neue Testament (WADB 6, 2–10) betont er klar die Bedeutung der Unterscheidung von Gesetz (Altem Testament) und Evangelium (Neuem Testament), erklärt den Begriff des »Evangeliums«, das Gott im Alten Testament verheißen habe, betont seine Einheit und warnt vor seiner Verwechslung mit dem Gesetz. Am Ende geht er auf den Wert der einzelnen neutestamentlichen Bücher ein. Dabei möchte er das an Predigten Jesu reiche Johannes-Evangelium als »das eynige zartte recht hewbt Euangelion« (10,25 f.) sowie mehrere Briefe (1. Joh., Röm., Gal., Eph., 1. Petr.) allen anderen Schriften weit vorziehen. Dagegen nennt er »sanct Jacobs Epistel eyn rechte stroern [stroherne] Epistel gegen sie, denn sie doch keyn Euangelisch art an yhr hat« (10,33 f.). Unter den Vorreden zu einzelnen Büchern ragt die zum Römerbrief (WADB 7, 2–26) hervor. Bereits ihre Länge rechtfertigt Luthers Urteil, diese Epistel sei »das rechte hewbtstuckt des newen testaments, vnd das aller lauterst Euangelion, Wilche wol wirdig vnd werd ist, das sie eyn Christen mensch nicht alleyn von wort zu wort auswendig wisse. sondern teglich da mit vmb gehe als mit teglichem brod der seelen« (2,3–8). In einem ersten Teil der Vorrede erklärt Luther die zentralen Begriffe des Briefs: Gesetz, Sünde, Gnade, Glaube, Gerechtigkeit, Fleisch und Geist, um anschließend den Inhalt der einzelnen Kapitel in prägnanter Zusammenfassung vorzustellen. Dabei greift er dieselben Begriffe aus dem Römerbrief heraus, aus deren Erläuterung Philipp Melanchthon schon im Frühjahr 1521 mit seinen *Loci communes rerum theologicarum* (»Allgemeinbegriffe von theologischen Gegenständen«) die erste evangelische Dogmatik entwickelt hatte. In der Vorrede auf Jakobus- und Judasbrief (384–386) äußert sich Luther auch über seinen Maßstab für die Beurteilung der biblischen Schriften. Gegen den Jakobusbrief spreche zum einen, daß er gegen Paulus und die übrige Heilige Schrift die Rechtfertigung aus Werken behaupte (384,9 f.), zum andern, daß er nicht des Leidens, der Auferstehung und des Geistes Christi gedenke und nichts von ihm lehre (384,19–21). Damit verfehle Jakobus aber das Amt eines rechten Apostels:

> »Vnd daryn stymmen alle rechtschaffene heylige bucher vber eyns, das sie alle sampt Christum predigen vnd treyben [einprägen], Auch ist das der rechte prufesteyn [Prüfstein] alle bucher zu taddelln [beurteilen], wenn man sihet, ob sie Christum treyben, odder nit [...].« (384,25–27)

Besonders fremd ist Luther auch die Offenbarung Johannis mit ihren Visionen:

»hallt dauon yderman, was yhm seyn geyst gibt, meyn geyst kan sich ynn das buch nicht schicken, Vnd ist myr die vrsach gnug, das ich seyn nicht hoch achte, das Christus, drynnen widder geleret noch erkandt wirt, wilchs doch zu thun fur allen dingen eyn Apostel schuldig ist [...].« (404,25–28)

Mit den positiven Aussagen seiner Vorreden hat Luther bereits die Grundzüge der evangelischen Lehre skizziert, während seine inhaltliche Kritik an einzelnen biblischen Büchern weit über seine Zeit hinausweist.

Zu seiner Übersetzung des Neuen Testaments war Luther auch durch eine Arbeit vorbereitet, die er bald nach Ankunft auf der Wartburg in Angriff genommen hatte: eine deutschsprachige Postille, d. h. Auslegung der Perikopen (Predigttexte) des Kirchenjahres, gleichsam als Musterpredigten für Pfarrer und als Lesepredigten für jedermann. Auf Wunsch Friedrichs des Weisen hatte er schon im November 1519 eine lateinische Postille für die vier Adventssonntage begonnen, die im März 1521 erschienen war (WA 7, 463–537). Für eine solche Arbeit bot ihm die Wartburg die nötige Ruhe. Von Juni bis November arbeitete er an den Weihnachtspredigten, anschließend bis Februar 1522 an den Adventspredigten; beide erschienen nach seiner Rückkehr nach Wittenberg 1522 (WA 10 I1; 10 I2, 1–208). Für sie mußte Luther bereits eine Anzahl wichtiger Texte übersetzen. Darüber hinaus hat er in ihnen auch eine Reihe seiner neuen, grundlegenden Einsichten einprägsam für einen weiten Leserkreis formuliert und dadurch zum evangelischen Verständnis der wichtigen gottesdienstlichen Texte beigetragen. So betont er etwa anläßlich der Geburtsgeschichte (Luk. 2,1–14) nachdrücklich, der rechte Glaube richte sich nicht auf die Wahrheit geschichtlicher Tatsachen wie der Geburt Jesu. »Sondern das ist der recht gnadenreych glawb, den gottis wortt und werck foddert [fordert], das du festiglich glewbist,

Christus sey dyr geporn, und seyne gepurt deyn sey, dyr tzu gutt geschehen« (WA 10 I1, 71,6–8). Zur Verkündigung an die Hirten (Luk. 2,15–20) erklärt er, der Glaube hänge auch nicht an der Person des Verkündigers, »wenn yhm gleych alle engel predigten« (129,13), sondern beziehe sich allein auf das Wort.

> »Das wortt fur sich selbs, on alles auffsehen der person, muß dem hertzen gnugthun, den menschen beschliessen [fassen] und begreyffen [ergreifen], das er gleych drynn gefangen fulet [fühlt], wie war und recht es sey, wenn gleych alle wellt, alle Engel, alle fursten der hell anderß sagten, ya, wenn gott gleych selb anderß sagt, alß er tzuweylen vorsucht seyn außerweleten und stellet sich, alß wollt er anderß, denn er vorhyn gesagt hat […].« (130,14–19)

Für Luther hängt der Glaube weder an nackten historischen Tatsachen noch an der Autorität dessen, der etwas mitteilt, sondern an der inneren, sachlichen Überzeugungskraft, die aus dem persönlichen Bezug der religiösen Mitteilung auf das religiöse Subjekt hervorgeht. Die religiöse Erfahrung nimmt in diesem Vorgang eine zentrale Rolle ein; wie Bernhard von Clairvaux gebraucht Luther für sie das Vokabular des Affekts (vor allem das Wort »fühlen«). Damit wendet er sich gegen eine Tradition, die sich in allen Überlegungen und Entscheidungen auf äußere Beglaubigung und Autorität stützt.

Auf der Wartburg verfaßte Luther aber auch eine Reihe polemischer Schriften, deren Ausarbeitung er zum Teil als lästige Unterbrechung seiner eigentlichen Aufgaben empfand. Am gewichtigsten ist seine lateinische Antwort an den Löwener Theologen Jacobus Latomus (um 1475–1544) (*Rationis Latomianae confutatio*: WA 8, 43–128), dessen Schrift über die von den Löwenern verurteilten Artikel kurz nach Luthers Ankunft auf der Wartburg erschienen war. In seiner verschlungenen

Auseinandersetzung mit dem aus Bibel und Kirchenvätern argumentierenden Widersacher gelangt Luther immer wieder zu grundsätzlichen Aussagen. So meint er zur altkirchlichen Auslegung der Bibel: »Die unverfälschte Art der Schrift muß bewahrt werden, und kein Mensch soll sich anmaßen, mit seinem Munde etwas klarer und sicherer auszusprechen, als Gott es mit seinem Munde ausgesprochen hat« (118,4 f.). Nachdem er sich mit der Tradition auseinandergesetzt hat, faßt er sein Urteil über sie so zusammen: Ein junger Mann solle die Philosophie und die scholastische Theologie wie den Tod seiner Seele meiden (127,8–10).

Schließlich sah sich Luther durch die Ereignisse, die sich während seiner Abwesenheit in Wittenberg abspielten, wiederholt zu einer Stellungnahme genötigt. In seinen Predigten und Vorlesungen, vor allem aber in seinen Schriften hatte er immer wieder Reformen gefordert, jedoch über die Universitätsreform hinaus selbst nicht in die bestehenden Verhältnisse eingegriffen. Während seines Aufenthalts auf der Wartburg und ohne sein unmittelbares Zutun, aber durchaus von seinen Äußerungen angeregt, begann in Wittenberg ein Geschehen, das wir nunmehr als »Reformation« im prägnanten Sinne einer umfassenden Kirchenreform bezeichnen können. Ihr Grundzug war die Verwirklichung der von Luther immer wieder beschworenen »Freiheit«: einer Freiheit von menschlichen Autoritäten und Traditionen, um den von der Heiligen Schrift gewiesenen Weg gehen zu können.

Zwei Probleme wurden während Luthers Abwesenheit akut: Zum einen die Bindung geistlicher Personen durch ihre Gelübde. Gegen die erzwungene Ehelosigkeit (den Zölibat) der Weltpriester hatte sich Luther schon in seiner Adelsschrift unter Berufung auf die von Christus erwirkte Freiheit von Menschengesetzen gewandt (WA 6, 440,15–443,24). Als im Mai 1521 drei Priester heirateten, als erster Bartholomäus Bernhardi, jetzt Propst in Kemberg bei Wittenberg, reagierte er überrascht, aber zustimmend (WAB 2, 347,30–32). In der Adelsschrift hatte er jedoch noch Chorherren und Mönche (zusammen mit dem Papst und Bischöfen) von seiner Forderung nach Aufhebung des Zölibats ausgenommen: »habenn sie yhn [sich] selbs burden auffgelegt, szo tragen sie sie auch« (WA 6, 441,23 f.). 1521 wurde aber die Frage nach der Bindung der Ordensleute durch ihre Gelübde akut, zumal sich bei Luthers Wittenberger Mitbrüdern Kritik an ihrer Lage regte. Bereits im Juni und Juli 1521 verfaßte Karlstadt sieben Thesen mit Erläuterungen, danach 66 Thesen zu dieser Frage, und auch Melanchthon ging in einem eigenen Abschnitt seiner *Loci* darauf ein, den er Anfang September an Luther sandte. Dieser reagierte bereits am 9. September mit einer Reihe von 139 Thesen (WA 8, 323–329), die er an Melanchthon (WAB 2, 385,110 f.) und Amsdorf (390,4 f.) sandte und denen er eine zweite Reihe von 141 Thesen (WA 8, 330–335) folgen ließ. Beide wurden sogleich gedruckt und taten ihre Wirkung. Im Wittenberger Augustinerkloster predigte Gabriel Zwilling (um 1487–1558) gegen das Mönchtum. Bis Ende November traten 15 Augustinereremiten aus dem Kloster aus, darunter Zwilling, seit 1523 Prediger in Torgau. Luther billigte zwar grundsätzlich diesen Schritt, aber nicht seine tumultuarische Form. Er schrieb, er selbst werde vorerst im klösterlichen Habit und Brauch verharren (WAB 2, 415,14–26). Doch wurde ihm klar, daß er mit einer gründlicheren Stellungnahme in das Geschehen eingreifen müsse. Noch im November verfaßte er die als Ratschlag an Ordensleute gedachte Schrift *De votis monasticis iudicium* (»Urteil über die Mönchsgelübde«: WA 8, 573–669), die Ende Februar 1522 gedruckt vorlag. In dieser eindringenden Auseinandersetzung mit dem traditionellen Verständnis eines durch Gelübde unauflöslich gebundenen Lebens lehnt Luther nicht das Mönchtum als Lebensform ab, obwohl er seine auf der Unterscheidung von Geboten und Räten beruhende Begründung verwirft. Seine Kritik richtet sich vielmehr gegen die verbreitete Meinung von der Verdienstlichkeit des Mönchslebens und den als Leistung verstandenen Mönchsgelübden. In mehreren Argumentationsgängen möchte er zeigen, daß die Gelübde der recht verstandenen Heiligen Schrift, dem Glauben, der christlichen oder evangelischen (d. h. im Evangelium gegründeten) Freiheit, den Geboten Gottes und der Vernunft widersprechen. In allen Überlegungen geht es um die Freiheit des Gewissens, die aus dem Glauben an die göttliche Verheißung stammt. Nur jene Gelübde entsprechen dem Glauben und sind keine Sünde, die nicht dauerhaft, erzwungen und unfrei sind, sondern in freier Entscheidung gehalten oder gelöst werden können. Der Abhandlung stellte Luther einen biographisch aufschlußreichen Widmungsbrief »aus der Wüste« an seinen Vater voran, in dem er sich mit seinem eigenen Klostereintritt auseinandersetzt.

Ein zweites akutes Problem, das ebenfalls Luther persönlich betraf, ergab sich aus der Pflicht des Priesters, regelmäßig die Messe zu feiern, die als gutes Werk verstanden wurde. Diese Pflicht führte in Verbindung mit den vielen Meßstiftungen der Zeit dazu, daß neben den Gemeindegottesdiensten zahlreiche Privatmessen gefeiert wurden. Die »stillen Messen« hatte Luther längst verworfen. Jetzt stellte sich ihm die Frage, wie er selbst nach der Rückkehr von der Wartburg verfahren sollte. Am 1. August 1521 hatte er Melanchthon schon beiläufig geschrieben, er selbst werde in Ewigkeit keine Privatmesse mehr halten (WAB 2, 372,73). Seit dem Sommer wurde auch im Augustinerkloster gegen die Privatmesse gepredigt, vor allem von Gabriel Zwilling. Am 29. September wurde in der Stadtkirche zum ersten Mal das Abendmahl in beiderlei Gestalt gereicht – auch Melanchthon und seinen Schülern. Am Abend des 6. Oktober predigte Zwilling gegen die als Opfer verstandene Messe und forderte das Ende von Meßfeiern ohne eine Kommunion von Brot und Wein. In Wittenberg fanden erregte Diskussionen unter der Geistlichkeit über die Messe statt, auf die auch der Kurfürst und seine Räte einzuwirken versuchten. Amsdorf hatte schon im September eine Zirkulardisputation über das Thema gehalten, und im Oktober stellte Melanchthon 65 Thesen über die Messe auf. Am 23. Oktober wurden im Augustinerkloster die Messen völlig abgeschafft. Unter diesen Umständen konnte Luther nicht schweigen. Er schrieb zunächst eine lateinische Stellungnahme über die Abschaffung der Privatmesse (*De abroganda missa privata sententia*: WA 8, 411–476) mit einer Widmung an seine Wittenberger Mitbrüder und anschließend eine deutsche Fassung: »Vom Mißbrauch der Messe« (482–563). Ihr Druck verzögerte sich dadurch, daß der vorsichtige Spalatin sie wie andere Manuskripte, die Luther ihm gesandt hatte, zunächst zurückhielt. Luther erfuhr davon erst bei seinem Besuch in Wittenberg Anfang Dezember und forderte jetzt nachdrücklich ihre Veröffentlichung (WAB 2, 409 f.). In den Schriften gegen die Messe, die erst im Januar 1522 erschienen, machte er relativ maßvolle Reformvorschläge. Im übrigen stellte Luther auf der Reise und in Wittenberg wohl Beobachtungen und Überlegungen an, die ihn sofort nach der Rückkehr auf die Wartburg veranlaßten, einige warnende Seiten zu schreiben. Die kleine Flugschrift »Eine treue Vermahnung zu allen Christen, sich zu hüten vor Aufruhr und Empörung« (WA 8, 676–687), erschien allerdings frühestens im Januar oder Februar 1522.

Die reformatorische Entwicklung war aber inzwischen fortgeschritten – gelegentlich begleitet von Unruhen und Störungen von Gottesdiensten durch Studenten und ausgetretene Augustinermönche. Mitte Dezember erschienen in Wittenberg die »Zwickauer Propheten«. In der Stadt Zwickau im Süden des Kurfürstentums Sachsen, die durch Tuchmachergewerbe und Handel bedeutend war, hatte Luther schon früh Anhänger gefunden. Ihrem Stadtvogt Hermann Mühlpfordt hatte er die deutsche Fassung der Schrift »Von der Freiheit eines Christenmenschen« gewidmet. Seit Mai 1520 wirkte hier auf Luthers Empfehlung als Pfarrer Thomas Müntzer (1490–1525), bis er im April 1521 wegen Streitigkeiten mit einem Kollegen und radikaler Kirchenkritik entlassen wurde. Müntzer verkehrte mit dem Zwickauer Tuchmacher Nikolaus Storch (vor 1500 – nach 1536), einem guten Kenner der Bibel, der sich aber noch mehr auf seine persönlichen Eingebungen und Visionen berief und einen Kreis von Anhängern um sich sammelte. Er lehnte auch die Säuglingstaufe ab. Als er angezeigt wurde und durch eine Kommission verhört werden sollte, wich er Mitte Dezember mit zwei Anhängern nach Wittenberg aus. Melanchthon ließ sich von den geistbegabten Zwickauern beeindrucken, wagte aber kein sicheres Urteil über sie und bat deshalb den Kurfürsten, Luther zurückzuberufen. Doch Friedrich reagierte zurückhaltend und riet dazu, die Angelegenheit klein zu halten. Storch verließ Wittenberg bald; sein Einfluß blieb zunächst gering.

Wichtiger war, daß Karlstadt, der zuvor eher zurückhaltend gewesen war, nun die reformatorischen Maßnahmen vorantrieb. An Weihnachten hielt er in der Schloßkirche ohne liturgische Gewänder einen Gottesdienst mit Predigt und anschließender Abendmahlsfeier; nach den Einsetzungsworten empfingen die Teilnehmer Brot und Wein. Über diese und andere Unregelmäßigkeiten beklagten sich wiederholt die Geistlichen des Allerheiligenstifts beim Kurfürsten (z. B. am 29. Dezember: DG 187–190), doch ohne Erfolg. An Neujahr und bei den folgenden Gelegenheiten gingen die Einwohner massenhaft zur Kommunion, und die Austeilung in beiderlei Gestalt wurde rasch auch in anderen kursächsischen Orten üblich. Als erster Wittenberger Theologieprofessor ging Karlstadt die Ehe ein. Am 26. Dezember verlobte er sich mit Anna von Mochau im Beisein von Melanchthon und Justus Jonas (1493–1555), einem Freund und Mitarbeiter Luthers. Die Hochzeit folgte am 25. Januar 1522. Am 10. Januar 1522 zerstörten die noch im Kloster verbliebenen Augustiner Altäre und Heiligenbilder und zwangen dadurch den Wittenberger Rat, den Änderungen einen rechtlichen Rahmen zu geben. Am 24. Januar beschloß der Rat eine weitgehend auf Karlstadt zurückgehende Stadtordnung (DG 200–203), die gottesdienstlich-religiöse und soziale Regelungen eng miteinander verband. Alle kirchlichen und anderen öffentlichen Einkünfte sollten von nun an in einer städtischen Kasse (»gemeiner Kasten«) vereint werden, aus der unter anderem die Geistlichen besoldet und die Armen unterhalten werden sollten. Jeder Bettel – auch durch die Bettelmönche – sollte untersagt werden. Der Gottesdienst sollte in evangeliumsgemäßer Weise – mit Kommunion in beiderlei Gestalt – gehalten werden. Altarbilder und andere Bildwerke sollten aus den Kirchen entfernt werden; wo dieser Vorgang in ungeregelter Weise geschah, reden wir heute von einem »Bildersturm«. Nachdem Luther das überlieferte kirchliche Recht verworfen hatte, wurde in den folgenden Jahren und Jahrzehnten in den von der Reformation erfaßten Städten und Territorien von den weltlichen Autoritäten (Stadträten, Fürsten) durch einander ähnliche Ordnungen (»Kirchenordnungen«, »Schulordnungen«) ein neues, evangelisches Recht gesetzt, das meist bis an den Beginn des 19. Jahrhunderts, teilweise sogar darüber hinaus gegolten hat.

20. Wieder in Wittenberg

Manchen der in Wittenberg durchgeführten Maßnahmen stimmte Luther ohne Vorbehalt zu. Anderes lehnte er ab, zumal wenn es in ungeordneter, tumultuarischer Weise vor sich ging. Bei der Anordnung konkreter Änderungen war er meist zurückhaltend; sein Zögern begründete er immer wieder mit der Rücksicht auf die »Schwachen«, die im Glauben noch nicht genügend gefestigt seien, um mit einschneidenden Neuerungen zu leben. Um den 24. Februar gratulierte er seinem Kurfürsten zu den Wittenberger Reformen als einem »neuen Heiligtum« (an Stelle seiner großen Reliquiensammlung) und kündigte seine baldige Rückkehr an (WAB 2, 448 f.). Friedrich der Weise reagierte mit einer Instruktion, die sein Amtmann in Eisenach Luther vorlesen sollte. Er wies auf Differenzen in Wittenberg über die Reformen und auf zu befürchtende Gegenmaßnahmen des Reichs und der Bischöfe hin. Luther solle vorerst auf der Wartburg bleiben und für den nächsten Reichstag eine Denkschrift über die Wittenberger Vorgänge schreiben (449–452). Doch Luther war zur Rückkehr entschlossen und schrieb – bereits auf der Rückreise – dem Kurfürsten am 5. März aus Borna eine überaus hochgemute, zuversichtliche Antwort (454–457): Er »komme gen Wittenberg in gar viel einem höhern Schutz denn des Kurfürsten« (455,76 f.), nämlich in dem Gottes. Er habe auch nicht im Sinn, den Schutz des Kurfürsten zu begehren, sondern wolle den Kurfürsten mehr schützen als dieser ihn schützen könne.

Am 6. März traf Luther in Wittenberg ein. Sofort nahm er wieder das gewohnte Leben als Mönch auf, in seinem alten Habit und ohne den Bart des Junkers. Er lebte weiterhin in seinem Kloster, das inzwischen freilich bis auf zwei Mitbrüder von allen Insassen verlassen worden war. Da der Bettel aufgehört hatte, den Austretenden Abfindungen gezahlt worden waren und die bisherigen laufenden Einkünfte ausblieben, war das Augustinerkloster völlig verarmt. Als Professor erhielt Luther bisher kein Gehalt, da seine Lehrtätigkeit zu den Leistungen des Klosters gehörte, das einst vom Kurfürsten anläßlich der Universitätsgründung errichtet worden war. Dieser überließ das Gebäude jetzt den letzten noch verbliebenen zwei oder drei Mönchen als Wohnung. Aus seiner Predigttätigkeit an der Stadtkirche hatte Luther nur geringe Einkünfte (8 Gulden; weniger als ein Zwölftel von Melanchthons Professorengehalt). Für seine vielen Schriften nahm er kein Honorar. Er war also auf Unterstützung durch seinen Landesherrn angewiesen.

Am Tag nach seiner Rückkehr schrieb Luther an den Kurfürsten, der sich gegenüber dem Reichsregiment absichern wollte, auf dessen Wunsch einen Brief (WAB 2, 459–462), in dem er ihm erklärte, er sei »ohn E[uer] K[ur]F[ürstlichen] G[naden] Willen und Zulassen« (460,6 f.) nach Wittenberg zurückgekehrt, und drei Hauptgründe dafür nannte: Erstens sei er dringend von der Wittenberger Gemeinde zurückgerufen worden und fühle sich als Urheber der neuen Bewegung für deren Fortgang verantwortlich. Zweitens sei während seiner Abwesenheit der Satan in seine Gemeinde eingefallen; deshalb müsse er sich um sie kümmern. Drittens wolle er die Entartung der neuen Bewegung in eine öffentliche Empörung in ganz Deutschland verhindern.

Seine Lehrtätigkeit setzte Luther unter diesen Umständen vorerst noch nicht fort. Erst ab Februar 1523 las er wieder, anfangs nur vor wenigen Hörern in seinem Kloster. Dagegen nahm er nach der Rückkehr von der Wartburg sofort wieder seine Predigttätigkeit auf, die für die nächsten Jahre sein wichtigstes Mittel werden sollte, um Einfluß auf die reformatorische Bewegung zu gewinnen. In den Jahren 1522 bis 1524 hielt er weitgehend frei etwa 350 Predigten in Wittenberg und an anderen kursächsischen Orten. Sie wurden mitgeschrieben oder nachgeschrieben. Seit Weihnachten 1522 wurde Luthers Schüler Georg Rörer zum wichtigsten Mit- und Nachschreiber seiner Predigten, Vorlesungen und Tischreden; er entwickelte dafür eine eigene Kurzschrift. Die Predigten wurden rasch als Einzeldrucke oder in Sammelausgaben veröffentlicht und erreichten dadurch ganz Deutschland.

Seine erste Aufgabe sah Luther darin, die Reformen, die in seiner Abwesenheit tumultuarisch begonnen hatten, in geordnete Bahnen zu lenken. In der Fastenwoche vom Sonntag *Invocavit* (9. März) bis zum Sonntag *Reminiscere* (16. März) hielt er täglich thematische Predigten in der Stadtkirche über die in Wittenberg eingeführten Neuerungen (WA 10 III, 1–64), in denen er seine Hörer von vornherein eindringlich auf ihre persönliche Verantwortung für ihren Glauben und ihr Verhalten hinwies:

»WIr seindt allsampt zů dem tod gefodert [gefordert] und wirt keyner für den andern sterben, Sonder ein yglicher in eygner person für sich mit dem todt kempffen. In die oren künden [könnten] wir woll schreyen, Aber ein yeglicher můß für sich selber geschickt sein in der zeyt des todts: ich würd denn [dann] nit bey dir sein noch du bey mir. Hierjnn so muß ein yederman selber die hauptstück so einen Christen belangen [betreffen], wol wissen und gerüst sein [...].« (1,7–2,2)

Zunächst wiederholte er die wesentlichen, notwendigen »Stücke«, die er vor der Abreise nach Worms gelehrt hatte, darunter die Abschaffung der Privatmessen, um anschließend auf die Dinge einzugehen, die unnötig seien, vielmehr freigestellt von Gott: die Ehelosigkeit, das Leben als Mönch oder Nonne, die religiösen Bilder und das Genießen von Nahrungsmitteln wie Fleisch und anderen tierischen Produkten. Der an sich freie

Umgang mit diesen Dingen solle immer von Liebe und von Rücksicht auf die »Schwachen« geleitet sein, die sich noch nicht von den alten Bräuchen lösen könnten, und dürfe nicht in neue Zwänge umschlagen. Deshalb lehnte er auch die gewaltsame Entfernung der Bilder ab, obwohl er sie nicht mochte und sogar für gefährlich hielt, wenn sie verehrt würden. Auf dieser Linie ging er in den weiteren Predigten näher auf das Altarsakrament und seine Austeilung in beiderlei Gestalt ein, auf die Liebe als dessen Frucht und auf die Beichte. Mit den »Invocavitpredigten« machte Luther in Wittenberg tiefen Eindruck und wurde wieder zum Lenker des reformatorischen Geschehens. Sie wurden erst 1523 veröffentlicht, während Luther ihre Hauptgedanken in einer bereits im April 1522 erschienenen Schrift »Von beider Gestalt des Sakraments zu nehmen und andere Neuerungen« (WA 10 II, 11–41) verbreitete. In den folgenden Monaten reiste er durch Kursachsen und predigte Ende / Anfang Mai in Borna, Altenburg und Zwickau sowie im Oktober in Weimar und Erfurt, um Einfluß auf die dortigen reformatorischen Bewegungen zu nehmen.

Im Mittelpunkt der Neuerungen standen zunächst zwei Themen: die Gestaltung des Gottesdienstes (und des gottesdienstlichen Raums) als des religiösen Herzens des Gemeindelebens und die damit verbundene soziale Frage. Karlstadt verband 1522 beide in seiner Schrift »Von Abtuung der Bilder und daß keine Bettler unter den Christen sein sollen« (DG 205–207). Bisher hatte der Aufwand für die Einrichtung der Kirchen mit vielen Altären und für die zahlreichen Gottesdienste an diesen Altären hohe Beträge verschlungen, während eine geregelte Fürsorge für Arme, Witwen und Waisen fehlte. Mittel, die diesen hätten dienen können, wurden zudem von den Bettelmönchen in Anspruch genommen. Bereits die Wittenberger Stadtordnung hatte einen Weg aufgezeigt, den kirchlichen Aufwand zu reduzieren und die freiwerdenden Mittel sinnvoller für soziale Zwecke zu verwenden. Wegweisend wurde sodann die »Ordnung eines gemeinen Kastens« für die kleine kursächsische Stadt Leisnig an der Freiberger Mulde (WA 12, 16–30; DG 208–211). In ihr wurde unter anderem der Unterhalt von Pfarrer, Küster und Schulen, Kranken und Alten, Waisen, Armen und Fremden, daneben der Gebäude, geregelt. Luther war im September 1522 an ihrer Ausarbeitung beteiligt und schrieb dazu ein Vorwort (11–15), in dem er vor allem auf den Umgang mit Klöstern, Stiften und anderen geistlichen Einrichtungen einging.

Besonders schwierig war die Neuordnung des Gottesdiensts, da sich in ihr unterschiedliche Gesichtspunkte überschnitten: die Notwendigkeit, unter Einbeziehung der theologischen Kritik an der Messe eine evangeliumsgemäße Gottesdienstordnung zu schaffen, das Verlangen nach dem Gebrauch der Volkssprache im Gottesdienst, der Umgang mit den verschiedenen Gottesdienstarten, die Beurteilung einzelner ihrer Elemente und die unterschiedliche Bereitschaft der Gläubigen zu Veränderungen gerade auf diesem für das religiöse Leben zentralen und emotional hoch besetzten Gebiet. Während Luther in seiner Kritik an der durch Aristoteles beeinflußten scholastischen Theologie, an einem durch eigene Werke und Verdienste bestimmten Selbstbewußtsein gegenüber Gott und an einer Kirche, der das Evangelium fremd war, heftig und kompromißlos war, behandelte er den Gottesdienst zunächst mit großer Zurückhaltung. Ganz anders als Karlstadt wünschte er nach seiner Rückkehr von der Wartburg, daß weiter in liturgischen Gewändern, mit den üblichen Zeremonien und in lateinischer Sprache Messe gehalten werde (WA 10 II, 29,3–5). Dagegen zog er bereits jetzt aus seiner Ablehnung der Auffassung der Messe als Opfer die Konsequenz, auf alle Gebete – insbesondere im *Canon Missae* – zu verzichten, die aus der Messe ein Opfer machten, und stattdessen die Einsetzungsworte in den Mittelpunkt zu stellen (29,11–26). Eine wichtige Neuerung war auch sein Vorschlag, Messen nur noch dann zu lesen, wenn in der Gemeinde ein Bedürfnis nach dem Empfang des Sakraments bestehe – nach seiner Meinung einmal in der Woche oder gar im Monat (31,19–24). Diesem Vorschlag fügte er aber eine Bemerkung an, die besonders für sein Vorgehen in Sachen des Gottesdiensts charakteristisch ist: »Aber es ist tzu frue, solchs antzufahen [anzufangen], die gewissen werden myr nicht folgen, biß das es baß [besser] gepredigt und verstanden werde« (31,24–26). Gerade bei der Reform des Gottesdienstes war ihm wichtig, daß die Menschen durch die Predigt über Neuerungen belehrt und zu einem rechten Verständnis hingeführt wurden. Die Predigt, die er selbst schon bisher so intensiv gepflegt hatte, wurde für ihn als Mitteilung und Auslegung des Wortes Gottes zunehmend der wichtigste Teil des Gottesdienstes.

Ein Jahr später formulierte er seine Gedanken dazu bereits entschiedener. In einer Predigt vom 11. März 1523 schlug er der Wittenberger Gemeinde vor, die Messe gewöhnlich nur noch sonntags zu halten. Dagegen sollten werktags Klerus und Schüler regelmäßig zweimal zusammenkommen, um morgens fortlaufend das Neue und abends das Alte Testament zu lesen und jeweils auszulegen. Doch wollte er das nur vorschlagen, nicht selbst beginnen (WA 11, 61,33–62,5). Seine Vorschläge in Wittenberg hielt er noch im Frühjahr 1523 in einer kleinen Schrift fest, um die ihn die Leisniger nach seiner Mitwirkung an der Kastenordnung gebeten hatten: »Von Ordnung Gottesdiensts in der Gemeine« (WA 12,35–37). Hier erklärte er es für entscheidend, daß bei der Zusammenkunft einer christlichen Gemeinde Gottes Wort gepredigt und gebetet werde (35,19–21). An erster Stelle führt er die laufende Lektüre und Auslegung des Alten und Neuen Testaments an den Werktagen nach dem Vorbild der apostolischen Zeit an. Dagegen sollten die täglichen Messen abgeschafft werden; »denn es am wort, und nicht an der messen ligt« (37,6 f.). Nur der Sonntag blieb Messe und Vesper vorbehalten. Dagegen sollten die Heiligenfeste weitgehend aufgegeben und höchstens eine gute, christliche Legende am Sonntag nach dem Evangelium vorgetragen werden. Eine Ausnahme machten die Feste Mariae Reinigung und Verkündigung sowie der Johannestag, während Mariae Himmelfahrt und Geburt nur noch für einige Zeit erhalten bleiben sollten. Bereits 1516 hatte Luther den Mißbrauch der Heiligenverehrung als Verstoß gegen das Erste Gebot angeprangert (WA 1, 411,11–426,16) und seit 1522 massive Kritik an der Mittlerrolle der Heiligen geübt (z. B. WA 10 III, 203,3–16). Ein erster Höhepunkt seiner Polemik gegen einzelne Heilige richtete sich gegen die Heiligsprechung des Bischofs Benno von Meißen (1066 – ca. 1106) durch Papst Hadrian VI. (1522/23) am 31. Mai 1523. Als Luther von der Absicht erfuhr, die Gebeine des neuen Heiligen am 16. Juni 1524 im Dom zu Meißen feierlich zu »erheben«, d. h. auszugraben und in einem neuen Grabmal beizusetzen, reagierte er auf das für Sachsen wichtige Ereignis sofort mit der Schrift »Wider den neuen Abgott und alten Teufel, der zu Meißen soll erhoben werden« (WA 15, 183–198). Hier wandte er sich mit historischen Argumenten gegen die Auffassung, der Bischof, der an Kaiser Heinrich IV. »gehandelt hat als eyn verrether und bo̊sewicht« (185,19 f.), dürfe als »Heiliger« bezeichnet und verehrt werden. Seither war die Kritik der Heiligenlegenden ein fester Bestandteil seiner Polemik.

Auf Bitten verschiedener Freunde arbeitete er im November 1523 als Zusammenfassung seiner bisherigen Erkenntnisse ein neues, noch lateinisch abgefaßtes Meßformular aus, das am 4. Dezember gedruckt vorlag (*Formula Missae et Communionis*: WA 12, 205–220) und von anderen rasch ins Deutsche übertragen wurde. Obwohl er die Transsubstantiation längst verworfen hatte, hält er an der Elevation der konsekrierten Elemente Brot und Wein noch fest (212,28). Doch will er jetzt auf vieles andere verzichten, etwa auf die Kreuzzeichen bei der Wandlung (213,5 f.). Das Abendmahl solle der Gemeinde in beiderlei Gestalt gereicht werden; denn nachdem das Evangelium jetzt seit zwei Jahren eingeschärft worden sei, müsse an diesem Punkt keine Rücksicht mehr auf die Schwachen genommen werden (217,5–16). Die frühere Beichte jener Gläubigen, die beim Pfarrer nach der Kommunion verlangten und zeigten, daß sie deren Sinn verstanden hatten, möchte er auf eine einzige Befragung im Jahr beschränken (215,18–32), während er hartnäckige Sünder (Hurer, Ehebrecher, Trunkenbolde, Spieler und andere) vom Genuß des Abendmahls ausschließen will. Andererseits strebt er nun eine stärkere Beteiligung der Gemeinde am Gottesdienst an, vor allem durch das Singen deutscher Lieder während der lateinischen Meßfeier (218,15 f.).

Für diesen Zweck begann er selbst bereits 1523 Lieder zu verfassen – meist Übersetzungen oder Bearbeitungen älterer, lateinischer Texte (WA 35; besser AWA 4). Teilweise schuf er, der die Musik liebte und musikalisch war, dazu auch die Melodien. Luthers früheste Dichtungen waren allerdings zwei Sololieder, die er noch ohne den Gedanken an die im Gottesdienst singende Gemeinde in der zweiten Hälfte des Jahres 1523 schuf: Im ersten besang er spontan den Feuertod der ersten evangelischen Märtyrer, der beiden jungen Augustinereremiten Heinrich Vos und Johann van der Esschen am 1. Juli 1523 in Brüssel (»Ein neues Lied wir heben an«: AWA 4, 217–220). Im zweiten handelt er vom Erleben seiner eigenen Errettung durch Gott aus der Verlorenheit an Teufel und Tod (»Nun freut euch, lieben Christen gmein«: 154–157). Zwar wurde Luther auch durch das liturgische Schaffen Thomas Müntzers angeregt; deshalb kann man ihn nicht einfach als den Begründer des evangelischen Kirchenlieds bezeichnen. Sein Eigentum war aber die Erfindung des Psalmlieds, in dem er alttestamentliche

Psalmen in Liedform brachte. Während die ersten Lieder noch einzeln als Flugblätter verbreitet wurden, erschienen seit 1524 evangelische Kirchengesangbücher, in denen sich vor allem Lieder Luthers finden.

Wo Luther selbst in die Gestaltung des Gottesdiensts eingreifen konnte, da nahm er jetzt Schritt für Schritt Veränderungen vor. So predigte er am 4. Juni 1523 zum letzten Mal an einem Fronleichnamsfest und erklärte: »wir wollens bescharren und begraben« (WA 11, 125,14). Doch stieß er selbst in Wittenberg an Grenzen seines Einflusses. Seit 1. März 1523 forderte er die Chorherren am Allerheiligenstift auf, die herkömmlichen Privat- und Seelmessen einzustellen. Da sie sich an den Kurfürsten um Entscheid wandten und dieser vorerst eine Änderung ablehnte, blieben Luthers wiederholte Vorstöße lange erfolglos (WAB 3, 34 f.). Eines der verhandelten Probleme wurde schließlich dadurch gelöst, daß die Wittenberger Stadtpfarrei aus der Inkorporation (der kirchenrechtlichen Einverleibung) in das Stift herausgenommen wurde. Da das Stiftskapitel nach dem Tode des bisherigen Pfarrers die Wiederbesetzung der Stelle verzögerte, wählte der Rat zusammen mit Universität und Gemeinde im Herbst 1523 Johannes Bugenhagen aus Pommern (1485–1558) zum Nachfolger. Er hatte seit 1521 Vorlesungen über den Psalter gehalten und blieb auch weiterhin der Universität erhalten, seit 1533 als Doktor der Theologie und ordentliches Mitglied der theologischen Fakultät. Da Bugenhagen zunächst zögerte, das angebotene Pfarramt zu übernehmen, stellte ihn Luther einfach im Gottesdienst der Gemeinde als ihren neuen Pfarrer vor. Doch war damit Luthers Ringen mit dem Stiftskapitel um Aufhebung oder Fortbestand des bisherigen Meßgottesdienstes noch nicht beendet. Das hing nicht nur mit den Chorherren zusammen, von denen lediglich eine Minderheit (Nikolaus von Amsdorf, Justus Jonas und Andreas Karlstadt) auf der Seite Luthers stand. Auch der Kurfürst hielt an der alten Ordnung fest, nach der das Stift Mitte des 14. Jahrhunderts von seiner Familie gegründet und seither üppig ausgestattet worden war, auch mit reichen Reliquienschätzen und den damit verbundenen Ablässen. Noch 1523 wurden die Reliquien gezeigt. Luther forderte die Chorherren immer wieder auf, sich dem zu fügen, was inzwischen in der Wittenberger Gemeinde üblich geworden war. Der Kampf endete nach einer dramatischen Zuspitzung. Nachdem eine vorangegangene Abmachung gebrochen und in der Allerheiligenkirche (Schloßkirche) die Kommunion weiterhin nur in der Gestalt des Brots ausgeteilt worden war, stellte er dem Stift am 17. November 1524 ein briefliches Ultimatum, den alten Gottesdienst endgültig aufzugeben (WAB 3, 376 f.). Als das Stift seiner Aufforderung nicht entsprach, sondern sich erneut an den Kurfürsten wandte, brachte er die Sache in der Predigt am ersten Adventssonntag, dem 27. November, vor die Gemeinde (WA 15, 764–774). Nun traten der Rat und die beiden Bürgermeister, die Universität und der Stadtpfarrer auf seine Seite, suchten die Chorherren auf und drohten ihnen, die Gemeinschaft mit ihnen abzubrechen und sie wirtschaftlich zu boykottieren (WAB 3, 375 f.). Darauf sah auch der Kurfürst keine Möglichkeit mehr, sie zu stützen. Am 24. Dezember wurde an der Schloßkirche eine neue Gottesdienstordnung eingeführt, in der die alte Meßfeier endgültig aufgegeben war. In seiner Predigt am 27. November hatte Luther der Gemeinde ausführlich erklärt, weshalb er die Opfervorstellung für »die erschrockenlichen grewel und allerschendtlichisten Abgötterey des gotßlesterlichen Canon« hielt (WA 15, 765,10 f.). Eine Nachschrift dieser Predigt wurde rasch in Flugschriften verbreitet. Auf der Grundlage von Rörers Aufzeichnungen arbeitete Luther schließlich eine Schrift »Vom Greuel der Stillmesse« aus, die im Frühjahr 1525 erschien (WA 18, 22–36).

Die Vorgänge in Wittenberg zeigen, mit welchen Problemen Luther und die reformatorisch gesinnten Gemeinden zu kämpfen hatten. Ihr Hauptinteresse bestand darin, die als evangeliumswidrig erkannten Gottesdienste abzuschaffen und durch evangeliumsgemäße zu ersetzen, ferner für diese neuen Gottesdienste evangelisch gesinnte, zur Predigt befähigte Pfarrer zu gewinnen. Nun wurden die Geistlichen – abgesehen von den Bettelmönchen – bisher meist durch Pfründen versorgt, die einst gestiftet worden waren. Über das Kirchengut verfügten oft kirchliche Institutionen (bischöfliche Hochstifte, Klöster u. a.), denen daher das Recht zur Besetzung der Pfarrstellen zustand. Auch nachdem Luther längst das kanonische Recht verworfen hatte, bestanden alte kirchenrechtliche Regelungen und Ansprüche fort, mit denen der Reformator und seine Anhänger sich auseinandersetzen mußten. Nur langsam wurde das kanonische Recht von neuen Satzungen abgelöst. Einen wichtigen Schritt auf dem Weg dahin bildete eine kleine Schrift, die Luther auf Bitten der Stadt Leisnig im Frühjahr 1523 noch vor der Kastenordnung verfaßte: »Daß eine christliche Versammlung oder Gemeinde Recht und Macht habe, alle Lehre zu urteilen und Lehrer zu berufen, ein- und abzusetzen, Grund und Ursach aus der Schrift« (WA 11, 408–416). Grundlage seiner Überlegungen war die Überzeugung, daß eine christliche Gemeinde dort bestehe, wo das reine Evangelium gepredigt werde (408,8–10), und daß nach den Worten Jesu (Joh. 10) das Urteil über die rechte Lehre nicht bei Bischöfen, Gelehrten und Konzilien liege, sondern bei der Gemeinde (409,20–410,2). Da jeder einzelne Christ von Gott belehrt und zum Priester gesalbt sei, habe er nicht nur das Recht, sondern auch die Pflicht, Gottes Wort zu lehren (411,31–412,13). Dementsprechend habe die Gemeinde das Recht und die Pflicht, ihre Prediger zu beurteilen und zu berufen – zumal in einer Zeit, in der es keine evangelisch gesinnten Bischöfe gab. Daneben aber gebe es auch weltliche Obrigkeiten, wie Ratsherren und Fürsten, die sich für ihre Städte und Schlösser selbst Prediger besorgten, weil die geistlichen Autoritäten dazu nicht imstande seien (415,19–25). Das Predigtamt sei aber das allerwichtigste Amt in der Christenheit, höher als das Weihen und Sakramentespenden der Bischöfe (415,25–416,10). Nach dem Ausfall der altgläubigen Bischöfe erstrebte Luther in dieser und anderen Schriften einen Aufbau der Kirche von unten, von der Gemeinde und den führenden weltlichen Autoritäten her.

Zur Sorge um die Neuordnung der reformierten Gemeinden gehörte, wie schon die Leisniger Kastenordnung zeigte, auch der Unterhalt von Schulen und Lehrern. Schon sehr früh (1516/17) hatte Luther seine Hoffnung auf eine Besserung der Kirche mit der Kindererziehung verbunden (WA 1, 494,10 f.). Im »Sermon von dem ehelichen Stand« (1519) hatte er den Nutzen guter Erziehung durch die Eltern für Gott, die Christenheit und alle Welt, natürlich auch für Eltern und Kinder selbst, betont (WA 2, 169,38–170,1). In der Adelsschrift von 1520 hatte er schließlich den von ihm geforderten Unterricht für Jungen und Mädchen in erster Linie mit der Fähigkeit begründet, die Heilige Schrift zu lesen, und behauptet, die Männer- und Frauenklöster seien vor Zeiten zu Schulen bestimmt gewesen (WA 6, 461,15–18). Nun eröffnete die Reformation die Möglichkeit, seine Vorstellungen zu verwirklichen. Doch als er den Eindruck gewann, das Schulwesen liege noch immer darnieder, wandte er sich Anfang 1524 mit einer eigenen Schrift »An die Ratsherren aller Städte deutschen Lands, daß sie christliche Schulen aufrichten und halten sollen« (WA 15, 27–53). Darin tadelt er, daß die Eltern ihre Pflichten als Erzieher vernachlässigten, wenn sie ihre Kinder aus verschiedenen Gründen nicht zur Schule schickten, und entwirft ein Programm für den Unterricht an niederen und höheren Schulen, an Jungen- und Mädchenschulen. Wieder weist er auf das Evangelium als den

Mittelpunkt des Lernstoffs hin und erinnert daran, welche Bedeutung die Kenntnis der biblischen Sprachen für sein Verständnis hat:

> »So lieb nu alls uns das Euangelion ist, so hart last uns uber den sprachen hallten. Denn Gott hat seyne schrifft nicht umb sonst alleyn ynn die zwo sprachen schreiben lassen, das allte testament ynn die Ebreische, das new ynn die Kriechische. Welche nu Gott nicht veracht, sondern zu seynem wort erwelet hat fur [vor] allen andern, sollen auch wyr die selben fur allen andern ehren. [...] Und last uns das gesagt seyn, Das wyr das Euangelion nicht wol werden erhallten on die sprachen. Die sprachen sind die scheyden, darynn dis messer des geysts stickt [...].« (37,17–22; 38,7–9)

1530 hielt er es erneut für nötig, »Eine Predigt, daß man Kinder zur Schule halten solle«, zu veröffentlichen, die er 1541 nochmals mit einer neuen Vorrede ausgehen ließ (WA 30II, 517–588). Sie zeigt, wie wichtig ihm diese Aufgabe war und wie schwer sich pädagogische Ideen in die Praxis umsetzen ließen: »Es ist bis daher von Schulen und Kinder zucht viel geschrieben, das es auch schier zu viel ist, Aber des thuns ist wenig erfolget und bey [von] wenigen zu hertzen genomen« (521,19–21).

21. Luthers frühes Verhältnis zu den Juden (bis 1523)

In der durch und durch christianisierten Gesellschaft, der Luther angehörte, waren die Juden Fremde mit eingeschränkten Rechten. Allgemein wurden sie als Peiniger und Mörder Jesu Christi denunziert. 1290 hatte der englische König Eduard I. die Ausweisung der Juden aus seinem Land veranlaßt; ihm schloß sich der französische König Philipp der Schöne an und vertrieb aus seinem Land nicht nur die aus England geflohenen, sondern auch die alteingesessenen Juden. 1492 wurden die Juden aus Spanien, 1497 aus Portugal verjagt. Im Gegensatz zu den zentralisierten westeuropäischen Staaten ließ sich im territorial zerstückelten Deutschen Reich keine einheitliche Judenpolitik durchführen. Am ehesten wurden die Juden vom Kaiser und von einzelnen Reichsständen geduldet, die aus ihrer Anwesenheit wirtschaftlichen und finanziellen Nutzen zu ziehen suchten, nicht aus Toleranz oder gar aus Sympathie. Sympathie brachten ihnen vor allem einzelne humanistische Gelehrte entgegen, die sich für ihre Sprache und Literatur interessierten – so Johannes Reuchlin, der sich gegen die Konfiszierung und Vernichtung jüdischer Bücher durch den zum Christentum konvertierten Juden Johannes Pfefferkorn (1469 – nach 1521) wandte (»Augenspiegel«, 1511). Er wurde deswegen von dem Kölner Theologieprofessor und Inquisitor Jakob van Hoogstraeten (1460–1527), einem Dominikaner, bis zur Verurteilung des »Augenspiegels« durch die römische Kurie 1520 verfolgt. Doch eine Haltung wie die Reuchlins war selbst unter Humanisten selten. Der große Erasmus von Rotterdam etwa rühmte Frankreich als »reinsten und blühendsten Teil der christlichen Welt«, weil es nicht von Ketzern, schismatischen Böhmen, Juden und halbjüdischen Maranen (bekehrten spanischen Juden) verpestet sei und nicht an die Türkei grenze (Brief vom 10. März 1517 an Richard Bartholinus). Als Hebräischlehrer wurden von einzelnen Gelehrten wie von Universitäten noch lange Juden benötigt; doch konnten sie nur dann offiziell angestellt werden, wenn sie zum Christentum übergetreten waren. Ein Beispiel dafür ist der ehemalige Rabbiner Jakob Gipher aus Göppingen, der auf den Namen Bernhard getauft wurde und 1519 für einige Zeit in Wittenberg Hebräisch lehrte (WAB 3, 101 f.). Auch Gelehrte, die Juden freundlich gegenüberstanden, erwarteten ihren Übertritt zum Christentum.

Luthers Auffassung von den Juden und vom Judentum fällt nicht aus diesem Rahmen. Daß innerhalb der Christenheit Juden lebten, beschäftigte ihn, seit er diese Tatsache wahrgenommen hatte. Die Juden waren für ihn die Nachkommen des alttestamentlichen Gottesvolks, das die Gelegenheit versäumt hatte, Jesus als den in der Heiligen Schrift verheißenen Messias anzuerkennen. Wegen ihres verstockten Unglaubens standen sie seiner Meinung nach unter Gottes Zorn, aus dem sich ihr gesamtes Schicksal verstehen ließ. Bereits in seiner ersten Vorlesung über den Psalter (1513/15) geht Luther im exegetischen Zusammenhang vielfach auf die Juden ein. Da er die Psalmen konsequent auf Christus hin auslegt, deutet er die im Text vom Beter immer wieder erwähnten »Feinde« auf die Juden als die Kreuziger Christi. Zahlreiche negative Aussagen im Text (»Hasser«, »Verfolger«, »Sünder«, »Gottlose« u. a.) verbindet er unmittelbar mit den Juden und bietet so – seine Vorbilder in der Tradition noch übertreffend – ein überaus polemisch gezeichnetes Judenbild. Ganz anders sieht er dagegen die Juden in seiner Vorlesung über den Römerbrief (1515/16), insbesondere über Röm. 9–11: Er bezeichnet das jüdische Volk wegen seiner Erwählung durch Gott als »heilig« und sieht es auf dem Weg zu künftigem Heil. Deshalb wendet er sich auch nachdrücklich gegen die verbreiteten Schmähungen der Juden als »Hunde« oder »Verfluchte« (WA 56, 436,13 f.). Auf der Ebene der Frömmigkeit kritisiert er später auch die Passionsbetrachtung, die Judas und die Juden schmäht, anstatt sich in Selbsterkenntnis die eigene Schuld klarzumachen.

Zu einer ersten ausführlichen Stellungnahme über die Juden fühlte er sich 1523 durch den Vorwurf herausgefordert, er habe »gepredigt und geschrieben [...], Das Maria, die mutter gottis, sey nicht iunckfraw gewesen fur [vor] und nach der gepurt, Sonderrn sie habe Christum vonn Joseph und darnach mehr kinder gehabt« (WA 11, 314,3–7). In seiner Schrift »Daß Jesus Christus ein geborner Jude sei« (314–336) setzt sich Luther ausführlich und durchaus in herkömmlicher Weise mit dem Text umgehend für die Auffassung ein, »das Christus ein Jude sey von eyner jungfrawen geporn«. Als weitere Absicht fügt er hinzu: »ob ich villeicht auch der Juden ettliche mocht tzum Christen glauben reytzen« (314,27 f.). Für sein damaliges Verhältnis zu den Juden ist aufschlußreich, wie er den führenden Christen ein Verhalten gegen die Juden vorwirft,

> »das, wer eyn gutter Christ were geweßen, hette wol mocht eyn Jude werden. [...] Denn sie haben mit den Juden gehandelt als weren es hunde und nicht menschen, haben nichts mehr kund [können] thun denn sie schelten und yhr gutt nehmen, wenn man sie getaufft hat, keyn Christlich lere noch leben hat man yhn beweyset [erwiesen], sondern nur der Bepsterey unnd muncherey untherworffen.« (314,30–315,6)

Es wäre zu viel erwartet, bei Luther auf eine Anerkennung des Judentums als einer neben dem Christentum wenigstens geduldeten Religion zu hoffen. Eine solche Haltung fiele aus seiner Zeit heraus, auch wenn er deutlich ausspricht, die Juden seien im Unterschied zu den Christen »von dem geblutt [Geblüt] Christi«, sie seien »blut freund, vettern und bruder unsers hern« (315,26 f.). Sein Ziel ist auch in dieser Schrift, die Juden für das Christentum zu gewinnen, das er – völlig unhistorisch – für die Religion ihrer Väter hält. Aber sein Ton läßt aufhorchen: »Ich hoff, wenn man mit den Juden freundlich handelt und aus der heyligen schrifft sie seuberlich unterweyßet, es sollten yhr viel rechte Christen werden und widder tzu yhrer vetter, der Propheten und Patriarchen glauben tretten« (315,14–17). Die Juden für das Christentum zu gewinnen sieht er als eine pädagogische Aufgabe: »Aber es ist tzum anfang tzu hart, laß sie tzuvor milch saugen und auffs erst dißen menschen Jhesum fur den rechten Messiah erkennen. Darnach sollen sie weyn trincken und auch lernen, wie er warhafftiger Gott sey.« (336,16–19). Seine Hoffnungen sollten sich nicht erfüllen, wie wir noch sehen werden.

22. Der Christ als Untertan (1523)

In den ersten Jahren seiner publizistischen Wirksamkeit setzte Luther sich vor allem mit den kirchlichen Autoritäten (Papst, römische Kurie, Bischöfe) auseinander, die er zu Reformen aufrief. Da das Echo durchweg entmutigend war, wandte er sich in seiner Adelsschrift (1520) an Kaiser und Reichsstände, auf die er gegen die Verstocktheit der kirchlichen Oberen seine Hoffnung setzte. Bei der Einführung der Reformen im ernestinischen Kursachsen machte er mit seinen Landesherren ermutigende Erfahrungen: Friedrich der Weise blieb zwar persönlich gegenüber dem evangelischen Glauben zurückhaltend; doch sperrte er sich nicht nachdrücklich gegen die in seinem Land eingeführten Neuerungen. Sein Bruder und (weil ein legaler Erbe fehlte) künftiger Nachfolger Johann sowie dessen Sohn Johann Friedrich waren für die Reformation von vornherein aufgeschlossen. Doch je weiter sich die neue Bewegung ausbreitete, umso häufiger stieß sie auf den Widerstand weltlicher Fürsten, die in ihren Ländern eine Reformation verhinderten. An ihrer Spitze stand der Albertiner Herzog Georg von Sachsen; Luther kann aber noch andere Fälle von Ablehnung nennen: so das Verbot seiner Übersetzung des Neuen Testaments im Hochstift Meißen, im Herzogtum Bayern, in der Mark Brandenburg u. a. (WA 11, 267,14 f.). Diese Widerstände veranlaßten ihn, das Verhältnis des Christen zur weltlichen Gewalt gründlicher zu durchdenken. Im Oktober 1522 hielt er zwei Predigten über dieses Thema in der Schloßkirche zu Weimar (WA 10 III, 371–385), und im März 1523 erschien seine Herzog Johann von Sachsen gewidmete Schrift »Von weltlicher Oberkeit [Obrigkeit], wie weit man ihr Gehorsam schuldig sei« (WA 11, 245–281).

Der Inhalt dieser dreigeteilten Schrift ist weit umfassender, als ihr Titel erkennen läßt. In ihrem ersten Teil leitet Luther weltliches Recht und weltliche Gewalt von Gottes Willen und Anordnung (in Röm. 13 und vielen weiteren biblischen Aussagen) her (247,21–23). Mit einem auf die Alte Kirche zurückgehenden Gedanken weist er die Menschen teils einem Reich Gottes und teils einem Reich der Welt zu. Dem Reich Gottes gehörten die Rechtgläubigen in und unter Christus an; sie bedürften keiner weltlichen Gewalt, sondern lebten aus dem Evangelium. Zum Reich der Welt gehörten alle Nichtchristen; sie lebten unter dem Gesetz. Doch da beide Gruppen sich nicht voneinander scheiden ließen und die Welt überwiegend böse sei, habe Gott zwei »Regimente« geschaffen: »das geystliche, wilchs Christen unnd frum leutt macht durch den heyligen geyst unter Christo, unnd das welltliche, wilchs den unchristen und bösen weret, daß sie eußerlich müssen frid hallten und still seyn on yhren danck [gegen ihren Willen]« (251,15–18). Beide Regimente müsse man nachdrücklich voneinander unterscheiden und zugleich beide miteinander bestehen lassen: »Eyns das frum macht, Das ander das eusserlich frid schaffe und bösen wercken weret. Keyns ist on das ander gnüg ynn der wellt« (252,13 f.). Obwohl die Christen untereinander des weltlichen Schwerts nicht bedürften und für sich nach dem Evangelium lebten, fügten sie sich dennoch unter das weltliche Regiment und dürften auch das Schwert führen, um ihren Nächsten zu dienen.

»Also gehets denn beydes feyn mit eynander, das du zů gleich Gottis reych und der wellt reich gnůg thuest, eußerlich und ynnerlich, zů gleich ubel und unrecht leydest und doch ubel und unrecht straffest, zů gleich dem ubel nicht widderstehist unnd doch widderstehist. Denn mit dem eynen sihestu auff dich und auff das deyne, mit dem andern auff den nehisten [Nächsten] und auff das seyne. An dyr und an dem deynem helltistu [hältst du] dich nach dem Euangelio und leydest unrecht als eyn rechter Christ fur dich, An dem andern und an dem seynem helltistu dich nach der liebe unnd leydest keyn unrecht fur deynen nehisten [...].« (255,12–20)

Der Christ sei aus Liebe verpflichtet, zu tun, was für seinen Nächsten nützlich und notwendig ist – bis dahin, daß er das Schwert führe und Gewalt übe als einen besonderen Gottesdienst. Denn wie man im Ehestand oder beim Ackerbau oder einem Handwerk Gott dienen könne, so auch, wenn man dem Nächsten zu Nutze öffentliche Gewalt ausübe (257,29–258,9). Nicht für sich selbst, wohl aber für einen anderen solle der Christ das Schwert führen, um Bosheit zu wehren und Rechtschaffenheit zu schützen (260,17–20).

Im zweiten Teil, dem Schwerpunkt seiner Ausführungen, mißt Luther die Grenzen weltlicher Gewalt aus. Die eigentliche Gefahr sieht er darin, daß weltliche und geistliche Obrigkeiten sich anmaßen, über die Seelen der Menschen zu gebieten. Die Geistlichen sollten innerlich die Seelen durch Gottes Wort leiten (265,10 f.); denn in Angelegenheiten, die das Heil der Seelen betreffen, solle allein Gottes Wort gelehrt werden (263,5 f.). Auch der Anspruch weltlicher Obrigkeit erstrecke sich nicht auf den persönlichen Glauben (267,1–13). Luther legt den Glauben vielmehr ganz in die persönliche Verantwortung des einzelnen Menschen. Damit verwirft er endgültig die verbreitete Lehre, es genüge dem Gläubigen, einfach zu glauben, was die Kirche glaubt, ohne darüber genauer Bescheid zu wissen:

»Auch ßo ligt eym iglichen seyne eygen fahr [Risiko] dran, wie er glewbt, und muß fur sich selb sehen, das er recht glewbe. Denn so wenig als eyn ander fur mich ynn die helle odder hymel faren kan, so wenig kan er auch fur mich

glewben oder nicht glewben, und so wenig er myr kan
hymel oder hell auff odder zů schliessen, ßo wenig kan er
mich zum glawben oder unglawben treyben. Weyl es denn
eym iglichen auff seym gewissen ligt, wie er glewbt odder
nicht glewbt, und damit der welltlichen gewallt keyn ab-
bruch geschicht, sol sie auch zů friden seyn und yhrs dings
wartten und lassen glewben sonst oder so, wie man kan
unnd will, und niemant mit gewallt dringen [nötigen]. Denn
es ist eyn frey werck umb den glawben, datzu man niemandt
kan zwingen. Ya es ist eyn gottlich werck ym geyst, schweyg
denn das es eußerliche gewallt sollt erzwingen und schaffen [...].« (264,11–22)

Während die kirchlichen Oberen durch die Predigt des Gottesworts die Seelen leiten und die weltlichen Herrscher äußerlich
Land und Leute regieren sollten, verwechselten und vermeng-
ten sie ihre Aufgaben miteinander und überschritten so die
Grenzen ihrer Befugnisse. Unter Christen – gemeint sind wahre Christen als Gemeinschaft von Gläubigen – könne und solle
es keine Obrigkeit geben; denn ihr Oberhaupt sei allein Christus. Jeder Christ sei dem anderen untertan; das Regiment von
Priestern und Bischöfen aber sei ein Dienst und Amt und ge-
schehe allein durch das Wort Gottes (270,30–271,25).

Im dritten Teil handelt Luther vom weltlichen Regiment,
dessen christlichen Sinn er in der Liebe, d. h. im Nutzen, in Ehre und Heil der Regierten sieht (272,1–5). Dem christlichen
Fürsten gibt er Ratschläge für ein gutes Regiment unter vier
Gesichtspunkten (273,7–278,276), die er am Ende knapp so zu-
sammenfaßt:

»Das eyn furst sich ynn vier ortt teylen soll: Auffs erst, zů
Gott mitt rechtem vertrawen unnd hertzlichem gepett.
Auffs ander, zů seynen unterthanen mitt liebe und Christli-

chem dienst. Auffs dritte, gegen seyne Rethe [Räte] und gewaltigen [Bevollmächtigten] mit freyer vernunfft und ungefangenem verstandt. Auffs vierde gegen die ubelthetter mit bescheydenem [angemessenem] ernst und strenge.« (278,19–23)

23. Auseinandersetzung mit radikalen Reformatoren (1523/25)

Luther hatte mit seinen reformatorischen Ideen eine Bewegung ausgelöst, die bald weit über die von ihm beabsichtigten Reformen hinausführte und sich gelegentlich sogar gegen ihn selbst und seine Lehre kehrte. In Wittenberg und Kursachsen wurde er besonders durch zwei Männer herausgefordert, die bedeutende, von Luther unabhängige Denker waren und ihn durch ihre Radikalität gegen sie aufbrachten.

Der eine war sein Kollege Andreas Karlstadt, seit 1511 als Archidiakon am Wittenberger Allerheiligenstift Professor an der Theologischen Fakultät. Luther hatte ihn zuerst für sein neues Augustinverständnis, sodann für seinen Kampf gegen die Scholastik und für seine Reformgedanken gewonnen. Doch zeigten sich bereits auf der Leipziger Disputation Rivalitäten zwischen den beiden Kollegen. Während Luthers Aufenthalt auf der Wartburg setzte sich Karlstadt an die Spitze der Wittenberger Reformbewegung, feierte den ersten evangelischen Gottesdienst, heiratete, wirkte an der Abfassung der Wittenberger Stadtordnung mit und löste den Bildersturm in der Stadtkirche aus. Als Luther von der Wartburg zurückgekehrt war, wandte er sich in seinen Invocavitpredigten sofort gegen Karlstadts Maßnahmen und setzte sich auch gegen ihn durch. Durch die von der Universität geübte Zensur wurde Karlstadt zunächst am weiteren Publizieren gehindert und auf seine Lehrtätigkeit beschränkt. Doch richtete er seine Kritik nun zunehmend gegen die Universität und die Wissenschaft selbst. Unter Berufung auf Jesu Befehl: »Ihr sollt euch nicht Rabbi nennen lassen; denn einer ist euer Meister, ihr aber seid alle Brüder« (Mt. 23,8) erklärte er als Dekan der Theologischen Fakultät anläßlich der Promotion zweier Augustinereremiten am

2. Februar 1523, er werde künftig niemandem mehr einen Grad verleihen. Luther fügte im Dekansbuch der Fakultät eigenhändig seinen Widerspruch gegen Karlstadts Erklärung hinzu (WAB 12, 444). Dennoch trug Karlstadts wissenschaftsfeindliches Verhalten mit dazu bei, daß die theologischen Promotionen rasch zurückgingen und von Juni 1525 bis 1533 unterblieben.

Im Frühjahr 1523 wechselte Karlstadt an die Pfarrei von Orlamünde an der Saale, die seinem Archidiakonat inkorporiert und bisher durch einen Vikar verwaltet worden war. Nachdem er schon zuvor vorübergehend als Bauer gelebt hatte, trug er sich hier in bäuerlicher Kleidung, verzichtete auf seinen Doktortitel und bezeichnete sich als »neuen Laien«. In Orlamünde führte er unter Zustimmung seiner Gemeinde die Reformation so durch, wie er es schon Ende 1520 / Anfang 1521 in Wittenberg getan hatte. Als ihn im Sommer 1524 die Universität aufforderte, seine Lehrtätigkeit wieder aufzunehmen, weigerte er sich, ließ sich von der Gemeinde zum Pfarrer wählen und verzichtete auf das Archidiakonat. Mitte August 1524 reiste Luther auf Befehl des Kurfürsten nach Thüringen, um in den Ortschaften an der Saale nach dem Rechten zu sehen. Am 22. August predigte er in Jena zweimal; dazwischen verhandelte er mit Karlstadt. Der Prediger Martin Reinhard, ein Anhänger Karlstadts, hielt das Gespräch fest und veröffentlichte es anschließend in einer kleinen Schrift:

»Wes sich Doctor Andreas Bodenstein von Karlstadt mit Doctor Martino Luther beredet zu Jena, und wie sie wider einander zu schreiben sich entschlossen haben. Item die Handlung Doctor Martini Luthers mit dem Rath und Gemeine der Stadt Orlamünd, am Tag Bartholomäi daselbst geschehen [...].« (WA 15, 334–347)

Das Gespräch in Jena führte zu keiner Einigung; doch forderte Luther Karlstadt auf, offen gegen ihn zu schreiben. Als Versicherung dafür, daß er den Druck nicht verhindern werde, gab er Karlstadt einen Goldgulden; danach trank er ihm zu und verabschiedete sich von ihm mit Handschlag (339,25–340,21). Dennoch wurde Karlstadt auf Luthers Bericht hin und nach weiteren Verhandlungen am 18. September aus Kursachsen verwiesen.

Eine zweite Herausforderung im reformatorischen Lager entstand für Luther aus dem Auftreten von Thomas Müntzer aus Stolberg im Harz (ca. 1490–1525). Der wohl in Frankfurt a. d. Oder zum Doktor der Theologie promovierte Priester war 1517 bis 1519 zu Studien in Wittenberg und wurde 1520 durch Luthers Vermittlung Prediger in Zwickau. Da er sich dabei zunehmend radikalisierte, entließ ihn der dortige Rat im April 1521. Müntzer begab sich darauf nach Böhmen und lernte in Prag die Gedanken der Taboriten, einer radikalen Gruppe der hussitischen Bewegung, näher kennen. In seinem Denken verbanden sich nun mystische Einflüsse mit dem chiliastischen (auf die Ankunft eines Tausendjährigen Reichs gerichteten) Gedankengut der Taboriten und führten zu wachsender Zuspitzung seiner Position, wie sich nicht zuletzt an seiner Ablehnung der Rücksichtnahme Luthers auf die »Schwachen« zeigte. Im April 1523 wurde Müntzer Pfarrer in dem Städtchen Allstedt, einer kursächsischen Exklave in altgläubiger Umgebung. Bald nach seiner Berufung heiratete er die ehemalige Nonne Ottilie von Gersen; es gelang ihm, die Gemeinde rasch für seine Ideen einzunehmen. Daß er zunächst noch maßvoll war, zeigt sein »Sendbrief an die Brüder zu Stolberg« vom 18. Juli 1523, in dem er davor warnte, mit dem raschen Anbruch der Herrschaft Christi zu rechnen und daraus falsche Schlüsse zu ziehen. Im Mittelpunkt seines reformatorischen Wirkens standen die Gottesdienste, für die er deutsche Formulare einführte. Im Herbst 1523 veröffentlichte er unter dem Titel »Deutsches Kirchenamt« eine Agende für die Nebengottesdienste. Eine »Deutsche evangelische Messe« erschien im August 1524. Seine Theologie entwickelte er in den Anfang 1524 erschienenen Schriften »Von dem gedichteten Glauben« und »Protestation oder Erbietung Thomas Müntzers von Stolberg am Harz, Seelsorgers zu Allstedt, seine Lehre betreffend«. Luther nahm alles, was er von Müntzer erfuhr, mit wachsender Sorge auf. Zum endgültigen Bruch führte die Beraubung und Zerstörung der Mallerbacher Kapelle am 24. März 1524, die auf der Allstedter Gemarkung lag. Am 9. Mai mußten sich die Vertreter der Stadt deswegen in Weimar vor Herzog Johann verantworten. Müntzer stellte sich schützend vor die Übeltäter und verfaßte am 7. Juni für die Stadt ein Schreiben an den Herzog, in dem die gewaltsame Beseitigung des »teufel zu Mallerbach« gerechtfertigt wurde. Am 13. Juli konnte er in Allstedt vor Herzog Johann, seinem Sohn Johann Friedrich und hohen Beamten über Dan. 2 predigen. In seiner »Auslegung des andern unterschieds [zweiten Kapitels] Danielis« (Nebukadnezars Traum von den vier Weltreichen) schildert er die Verderbnis der Kirche, beschreibt, wie Gott seine Auserwählten auch ohne Schrift durch Eingebung in die Seele oder durch Gesichte (Visionen) belehre und begründet schließlich mit biblischen Zitaten ein gewaltsames Vorgehen gegen die Gottlosen, die nach 2. Mose 23 kein Recht zu leben hätten außer dem, das ihnen die Auserwählten einräumten (DG 248–250). Diese »Fürstenpredigt« wurde sogleich gedruckt. Während der Herzog und sein Hof von Müntzers Argumenten unbeeindruckt blieben und weiter auf Bestrafung der Mallerbacher drängten, standen seine Anhänger vorerst fest zu ihm. Als aber Anfang August der Widerstand in Allstedt zusammenbrach, verließ Müntzer in der Nacht vom 7. auf den 8. des Monats heimlich die Stadt und begab sich in die Reichsstadt Mühlhausen am Rande des Eichsfelds.

Luther hatte von Müntzers Wirken in Allstedt mit Bedauern und Ärger erfahren. Am 9. Juli nahm Müntzer brieflich Kontakt mit ihm auf. Er verteidigte sich gegen Vorwürfe, beteuerte seine lauteren Absichten, berichtete von seinen Offenbarungen und Träumen und versicherte seine Bibeltreue (WAB 3, 104–106). Luther betonte jedoch gegenüber Spalatin, er könne diesen Geist nicht ertragen, tadelte dessen unbiblische Redeweise und berichtete von seinem Wunsch, mit Müntzer dessen Lehre zu erörtern (120,27–36). Die Zerstörung der Mallerbacher Kapelle und Müntzers Verhalten in dieser Angelegenheit überzeugten Luther zunehmend von dessen Gewaltbereitschaft. Im Juli enstand sein »Brief an die Fürsten zu Sachsen von dem aufrührischen Geist« (WA 15, 210–221), in dem er sich nachdrücklich mit Lehre und Verhalten des Allstedter Predigers auseinandersetzt. Müntzer gilt ihm von jetzt an als »aufrührerischer Geist«, hinter dem das Treiben Satans stehe. Diesem ungebundenen, mutwilligen Geist stellt er den in der Schrift bezeugten »rechten geyst« (216,22) gegenüber: Der heilige Geist tadle falsche Lehre und dulde die Schwachen im Glauben und Leben (218,6 f.). Den kursächsischen Fürsten rät er in erstaunlicher Offenheit, Müntzers Redefreiheit nicht einzuschränken:

»Man lasse sie nur getrost und frisch predigen, was sie konnen, und widder wen sie wöllen. [...] Es müssen secten seyn, und das wort Gottes mus zu felde ligen und kempffen [...] Ist yhr geyst recht, so wird er sich fur [vor] uns nicht furchten und wol bleyben. Ist unser recht, so wird er sich fur yhn [vor ihnen] auch nicht noch fur yemand fürchten. Man lasse die geyster auff eynander platzen und treffen. Werden ettlich ynn des [dabei] verfüret, Wolan, so gehets noch [nach] rechtem kriegs laufft. Wo eyn streyt und schlacht ist, da müssen ettlich fallen und wund werden. Wer aber redlich ficht, wird gekrönet werden.« (218,19–219,4)

Dagegen sollten die Fürsten eingreifen, wenn einer der Gegner Gewalt übe (»Es seyen wyr odder sie«), und ihn ohne weiteres des Landes verweisen (219,5–10). Im geistlichen Streit solle nicht mit der Faust gekämpft werden. »Ergernis weg thun mus durchs wort Gottes geschehen. Denn ob gleych alle euserliche ergernis zubrochen [zerbrochen] und abgethan weren, so hilffts nichts, wenn die hertzen nicht vom unglauben zum rechten glauben bracht werden« (220,25–27).

Müntzer führte seine Polemik fort, wobei er dem äußeren Wort immer stärker die innere Belehrung durch den heiligen Geist entgegensetzte, so in seiner Schrift »Ausgedrückte Emplößung [Entlarvung] des falschen Glaubens« (gedruckt im Oktober; DG 251 f.) sowie in seiner im Dezember gedruckten Schmähschrift gegen Luther: »Hochverursachte Schutzrede und Antwort wider das geistlose, sanftlebende Fleisch zu Wittenberg, welches mit [in] verkehrter Weise durch den Diebstahl [Mißbrauch] der Heiligen Schrift die erbärmliche [erbarmungswürdige] Christenheit also ganz jämmerlich besudelt hat«.

Nachdem Müntzer aus Allstedt geflohen war, wandte sich Luther Karlstadt zu. Dieser hatte schon seit 1523 unter dem Einfluß mystischer Traditionen seine auf unmittelbare Geisterfahrung abzielende Theologie weiterentwickelt, freilich ohne chiliastische Tendenzen und ohne die damit verbundene Neigung zur Gewalt. Nach der Unterredung mit Luther in Jena veröffentlichte er eine größere Zahl von Schriften über verschiedene Themen, deren Ton anfangs moderat war, sich aber nach seiner Vertreibung aus Orlamünde verschärfte. Die meisten von ihnen lernte Luther erst im Herbst kennen. Jetzt wurde er auch wiederholt von Straßburger Theologen, die vor allem durch Karlstadts Abendmahlsschriften beunruhigt waren, um eine Stellungnahme gebeten. Karlstadt behauptete darin, Christus habe beim letzten Abendmahl mit den Worten »das ist mein Leib« und »das ist mein Blut« auf sich selbst hingewiesen; deshalb seien auf dem Altar nur Brot und Wein gegenwärtig. Im übrigen faßte er das Abendmahl als ein rein geistiges Gedächtnismahl auf. Am 14. Dezember traf ein Bote mit dem offiziellen Schreiben der Straßburger Prediger und Karlstadts Schriften in Wittenberg ein. Luther antwortete sofort mit einem gedruckten Sendschreiben: »Ein Brief an die Christen zu Straßburg wider den Schwärmergeist« (WA 15, 391–397). Die Begriffe »Schwärmer« (»Schwarmgeist«) und »Schwärmerei«, abgeleitet vom Bild ausschwärmender Insekten, sollten Menschen charakterisieren, deren Denken sich vom äußeren Wort der Bibel abgelöst hatte und sich auf Grund unmittelbarer Eingebungen, innerer Stimmen und Gesichte in luftigen Phantasien erging. Mit seinem »Brief« ermahnte Luther die Straßburger, sich vor dem durch Karlstadt betriebenen »bildstürmen, sacrament stürtzen und tauffe hyndern« (393,20) zu hüten und sich auf das zu besinnen, was wirklich zum Christen mache. Das seien keine Werke und äußerlichen Dinge, sondern Wort und Glaube (396,13). Aufschlußreich ist, daß Luther bekennt, er wäre vor fünf Jahren für den Nachweis dankbar gewesen, daß im Sakrament des Abendmahls nichts als Brot und Wein seien. Damit hätte er dem Papsttum den größten Stoß versetzen können. Jetzt erklärt er: »Aber ich byn gefangen, kan nicht eraus [heraus], der text ist zu gewalltig da und will sich mit worten nicht lassen aus dem synn reyssen« (394,19 f.). In dieser unüberwindlichen Bindung an ein wörtliches Verständnis der überlieferten Einsetzungsworte wurzelte offenbar Luthers hartnäckiges Festhalten an der wirklichen Gegenwart von Leib und Blut Christi, das für die weitere Entwicklung der Reformation so große Bedeutung gewinnen sollte.

Nachdem er den Boten mit dem Brief am 17. Dezember zurückgeschickt hatte, machte sich Luther sogleich an eine umfassende Auseinandersetzung mit Karlstadt, die er wegen ihres

Umfangs (WA 18, 125,15–17) in zwei Teilen erscheinen ließ (den ersten Ende Dezember 1524, den zweiten Ende Januar 1525): »Wider die himmlischen Propheten, von den Bildern und Sakrament« (WA 18, 62–125, 134–214). Im ersten Teil setzt Luther den »ehrsüchtigen Propheten«, die nichts tun als Bilder stürmen, Kirchen zerstören, Sakramente schulmeistern und nach selbsterwählter Abtötung des Fleisches streben (63,31–33), die rechten Hauptstücke christlicher Lehre entgegen: die Predigt des Gesetzes, um dadurch zur Erkenntnis der Sünde zu führen, nach dem Erschrecken und Demütigen der Gewissen die Predigt des Evangeliums von der Vergebung der Sünden, sodann das Gericht Gottes, das den alten Menschen tötet, darauf die Werke der Liebe gegen den Nächsten und schließlich die Ausübung des Gesetzes gegen die Uneinsichtigen und Ungläubigen, nicht gegen die rechten Christen, deren Freiheit erhalten bleiben solle (65,3–66,17). In drei klar voneinander abgegrenzten Schritten behandelt Luther sodann die Bilderfrage, Karlstadts Klage über seine Vertreibung aus Sachsen und die Messe. »Von dem Bildsturmen« (67–84) enthält seine gehaltvollste Stellungnahme zu diesem in den Anfängen der Reformation so erregenden Thema. Luther begnügt sich nicht mit einer Erörterung der biblischen Aussagen für und wider die Bilder, die ihn zu einer Ablehnung der Bilderverehrung, aber auch zu einer Anerkennung von Bildern zum Gedenken und als Zeugnis (74,16–20; 82,25–83,5) führt. Er stößt zugleich zu tiefen Einsichten über die Bildlichkeit menschlicher Vorstellungen vor. Das erläutert er am Hören und Lesen vom Leiden Christi:

»Soll ichs aber hören odder gedencken, so ist myrs unmüglich, das ich nicht ynn meym hertzen sollt bilde davon machen, denn ich wolle, odder wolle nicht, wenn ich Christum hore, so entwirfft sich ynn meym hertzen eyn mans bilde, das am creutze henget, gleich als sich meyn andlitz naturlich entwirfft yns wasser, wenn ich dreyn sehe [...].« (83,7–12)

In einem zweiten Schritt antwortet Luther »Auff die klage D. Carlstads, das er aus dem land zu Sachssen vertrieben ist« (85–101). Zunächst betont er, den Kurfürsten nicht gegen Karlstadt beeinflußt zu haben. Doch ermahnt er die Obrigkeit, daß sie

»den predigern, die nicht mit [in] der stille leren, sondern den pofel [Pöbel] an sich zihen, und hynder [dem] rücken der oberkeyt mit eygner faust und frevel, bilde stürmen odder kirchen brechen, das land frisch verbiete odder also mit yhnen umbgehe, das sie es lassen müssen« (86,19–22).

Während Luther einerseits über Karlstadt spottet, der mit grauem Rock und Filzhut als »Bruder Andres« und »lieber Nachbar« wie ein Bauer oder schlichter Bürger auftrete und mit selbsterwählter Demut prunke (100,27–101,10), bringt er ihn andererseits wiederholt mit Formulierungen wie »aufrührerischer und mörderischer Geist«, »Rotten und Mordgeister« und ähnlichen in Verbindung.

Im dritten Abschnitt (101–125) setzt sich Luther mit Karlstadts Vorwurf auseinander, daß die Wittenberger ihren Gottesdienst weiterhin »Messe« nannten und an der Elevation von Brot und Wein festhielten. Karlstadts Kritik beruhte auf sprachlichen Argumenten: »Messe« sei von hebräisch »Mas« abgeleitet, was Opfer bedeute, und das Hochhalten der Elemente beim Abendmahl hänge mit dem alttestamentlichen »Hebopfer« zusammen. Luther erklärt erneut, er verstehe die Messe nicht als Opfer, betont aber auch, das »Aufheben« (Hochhalten) des Sakraments gehöre wie das Tragen einer Tonsur oder das

Anlegen liturgischer Gewänder zu jenen Gebräuchen, die Gott weder geboten noch verboten habe und die deshalb freigestellt seien: »Solche freyheyt will Gott haben« (112,20–23). Wenn Karlstadt einwende, auch Christus habe beim Abendmahl Brot und Wein »nicht auff gehaben« (114,11), dann hält Luther dagegen, »das nicht von notten [nötig] sey, alles zu thun und zu lassen, was Christus gethan und gelassen hat, sonst müsten wyr auch auff dem meer gehen und alle wunder thun, die er gethan hat« (114,15–18). Im übrigen bekennt Luther, es gefalle ihm gut, wenn die Messe für die Deutschen in deutscher Sprache gehalten werde, lehnt es aber ebenfalls ab, daraus einen Zwang zu machen (123,5–7) und sich mit der Erarbeitung einer deutschen Messe von Karlstadt unter Druck setzen zu lassen (123,25–29).

Im zweiten Teil der Schrift behandelt Luther eingehend das Sakrament des Abendmahls, wobei er sich fast ausschließlich mit Karlstadts »Dialogus oder ein Gesprächbüchlein von dem greulichen und abgöttischen Mißbrauch des hochwürdigsten Sakraments Jesu Christi« auseinandersetzt. Wenn er den Gegner als Werkzeug des Teufels darstellt (134 f. u. ö.), steht er ihm an Grobheit nicht nach. Freilich betont er in Übereinstimmung mit Karlstadt, daß die Kommunion nicht heilsnotwendig sei (135,12–16). Für den Fall, daß das Abendmahl gefeiert wird, besteht er jedoch auf dem richtigen Verständnis. Gott handle in seinem Evangelium mit uns auf zweifache Weise: einerseits äußerlich, durchs mündliche Wort des Evangeliums und durch leibliche Zeichen wie Taufe und Abendmahl, andererseits innerlich, durch den heiligen Geist sowie den von ihm geweckten Glauben und andere Gaben. Entscheidend sei nun, daß dabei das äußere Wort und die äußeren Zeichen vorangingen und die inneren Gaben daraus folgten. Ohne äußeres Wort und Zeichen wolle Gott niemandem Geist und Glauben geben (136,9–23). Im folgenden führt Luther eine bis in Einzelheiten des griechischen Texts gehende Auseinandersetzung mit Karlstadts Argumenten. Entscheidend ist freilich, daß er, wenn er auf dem Vorrang des äußeren, biblischen Worts vor inneren Eingebungen besteht und sich zugleich für die Freiheit von jedem Gewissenszwang ausspricht, nicht nur Karlstadt zurückweist, sondern auch Müntzer und andere radikale Reformatoren, die unter sein Urteil der »Schwärmerei« fallen. Die Bereitschaft zur Gewalt sollte Müntzer bald darauf zum Verhängnis werden.

24. Der Bauernkrieg (1525)

Erst im Frühjahr 1525 erfuhr Luther von einzelnen Vorgängen, die wir heute aus umfassenderer Kenntnis unter dem Begriff »Bauernkrieg« zusammenfassen. Bereits seit dem 15. Jahrhundert hatte es im Südwesten Deutschlands, in der Nordschweiz und in Tirol Unruhen und Aufstände gegeben, die aus ganz unterschiedlichen lokalen Anlässen entstanden waren. Ihre tieferen Ursachen waren verschieden: politisch, rechtlich, wirtschaftlich und nicht zuletzt religiös. Im Juni 1524 brach die Bewegung erneut und verstärkt in Dörfern der Herrschaft Stühlingen (am südöstlichen Rand des Schwarzwalds) aus. Im Verlauf des Winters griff sie auf Oberschwaben über. Hier entstanden Ende Februar 1525 »Die gründlichen und rechten Hauptartikel aller Bauernschaft und Hintersassen der geistlichen und weltlichen Obrigkeiten, von welchen sie sich beschwert vermeinen« (Die »Zwölf Artikel«: DG 254–260), von dem Memminger Kürschnergesellen Sebastian Lotzer mit Hilfe des Prädikanten Christoph Schappeler ausgearbeitet, sogleich gedruckt und in großer Zahl rasch in ganz Deutschland verbreitet. In diesen Artikeln wurden unter Berufung auf das Evangelium alle wichtigen bisherigen Forderungen der Bauern zusammengefaßt; neu war dabei das durch die reformatorische Bewegung vorbereitete Verlangen nach freier Wahl und Absetzung eines Pfarrers, der »das hailig Euangeli lauter vnd klar predigen« solle (Artikel 1). Natürlich hatten die Anführer der Bewegung Schriften Luthers gelesen und beriefen sich auch auf ihn, etwa auf seine Aussagen über die christliche Freiheit.

Luther las die Schrift kurz vor einer Reise zusammen mit Melanchthon nach Eisleben, wo er eine Entgegnung auf die »Zwölf Artikel« niederzuschreiben begann: »Ermahnung zum Frieden auf die zwölf Artikel der Bauernschaft in Schwaben«

(WA 18, 291–334). Seine Antwort ist zweigeteilt: Zunächst wendet sich Luther an

> »euch fursten vnd herrn, sonderlich eüch blinden Bischoffen vnd tollen pfaffen vnd munchen, die yhr noch heuttigs tages verstockt nicht auffhoret zu Toben vnd zu wuten, widder das heylige Euangelion, [...] Dazu ym welltlichen regiment nicht mehr thut, denn das yhr schindet vnd schatzt [...].«
> (293,11–15)

Er droht ihnen Gottes Zorn an, falls sie ihr Verhalten nicht ändern, und sieht auch in den Bauern ein Werkzeug Gottes gegen sie: »Es sind nicht bawren, lieben herrn, die sich widder euch setzen, Gott ists selber, der setzt sich widder euch, heymzusuchen ewr wueterey« (295,4–6). Luther hat vor allem das Interesse, die Angesprochenen durch Drohung mit den Bauern zum Einlenken gegen Gottes Wort zu bewegen. Die Artikel der Bauern tadelt er, weil sie fast alle auf ihren eigenen Nutzen abzielten (298,5–7); aber er hält dennoch den ersten Artikel für unabweisbar und nennt die übrigen »billich vnd recht« (299,4). Im zweiten Teil wendet er sich an die Bauern, zeigt Verständnis für ihre Klage über erlittenes Unrecht (315,1–3), tadelt sie aber vor allem wegen ihrer Eigenmächtigkeit gegen die Obrigkeit und warnt sie vor aller Gewalt und Blutvergießen. Dagegen setzt er die Aussage: »Leyden leyden, Creutz Creutz ist der Christen recht, des vnd keyn anders« (310,10 f.). Anschließend geht er die einzelnen Artikel durch (325–328). Die Schrift schließt mit einer »Vermahnung« sowohl an die Obrigkeit als an die Bauern, in der er beiden Vorhaltungen macht und beide zu Friedfertigkeit und zum Verhandeln auffordert (329–334). Diese Schrift wurde sofort in zahlreichen Drucken verbreitet.

Während Luther drei Wochen lang durch Thüringen reiste,

änderte sich die politische Lage rasch, und mit ihr änderte sich Luthers Haltung. Im Februar 1525 war Thomas Müntzer von einer Reise in den deutschen Südwesten nach Mühlhausen zurückgekehrt. Das Erscheinen der »Zwölf Artikel« löste in Thüringen an verschiedenen Orten Aufstände aus; Mitte April sammelten sich die Bauern in drei Abteilungen (»Haufen«). Davon erfuhr Luther auf seiner Reise. Während sich Nachrichten von den Greueltaten der Bauern aus Schwaben ausbreiteten, predigte Luther auf seiner Reise durch Thüringen, um zu beschwichtigen. Was er dabei erlebte, erregte ihn jedoch so sehr, daß er eine neue, kleine Schrift verfaßte, die er zusammen mit der »Ermahnung zum Frieden« erscheinen ließ: »Wider die räuberischen und mörderischen Rotten der Bauern« (WA 18, 357–361). Darin warf er den Bauern vor, sie zeigten durch ihr Handeln, daß ihre Ausführungen in den »Zwölf Artikeln« erlogen gewesen seien und daß sie jetzt unter dem Einfluß des »ertzteuffel[s], der zu Mölhusen [Mühlhausen] regirt« (d. h. Thomas Müntzers), »eyttel teuffels werck« trieben (357,9–15). In Luthers Augen luden sie drei Sünden auf sich: indem sie ihre Gehorsamspflicht gegen die Obrigkeit verletzten, Aufruhr erregten und diese Frevel sogar noch durch Berufung auf das Evangelium rechtfertigten (357,21–359,13). Daher sah er jetzt die Obrigkeit gefordert, aus christlicher Gesinnung die Ordnung wiederherzustellen – notfalls mit dem Schwert, das ihr von Gott gegeben sei. In seiner Erregung versteigt er sich zu der Aufforderung:

»Drumb, lieben herren, loset hie [merkt hier auf], rettet hie, helfft hie, Erbarmet euch der armen leute, Steche, schlahe [schlage], würge hie, wer da kan, bleybstu drüber tod, wol dyr, seliglichern tod kanstu nymer mehr uberkomen [erwerben], Denn du stirbst ynn gehorsam göttlichs worts und befelhs Ro. am 13. [Röm. 13] und ym dienst der liebe, deynen nehisten [Nächsten] zurretten aus der hellen und teuffels banden.« (361,24–28)

Daß diese Schrift erschien und rasch in zahlreichen Nachdrucken separat – ohne die »Vermahnung zum Frieden« – verbreitet wurde, und zwar zu einer Zeit, als das von Müntzer geführte Bauernheer bereits am 15. Mai bei Frankenhausen blutig geschlagen und sein Anführer hingerichtet war, ließ Luthers Äußerungen noch brutaler erscheinen, als sie ohnehin waren. Daß er den Weingartener Vertrag, der am 17. April zwischen dem Schwäbischen Bund und den beiden Bauernhaufen am Bodensee und im Allgäu abgeschlossen und am 22. April ausgefertigt worden war, sofort nach seinem Erscheinen mit einer Vorrede und einer »Vermahnung« veröffentlicht hatte (WA 18, 336–343), ging daneben unter. Hier richtete Luther seine mahnenden Worte ausschließlich an die Bauern, offenbar in der Hoffnung, sie vom Äußersten abhalten zu können. Im öffentlichen Bewußtsein wirkte vor allem die Schrift »Wider die räuberischen und mörderischen Rotten der Bauern«, die jetzt von vielen geradezu als Rechtfertigung des blutigen Vorgehens der Fürsten betrachtet wurde. Altgläubige Gegner zögerten nicht, an die Berufung der Bauern auf Luther zu erinnern, um ihm die Urheberschaft am Aufruhr zuzuschreiben oder gar zu behaupten, er habe die Bauern zuerst aufgewiegelt, um anschließend ihre Vernichtung zu fordern. So schrieb Hieronymus Emser, Hofkaplan Georgs von Sachsen, »wie, wo und mit welchen Worten Luther in seinen Büchern zum Aufruhr ermahnt, geschrieben und getrieben hat«, während der humanistisch gebildete Theologe Johannes Cochlaeus (1479–1552), später ebenfalls am Hofe Herzog Georgs, die Schrift »Wider die räuberischen und mörderischen Rotten der Bauern« Satz für Satz kommentierte und kritisierte. Aber auch Luthers Anhänger tadelten ihn wegen seiner zweiten Schrift. So nannten ihn die

Magdeburger Prediger »Fürstenschmeichler« (WAB 3, 517,4). Aus Mansfeld wurde ihm am 26. Mai berichtet, vielen Anhängern sei es unverständlich, daß er den Tyrannen das unbarmherzige Würgen erlaubt und ihnen zudem versprochen habe, sie könnten dadurch Märtyrer werden, während in Leipzig öffentlich gesagt werde, Luther schmeichle Herzog Georg von Sachsen, einem der Fürsten, die den Aufstand der Bauern niedergeworfen hatten, da er nach dem Tod des Kurfürsten um seine Haut fürchte (511,64–69).

Den verschiedenen Vorwürfen trat Luther in einem »Sendbrief von dem harten Büchlein wider die Bauern« (WA 18, 384–401) entgegen. Hier antwortet er auf den Vorwurf, er habe ohne Barmherzigkeit eine harte Strafe für alle Bauern gefordert. Zu seinen Aussagen gegen die aufrührerischen, uneinsichtigen Bauern steht er ohne Abstriche, auch um jene zu schützen, die durch sie verführt werden, und um Frieden und Sicherheit zu erhalten (392, 22–27). Er begründet das mit dem Wort Gottes, der die Obrigkeit geehrt und die Aufrührer vernichtet haben wolle (386,14–16). Dabei erinnert er an seine Unterscheidung zwischen dem Reich Gottes, in dem die Barmherzigkeit walte, und dem weltlichen Reich, in dem gerichtet und gestraft werde, um die Bösen zu zwingen und die Rechtschaffenen zu schützen. Wer wie die Aufrührer Gewalt üben und danach barmherzig behandelt werden wolle, der vermenge die beiden Reiche miteinander (389,14–390,19). Für Luther sind Aufrührer aber weit schlimmer als Mörder, Räuber oder andere Übeltäter, da sie die Obrigkeit selbst angriffen, während jene sich nur gegen Personen und Güter vergingen (397,21–33). Was er geschrieben habe, das beziehe sich allein auf die halsstarrigen, verstockten und verblendeten Bauern, die weder sehen noch hören wollten (392,17–19). Dagegen habe er nicht gelehrt, man solle die gefangenen Bauern, die sich ergeben hatten, unbarmherzig behandeln. Die wütenden Tyrannen wolle er damit nicht bestärkt und gelobt haben, zumal einige von ihnen besonders grausam vorgegangen seien und sich jetzt gegen das Evangelium wendeten (399,10–25). Als Beispiel für ihre Schandtaten erwähnt er die Mißhandlung der schwangeren Witwe Thomas Müntzers, die er mit stärksten Worten tadelt (400,30–401,2).

Auch Karlstadt wurde der Mittäterschaft am Bauernkrieg beschuldigt. Nach seiner Vertreibung aus Kursachsen hatte er sich als Flüchtling an verschiedenen Orten aufgehalten. Luther hatte ihn bereits am 23. Dezember 1524 zu einem Gespräch eingeladen; am 18. Februar 1525 antwortete Karlstadt freundlich (WAB 3, 441 f.). Obwohl er durch Luthers gegen ihn gerichtete Schrift »Von den himmlischen Propheten« gekränkt war, sah er sich am 12. Juni zu einem Brief an ihn gezwungen, in dem er – auch für seine Frau und sein Kind – den ehemaligen Kollegen und Paten seines Kindes um Verzeihung und um Vermittlung beim Kurfürsten bat (529 f.). Luther zeigte sich versöhnlich und nahm Karlstadt mit Frau und Kind sogar heimlich in seinem Haus auf. Er forderte von ihm aber eine öffentliche Entschuldigung und später einen Widerruf seiner Abendmahlslehre in einem neuen Kompromißpapier, das ihm von Luther und den Wittenberger Theologen abgerungen wurde. Beide hat Luther mit eigenen kurzen Vorreden veröffentlicht (WA 18, 436–445; 453–465). Unter ärmlichen Verhältnissen konnte Karlstadt darauf in der Umgebung von Wittenberg leben. Doch als er sich weigerte, gegen den Zürcher Reformator Zwingli zu schreiben, mußte er 1529 aus Kursachsen fliehen. Nach langen Wanderungen kam er schließlich nach Zürich und zuletzt nach Basel, wo er von 1534 bis zu seinem Tod 1541 als Pfarrer an St. Peter und Professor für Altes Testament wirkte.

Der Bauernkrieg bedeutete einen merklichen Einschnitt in der Geschichte der Reformation wie in der deutschen Geschichte. In vielen Gegenden war die Kraft des Bauerntums, das die evangelische Predigt begeistert aufgenommen hatte, aber auch die der Städte, die sich dem Aufstand angeschlossen hatten, für lange Zeit gebrochen. Dagegen waren die Landesherren allgemein gestärkt aus dem Kampf hervorgegangen; wo sie die Reformation einführten, geschah es im Zuge ihrer staatlichen Konsolidierungsmaßnahmen. Viele Städte blieben davon aber unberührt. Luther wurde durch das Geschehen zwar tief aufgewühlt und verlor auch viele Sympathien. Seinen Lebensgang hat der Bauernkrieg im ganzen aber wenig beeinflußt, dessen Ausgang ihn vor allem von zwei unangenehmen Gegnern befreite.

Das Geschehene gab ihm zugleich Gelegenheit, seine Gedanken über das Verhältnis des Christen zu der ihm gegebenen Obrigkeit in mancher Hinsicht zu überdenken. Der Fortgang der Reformation über Kursachsen hinaus (1524 wurde der junge Landgraf Philipp I. von Hessen [1504–1567], der 1518 bis 1567 regierte, durch Melanchthon für die Reformation gewonnen) und die Widerstände der altgläubigen Reichsstände ließen viele evangelisch Gesinnte fragen, ob eine Auflehnung gegen Maßnahmen ihrer Obrigkeit überhaupt erlaubt sei. Ende 1526 erschien Luthers Antwort in seiner Schrift »Ob Kriegsleute auch in seligem Stande sein können« (WA 19, 623–662), die sich wiederholt auf die Obrigkeitsschrift bezieht. Zunächst unterscheidet Luther zwischen Amt und Person; das Amt könne an sich gut und richtig sein, auch wenn es von einer bösen Person oder auf unrichtige Weise verwaltet werde (624,18–29). Sodann unterscheidet er das geistliche Regiment und die Gerechtigkeit vor Gott vom weltlichen Regiment und der äußerlichen Gerechtigkeit; beide seien von Gott eingesetzt. Hier gehe es allein um die letztere, die durch das Schwert gehandhabt werde (624,30–630,2), auch im »kriegesampt und werck«, »das an yhm selbs recht und göttlich sei« (625,12 f.). Von den dazu Berufenen ausgeübt sei selbst der Krieg, der Unrecht straft, ein

Werk der Liebe (625,26), das die Rechtschaffenen mit Weib und Kind, Haus und Hof, Gut, Ehre und Friede bewahre (626,7 f.). Wenn der Krieg eine große Plage sei, dann wehre man durch ihn einer weit größeren Plage (626,15–17). Für seine Einschätzung beruft sich Luther, der die Schrecken eines Kriegs nicht selbst erlebt und sogar den Bauernkrieg mit seinen Greueln nur sehr punktuell wahrgenommen hat, auf biblische Belege (627,15–628,17). Röm. 13 bietet ihm den Schriftbeweis dafür, daß das Amt des Schwerts von Gott eingesetzt sei (629,14 f.). Als er auf den Bauernaufruhr zurückblickt, urteilt er über die Teilnehmer differenziert. Er hebt drei Gruppen von Aufrührern hervor, die nur ungern oder unter Zwang mitgemacht hätten; in ihren Fällen solle das strenge, starre Recht weichen und stattdessen die Billigkeit entscheiden, die nicht auf die Tat schaue, sondern auf die Gesinnung des Täters (631,12–632,7). Ausführlich geht Luther auf den Umgang mit einer schlechten Obrigkeit ein, räumt aber nur die Absetzung eines wahnsinnigen Herrschers ein (634,18–20) und meint, man müsse in allen anderen Fällen ein Eingreifen Gott überlassen, der dafür verschiedene Möglichkeiten habe. Entscheidend ist für Luther, daß die weltliche Obrigkeit der Seele nicht schaden könne wie die geistliche und die falschen Lehrer, denen man widerstehen könne und müsse. Grundsätzlich meint er für den Umgang mit der weltlichen Obrigkeit, »das die unter person nicht solle sich widder die oberperson setzen« (642,16). Diese Haltung sollte ihn noch in schwere Gewissenskonflikte stürzen, als es um die Frage ging, ob die evangelischen Stände sich dem Kaiser als der höchsten weltlichen Obrigkeit mit Gewalt widersetzen dürften. Erst im letzten Teil der Schrift kommt er auf das Verhalten im Krieg zu sprechen, das er sehr differenziert beurteilt. Daß einen Krieg führen Unrecht sei, steht ihm fest. Lapidar schickt er voraus: »Wer krieg anfehet [anfängt], der ist [im] unrecht« (645,9). Die weltliche Obrigkeit

sei nämlich nicht von Gott eingesetzt, um den Frieden zu brechen und Kriege anzufangen, sondern um Frieden zu halten
und Kriegen zu wehren (645,13–16). Neben dem Krieg, der zuerst begonnen werde und des Teufels sei, gebe es den vom
Gegner aufgezwungenen Krieg, den »Notkrieg«: Er sei »ein
menschlich unfal, dem helffe Gott«. Deshalb mahnt Luther die
Machthaber, sich vor Krieg zu hüten, es sei denn, sie müßten
abwehren und schützen und ihr Amt zwinge sie dazu, Krieg zu
führen (648,1–8).

25. Der Tod Kurfürst Friedrichs des Weisen (1525)

Während sich der Kampf mit den Bauern zuspitzte, starb Kurfürst Friedrich der Weise am 5. Mai 1525. In seiner letzten Krankheit beurteilte er die bäuerlichen Anliegen mit viel Verständnis und großer Milde und setzte sich noch am Tag vor seinem Tod bei seinem Bruder für eine gnädige Behandlung der Aufständischen ein (WAB 3, 508 A. 7). Sein Tod war ein Verlust für sein Land, das er maßvoll und weise regiert hatte, aber auch für Luther. Über ihn hatte er immer schützend die Hand gehalten, obwohl er bis zu seinem Ende beim alten Glauben blieb. Erst auf dem Sterbebett ließ er sich das Abendmahl in beiderlei Gestalt reichen und verzichtete auf das Sakrament der Letzten Ölung (508,20). Luther hatte zeitlebens keinerlei persönlichen Kontakt mit Friedrich, wie er in seiner Schrift »Wider die himmlischen Propheten« betonte: »ich habe meyn leben lang mit dem selben fursten nie keyn wort geredt noch hören reden, dazu auch seyn angesicht nie gesehen denn eyn mal zu Worms fur [vor] dem Keyser, da ich zum andern [zweiten] mal verhöret ward« (WA 18, 85,16–19). In der Tat hat der vorsichtige Kurfürst jeden direkten Verkehr mit seinem berühmtesten Professor vermieden, um sich gegenüber dem Kaiser immer darauf berufen zu können, er kenne Luther nicht persönlich und habe keinen Einfluß auf ihn. Der Verkehr zwischen Luther und seinem Landesherrn verlief durchweg über dessen Sekretär Georg Spalatin, zu dem Luther rasch ein vertrauensvolles Verhältnis gewonnen hatte.

Nach Friedrichs Tod erbat Spalatin von Luther wie von Melanchthon Ratschläge für die Bestattungsfeierlichkeiten, die in evangelischem Sinne lauteten, vor allem ohne die üblichen Totenmessen und Opfergänge um den Altar (WAB 3, 487 f.). Da

Friedrich keine legitimen Nachkommen hatte, wurde sein Bruder Herzog Johann der Beständige, der schon zusammen mit Friedrich die Herrschaft ausgeübt hatte, sein Nachfolger als Kurfürst (1525 bis 1532). Ihm folgte sein Sohn Johann Friedrich der Großmütige (1532 bis 1554), der das Kurfürstentum nach seiner Niederlage im Schmalkaldischen Krieg 1547 verlor. Beide schlossen sich früh Luther an, der persönlichen Kontakt zu ihnen hatte.

26. Luthers Heirat – das Ende seines Mönchslebens (1525)

Den tiefsten Einschnitt in Luthers Biographie seit seinem Eintritt ins Kloster bildete seine Heirat im Juni 1525, die zugleich das Ende seiner monastischen Existenz bedeutete. Sie war der Abschluß eines langen Ablösungsprozesses vom Mönchtum, während dessen Luther durch verschiedene Schriften und andere öffentliche Äußerungen immer wieder wichtige Fragen klärte. Bei seiner Profeß hatte er drei Gelübde abgelegt. Vom Gelübde des Gehorsams gegenüber seinem Ordensoberen Staupitz hatte ihn dieser bereits auf dem Augsburger Reichstag 1518 entbunden (WAT 1, 442,1, Nr. 884; 2, 376,9 f., Nr. 2250). Das Gelübde der Armut war für Luther nie ein Problem; ihm entsprach ja auch, daß er sein Leben lang auf jedes Honorar für seine vielen Schriften verzichtete. Der entscheidende Punkt war – wie im gesamten christlichen Mönchtum – der Verzicht auf die Ehe und überhaupt auf jede Art, die Sexualität zu gebrauchen.

In seiner Schrift »Über die Mönchsgelübde« hatte Luther 1521 bereits die Bindung durch religiöse Gelübde verneint und damit den Austritt vieler Mönche aus ihrem Kloster gerechtfertigt. Ihm war allerdings auch klar, daß manche von ihnen aus unlauteren Gründen ihr Kloster verließen. So schrieb er etwa am 28. März 1522 an Johannes Lang, der selbst gerade den Orden verlassen hatte:

»Ich sehe viele unserer Mönche aus keinem anderen Grund austreten als aus dem, der sie zum Eintritt veranlaßt hat, das heißt wegen ihres Bauches und ihrer fleischlichen Ungebundenheit. Durch sie wird der Satan einen starken Gestank gegen den guten Geruch unseres Wortes verursachen. Aber was sollen wir tun? Es sind untätige Leute, die ihren Vorteil suchen.« (WAB 2, 488,21–25)

Im September 1522 veröffentlichte er seine Abhandlung »Vom ehelichen Leben« (WA 10II, 275–304). Obwohl ihm auf diesem Gebiet jede Erfahrung fehlte, wie er selbst einräumte, sah er sich befugt, auf der Grundlage der Heiligen Schrift darüber zu schreiben (299,5–17). Gegen die von der heidnischen Antike bis zur Gegenwart verbreitete Frauen- und Ehefeindlichkeit leitet er die Ehe und die Aufzucht von Kindern vom Schöpferwillen Gottes ab:

> »Es ist eyn eyngepflantzte natur und artt eben ßo wol als die glidmaß, die datzu gehoeren. Drumb gleych wie gott niemandt gepeut [gebietet], das er man sey oder weyb, ßondern schaffet, das sie ßo mussen seyn, Alßo gepeutt er auch nicht, sich mehren, ßondern schafft, das sie sich mussen mehren.« (276,25–29)

Demnach sei die Ehe auch kein Sakrament und keine Christen vorbehaltene Einrichtung, sondern »eyn eußerlich leyplich ding [...] wie andere weltliche hanttierung« und dürfe auch mit einem Nichtchristen eingegangen werden (283,8–16). Nur eine kleine Gruppe von Menschen dürfe sich Gottes Schöpferwillen bewußt entziehen:

> »die hohen, reychen geyster, von gottis gnaden auff getzeumet [dazu bereitet], die von natur und leybs geschick tuchtig sind tzur ehe und bleyben doch williglich on ehe. Diße sprechen also: ›Ich mocht und kund wol ehlich werden, aber es gelust mich nicht. Ich will lieber am hymel reych, das ist am Euangelio schaffen und geystliche kinder mehren.‹ Dieße sind seltzam [selten], und unter thausent menschen nicht

eyner, denn es sind gottis besondere wunderwerck [...].«
(279,15–21)

Die übrigen sollten erkennen und fest glauben, »das gott die
ehe selbs eyngesetzt, man unnd weyb tzusamen geben, kinder
tzeugen und wartten verordenet hat« (294,27–29). Die natürli-
che Vernunft sage zwar:

> »Ach, solt ich das kind wiegen, die windell wasschen, bette
> machen, stanck riechen, die nacht wachen, seyns schreiens
> wartten, seyn grindt [Hautausschlag] und blattern [Pocken]
> heylen, darnach des weybs pflegen, sie erneeren, erbeytten
> [mich abmühen] [...] O du elender, armer man, hastu eyn
> weyb genommen, pfu, pfu, des iamers und unlusts. Es ist
> besser, frey bleyben und on sorge eyn rugig [ruhig] leben ge-
> furt.«

Der christliche Glaube dagegen »thutt seyn augen auff und si-
het alle diße geringe, unlustige [unerfreuliche], verachte werck
ym geyst an und wirtt gewar, das sie alle mit gottlichem wolge-
fallen als mit dem kostlichsten gollt und edell steyne getzirt
sind« und sei deshalb bereit, alles gerne auf sich zu nehmen
(295,18–296,11). Das ehelose oder gar monastische Leben blieb
weiterhin ein Streitthema zwischen Luther und den Altgläubigen. Nachdem zunächst Justus Jonas auf den im August 1522
erschienenen Angriff des Konstanzer Domkapitulars Johannes
Fabri (1478–1541) geantwortet hatte, verfaßte Luther im Juli
1523 eine Auslegung von 1. Korinther 7 (WA 12, 92–142), um der
traditionellen Hochschätzung der Ehelosigkeit diese biblische
Grundlage zu entziehen.

Doch Luther äußerte sich nicht nur theoretisch über Zölibat
und Mönchtum, sondern wurde auch tätig, wo er es für nötig
hielt. Im kursächsischen Nimbschen an der Mulde, südlich von

Grimma, lag das Zisterzienserinnenkloster Marienthron. Ein Teil der adligen Nonnen, die oft in jugendlichem Alter von ihren Familien für das Klosterleben bestimmt worden waren, wurde von den evangelischen Ideen erfaßt und wünschte das Kloster zu verlassen. Auf Bitten dieser Frauen entwarf Luther einen abenteuerlichen Plan: Der Torgauer Kaufmann Leonhard Koppe, der regelmäßig Waren an das Kloster Marienthron lieferte, entführte am Abend des 4. April 1523 in seinem Wagen heimlich zwölf Nonnen. Drei von ihnen konnten sogleich bei ihren in Kursachsen lebenden Familien unterkommen. Neun andere, die aus dem Herzogtum Sachsen stammten, erreichten am 7. April Wittenberg, wo Luther sie empfing und in Bürgerfamilien unterbrachte. In seiner Nachmittagspredigt vom 7. April stellte er den von Gott gebotenen Ehestand in Gegensatz zum Klosterleben (WA 11, 92–94), und am 12. April tadelte er die Wittenberger wegen ihrer Unlust, zu helfen (97,26–32). Vor allem aber veröffentlichte er rasch ein Schreiben an Leonhard Koppe, den Entführer der Klosterfrauen: »Ursach und Antwort, daß Jungfrauen Klöster göttlich [nach Gottes Willen] verlassen mögen [dürfen]« (394–400). Um jeden Anschein von Unredlichkeit zu vermeiden, bekennt er darin offen, daß er die Entführung veranlaßt habe. Er betont, daß die Jungfrauen nicht einzeln entlaufen, sondern gemeinsam an ordentliche Stätten gekommen seien. Wenn in Klöstern, zumal in Nonnenklöstern, Gottes Wort nicht gepredigt werde, dann sei es erlaubt, sie zu verlassen, »Denn Gotte gefallen nicht und will auch nicht haben getzwungene unwillige dienste« (397,15 f.). Außerdem weist Luther unter Berufung auf 1. Mose 1 [,28] auf den Grund seiner Auffassung hin: »Denn eyn weybs bild ist nicht geschaffen, jungfraw tzu seyn, sondern kinder zu tragen« (398,4 f.). Zum Beweis seiner Aufrichtigkeit nennt er am Ende die Namen aller neun Jungfrauen (400,19–22), die zunächst in Wittenberg lebten und dort auch meist rasch Männer fanden.

Die Entführung der Zisterzienserinnen und ihre Verteidigung durch Luther erregte Aufsehen und veranlaßte den Dominikaner Johannes Dietenberger (um 1475–1537) zu einer Gegenschrift, die von Johannes Cochlaeus übersetzt und herausgegeben wurde: »Antwort, daß Jungfrauen die Klöster und klösterlichen Gelübde nimmer göttlich verlassen mögen [dürfen]«. Luther ließ sich davon nicht beirren und trat weiterhin für die Eheschließung von Priestern, Mönchen und Klosterfrauen ein. Gegen Ende 1523 schrieb er auf Bitten Markgraf Albrechts von Brandenburg-Ansbach (1490–1568), des Hochmeisters des Deutschen Ordens, der in seinem Orden und im Ordensland Preußen die Reformation einführen wollte und Luther deswegen am 29. November in Wittenberg besucht hatte, die Schrift: »An die Herren des Deutschen Ordens, daß sie falsche Keuschheit meiden und zur rechten ehelichen Keuschheit greifen, Ermahnung« (WA 12, 232–244).

Doch Luther selbst hatte noch immer nicht die Absicht, sich zu verändern. Im Herbst 1523 schrieb er dem Kurfürsten, sein einziger noch verbliebener Mitbruder, der Prior (Eberhard Brisger), wolle austreten, bot Friedrich »als dem jüngsten Erben« das Kloster an und bat um die Überlassung eines angrenzenden Grundstücks für den Prior oder für sich (WAB 3, 196 f.). Spalatin ließ er bald darauf wissen, er hätte schon längst das Kloster verlassen, wenn er nicht großes Aufsehen und die Behauptung der Feinde fürchtete, er sei vertrieben worden (206,18–22). Am 1. April 1524 schrieb ihm sein ehemaliger Oberer Staupitz, der schon 1522 ins Salzburger Benediktinerkloster St. Peter eingetreten und dort zum Abt gewählt worden war, er beharre weiterhin im Glauben an Christus und das Evangelium, wundere sich aber über Luthers Abneigung gegen den Mönchshabit (263 f.). Luther trug freilich noch immer sein Mönchskleid, meinte jedoch am 25. Mai gegenüber dem Straßburger Reformator Wolfgang Capito, auch er werde endlich einmal beginnen, den Habit abzulegen, den er zur Stützung der Schwachen und zum Spott auf den Papst bisher beibehalten habe (299,23–25). Dennoch dauerte es noch Monate, bis er diese Absicht verwirklichte. Das erste sichere Zeugnis davon findet sich im Tagebuch Spalatins, der zum 9. Oktober notierte: »Dr. Martin Luther predigte in Wittenberg ohne Kutte«. Am nächsten Sonntag, dem 16. Oktober, hielt er fest: »Bei der Frühpredigt trat Luther wieder in der Kutte auf, beim nächsten Gottesdienst predigte er aber ohne Kutte, um Erasmus zu widerlegen, der mir schreibt, Luther lehre etwas als erlaubt, das er selbst nicht befolge« (301 A. 6). Offenbar hatte Luther bei aller grundsätzlichen Distanzierung vom Mönchsstand kein persönliches Bedürfnis, seine monastische Existenz aufzugeben, und ließ sich beim Umgang mit Dingen wie der Kleidung, die er für »frei« hielt, von der Rücksicht auf andere Menschen leiten. Zum letzten Schritt gar, einer Heirat, konnte er sich lange Zeit nicht entschließen. Auch nachdem Kollegen und Freunde diesen Schritt getan hatten, wies er den Gedanken an eine Ehe von sich. Als ihn die reformatorisch gesinnte Schriftstellerin Argula von Grumbach (um 1492–1554) zur Heirat aufforderte, schrieb er noch am 30. November 1524 an Spalatin, dem er selbst immer wieder zur Ehe riet, er wolle nicht heiraten – nicht weil er aus Holz oder Stein wäre, sondern weil er täglich seinen Tod und die verdiente Strafe eines Ketzers erwarte (394,17–25).

Daß er im Frühjahr 1525 endlich an eine Heirat dachte, läßt ein Brief an Spalatin vom 16. April erkennen, der Ernst und Scherz miteinander verbindet (WAB 3, 474 f.). Für seine Entscheidung nannte er verschiedene Gründe. Als er während des Bauernkriegs durch Thüringen reiste, besuchte er in Eisleben seine Eltern. Offenbar drängte ihn sein Vater bei dieser Begegnung zu einer Ehe (531,14 f.). Auch jetzt dachte er an seinen baldigen Tod, wollte aber vorher seinem Vater noch gehorsam sein und zugleich durch sein Verhalten das bekräftigen, was er lehrte (541,4–7). Ein Grund war auch die Verantwortung, die er für die letzte der aus ihrem Kloster geflohenen Zisterzienserinnen empfand, die noch immer unverheiratet in einem Wittenberger Bürgerhaus lebte. Das war die damals sechsundzwanzigjährige aus einer sächsischen Adelsfamilie stammende Katharina von Bora (1499–1552). Sie hatte zunächst in Wittenberg den ein Jahr älteren Nürnberger Patriziersohn Hieronymus Baumgartner kennengelernt und auf eine Verbindung mit ihm gehofft. Luther riet ihm am 12. Oktober 1524 vergeblich, sie rasch zu holen, bevor sie einem anderen gegeben werde (358,7–8). Dieser andere Bewerber war der Orlamünder Pfarrer Kaspar Glatz, den sie jedoch nicht liebte und trotz ihrer mißlichen Lage ablehnte. Amsdorf, den sie genommen hätte, hielt sein Leben lang an der Ehelosigkeit fest. Im Laufe des Frühjahrs 1525 scheint sich Luthers Haltung geändert zu haben. Was er am 16. April noch scherzhaft an Spalatin geschrieben hatte: »Gott pflegt zu bewirken, was man am wenigsten erwartet« (475,23 f.), das trat zwei Monate später bei ihm ein. Offenbar kam der Entschluß ganz plötzlich; noch am 10. Juni schreibt er Spalatin über das Zögern: »Niemand hat sein Herz in der Hand; der Teufel ist überaus mächtig und trennt öfter auch miteinander Verbundene« (526,23–25). Am 13. Juni verlobte sich Luther vor fünf Zeugen mit Katharina; der Wittenberger Stadtpfarrer Johannes Bugenhagen, einer der Zeugen, vollzog gleich danach die Trauung, auf die das Beilager folgte. Am 27. Juni fanden im Beisein von Luthers Eltern der öffentliche Kirchgang zur Wittenberger Stadtkirche und das festliche Hochzeitsmahl statt. Luther hatte dazu viele Gäste eingeladen. Immer wieder betont er in seinen Briefen, Gott habe ihn, der anders darüber gedacht hatte, auf wunderbare Weise plötzlich in die Ehe geführt, ja getrieben (so am 20. Juni an seinen ehemaligen Mitbruder Wenzeslaus Link; 537,9 f.). Durch diesen

Schritt brach Luther zwanzig Jahre nach seinem Klostereintritt unwiderruflich mit dem monastischen Leben. Daß der Zeitpunkt dafür – fünf Wochen nach dem Tod Friedrichs des Weisen und vier Wochen nach dem Gemetzel von Frankenhausen, mitten in der Auseinandersetzung um seine Haltung im Bauernkrieg – auf Freund und Feind ungünstig wirken mußte, war ihm natürlich bewußt. Auf die schwierige Situation des Übergangs der Herrschaft an Kurfürst Johann und der Anfeindungen von allen Seiten spielt Luther in seinen Äußerungen über seinen baldigen Tod an. Gerade in dieser schwierigen Situation wollte er durch die Heirat sein Gottvertrauen demonstrieren.

Man darf eine Ehe zu Luthers Zeit nicht an den romantischen Vorstellungen von einer Liebesehe messen. Doch zeigen zahlreiche spätere Äußerungen des Reformators, daß seine eigene Ehe durchaus glücklich war. Außerdem fand der ehemalige Bettelmönch, der von finanziellen Dingen vor allem das verstand, was sich bei der Auseinandersetzung mit dem »Wucher« (Zinsnehmen) erarbeitet hatte (Kleiner und großer »Sermon von dem Wucher« 1519/20: WA 6, 3–8; 36–60; »Von Kaufshandlung und Wucher« 1524: WA 15, 293–313), in der sechzehn Jahre jüngeren Katharina, obwohl sie zehn Jahre in der klösterlichen Klausur gelebt hatte, eine tüchtige Wirtschafterin. Durch ihre umfangreiche Landwirtschaft bewahrte sie ihn und die bald wachsende Familie vor Not. Nach der Heirat blieb Luther mit seiner Frau und einem Diener, dem freilich recht faulen Wolfgang Seberger, im Augustinerkloster wohnen, das er 1532 für sich und seine Familie von Kurfürst Johann zum Eigentum erhielt (WAB 6, 257 f.). Zur Hochzeit hatte ihm der Kurfürst 100 Gulden geschenkt und ihm erstmals ein festes Gehalt ausgesetzt: 200 Gulden, so viel wie Melanchthon. Doch Luther büßte durch Darlehen, Bürgschaften und Geschenke an Freunde und Mittellose immer wieder Geld ein. 1542 gab er in einer eigenhändigen Aufstellung Rechenschaft über seine knappen, nie sorgenfreien wirtschaftlichen Verhältnisse seit der Heirat (WAB 9, 579–585). Deshalb war seine Frau zu äußerster Sparsamkeit und zur Aufnahme zahlender Kostgänger in ihr Haus gezwungen. Diese und andere häufige Gäste machten dieses Haus zu einem geistigen Mittelpunkt Wittenbergs. Spätestens seit 1531 zeichneten einige der ständigen Tischgenossen Luthers Antworten auf Fragen und andere Äußerungen auf; dies war der Ursprung der Tischreden.

Das Ehepaar Luther hatte sechs Kinder, an denen der Vater mit oft bezeugter Liebe hing. Von ihnen starb die 1527 geborene Elisabeth bereits vor ihrem ersten Geburtstag, die 1529 geborene Magdalene mit 13 Jahren. Der Erstgeborene Johannes (1526–1575) starb als Rat des Herzogs von Preußen, der Theologe Martin (1531–1565) als Privatmann in Wittenberg und Paul (1533–1593) in Leipzig als Mediziner. Die Jüngste, Margarethe (1534–1570), heiratete einen Gutsbesitzer in Preußen.

27. Die Auseinandersetzung mit Erasmus

Wie wir gesehen haben, bedeutete der Humanismus viel für Luthers Entwicklung: für seine Abkehr von der Scholastik, für wichtige historische Einsichten, für seine Auslegung und Übersetzung der Bibel. Wegen Luthers wissenschaftlicher Bestrebungen wie wegen seiner Kirchenkritik sahen viele deutsche Humanisten in ihm einen Gesinnungsgenossen, den sie zunächst freudig begrüßten. In der Haltung zu Luther lassen sich grob drei Gruppen von Humanisten unterscheiden: dauerhafte Anhänger wie Philipp Melanchthon oder der Dichter und Publizist Ulrich von Hutten (1488–1523), beständige Gegner wie Johannes Cochlaeus und Hieronymus Emser, und solche, die anfangs mit Luther sympathisierten, sich aber später von ihm abwandten, wie der Nürnberger Patrizier Willibald Pirckheimer (1470–1530). Zur letzteren Gruppe gehörte auch Erasmus von Rotterdam (1466/69–1536). Erasmus war bereits der bekannteste Humanist nördlich der Alpen, als er Ende 1516 durch Spalatin auf Luther aufmerksam gemacht wurde. Dieser bemängele, Erasmus habe den Begriff der »Gerechtigkeit« im Römerbrief nicht richtig erfaßt und die Erbsünde vernachlässigt. 1518 äußerte sich Erasmus positiv über Luthers Ablaß- und Papstkritik. Luther schrieb ihm erstmals am 28. März 1519 und warb um seine Freundschaft (WAB 1, 361–363). In seiner Antwort vom 30. Mai aus Löwen (412–414) klagte Erasmus, der von der dortigen Universität angefeindet wurde, man verdächtige ihn, Luther bei seinen Schriften geholfen zu haben und der Bannerträger seiner Partei zu sein. Er habe versichert, er kenne Luther und seine Bücher nicht, und zur Mäßigung geraten. Obwohl ihm manches gefiel, was Luther schrieb und tat, und er vielen seiner Kritikpunkte zustimmte, konnte er sich nicht entschließen, auf seine Seite zu treten. Sowohl von Anhängern Luthers und von anderen Humanisten als auch vom

Papst und vom Kaiser um Unterstützung gebeten, bemühte er sich zunächst um Vermittlung. Er war ein Gelehrter, der Ruhe für seine Arbeit suchte und eine entschiedene Stellungnahme scheute, die ihn persönlich in Gefahr bringen konnte. Nachdem die Schrift *De captivitate Babylonica* erschienen war und Luther seine von Leo X. verurteilten Artikel aufrechterhalten, ja sogar die Bannandrohungsbulle und das kanonische Recht verbrannt hatte, gab Erasmus bereits im Frühjahr 1521 den Gedanken an eine Versöhnung zwischen Luther und der Römischen Kirche auf. Seine zögernde Haltung trug ihm Angriffe von beiden Seiten ein, die ihn ängstigten und denen er auch durch Übersiedlung in das Humanistenzentrum Basel nicht entrinnen konnte. Lange verweigerte er eine Stellungnahme; doch selbst als Basler Privatgelehrter konnte er sich dem Streit und dem Drängen der Altgläubigen nach Unterstützung gegen Luther nicht entziehen. Als Luther ihm im April 1524 vorwarf, er grenze sich den Gegnern zuliebe zu stark von ihm ab, und ihn um Zurückhaltung bat (WAB 3, 270 f.), antwortete ihm Erasmus am 8. Mai, vielleicht nützte es dem Evangelium mehr, wenn er gegen Luther schriebe, als wenn einige Dummköpfe für ihn einträten (285 f.,24 f.).

Offenbar hatte er damals längst Argumente gegen Luther gesammelt. Aus ihnen formte er die Abhandlung *De libero arbitrio ΔIATPIBH sive collatio* (»Unterredung über den freien Willen«), die Anfang September 1524 zuerst in Basel erschien. Damit wandte er sich einem zentralen Thema zu, zu dem Luther schon in der Heidelberger Disputation eine wichtige, der Schultheologie widersprechende Behauptung formuliert hatte. Seine These, der freie Wille sei nach dem Sündenfall eine bloße Behauptung, und wenn er tue, was in seiner natürlichen Fähigkeit liege, dann begehe er eine Todsünde, war in der Bannandrohungsbulle als ketzerisch verworfen worden. In der »Assertio« hatte er sie ausführlich begründet. Erasmus möchte die schon in der Heiligen Schrift faßbaren Probleme des freien Willens auf Grund theologischer Meinungen (I) und Stellen aus dem Alten Testament (II) klären, anscheinende Widersprüche gegen die Annahme eines freien Willens widerlegen (IIIa–c) und schließlich eine zwischen den unterschiedlichen Ansichten vermittelnde Lösung bieten (IV). Den freien Willen sieht er als eine Fähigkeit des menschlichen Willens an, durch die sich der Mensch dem, was zu seinem Heil führt, zuwenden oder von ihm abwenden könne. Gute Werke und Verdienste hält er für möglich; aber den größeren Anteil daran schreibt er der Gnade Gottes zu, der weder ungerecht noch grausam sei. Damit meint er, einen Weg durch das Labyrinth unterschiedlicher biblischer und theologischer Aussagen über den menschlichen Willen zu weisen.

Erasmus hatte sich in dieser Schrift offenkundig um einen Ausgleich zwischen der altgläubigen und der von Luther unter Berufung auf Paulus und Augustinus vertretenen Auffassung bemüht. Das Urteil der Anhänger Luthers darüber war geteilt. Doch diesem bereitete gerade die in der Kompromißbereitschaft des Erasmus erkennbare Unentschiedenheit des Gegners Unbehagen. Am 1. November 1524 schrieb er Spalatin, es sei unglaublich, welchen Widerwillen er gegen das Buch »Über den freien Willen« empfinde; er habe noch nicht mehr als zwei Bogen davon gelesen. Es sei beschwerlich, einem so ungebildeten Buch eines so gelehrten Mannes zu antworten (WAB 3, 368,29–31). Als er nach langem Zögern ein gutes Jahr nach jenem Brief die Arbeit an seiner Antwort *De servo arbitrio* (»Über den unfreien Willen«: WA 18, 600–787) vollendete, schrieb er, weder die Menge seiner Geschäfte noch die Schwierigkeit der Sache, weder die große Beredsamkeit des Erasmus noch Furcht vor diesem, sondern der bloße Ekel, Entrüstung und Verachtung, kurz sein Urteil über die »Diatribe«, habe seinen Drang zu antworten gehemmt. (601,29–32). Was Luther so sehr empörte, das war weniger die Auffassung des Erasmus von der menschlichen Willensfreiheit; denn Luther räumte durchaus eine Freiheit des Handelns und Unterlassens in den Dingen des Alltags ein und behauptete die Gebundenheit des Willens nur im Blick auf den Weg zum Heil oder zur Verdammnis (638,4–11). Empört war er über die Art, wie Erasmus mit dem Thema umging: überall beweglich und unklar redend, vorsichtiger als Odysseus [der listenreiche Grieche] und unfaßbar wie Proteus [der wandlungsreiche Meergott] (601,33–602,2). Hatte Erasmus bekannt, er habe so wenig Freude an festen Behauptungen, daß er sich gerne zu den Skeptikern halte, wo immer es die Autorität der Heiligen Schrift und die Entscheidungen der Kirche erlaubten, so hielt Luther dagegen, es sei die Art eines Christen, sich gerade an Behauptungen zu erfreuen, d. h. sie zu bekennen, zu behaupten und unbesiegt auf ihnen zu beharren. Dabei handle es sich nicht um zweifelhafte, unnütze und unnötige Dinge, sondern um jene, deren feste Behauptung uns durch göttlichen Willen in der Heiligen Schrift vorgeschrieben sei (603,3–18).

In seiner Auseinandersetzung mit Erasmus folgt Luther den einzelnen Abschnitten der Schrift »Über den freien Willen«, läßt sich auf ihre Gedankengänge und exegetischen Argumentationen ein, entwickelt dabei aber auch eine Fülle eigener Überlegungen, die seine Entgegnung zu einer seiner tiefsinnigsten, wegen ihrer Unübersichtlichkeit aber auch zu einer seiner schwierigsten Schriften machen. Hier sollen nur noch zwei zentrale Gedanken hervorgehoben werden. Erasmus hatte in seiner skeptischen Haltung erklärt, es gebe in der Schrift gewisse unzugängliche Stellen, in die uns Gott nicht tiefer eindringen lassen wolle. Wenn wir beim Bemühen um ihr Verständnis scheiterten, so um die unerforschliche Majestät der göttlichen Weisheit und die Schwäche des menschlichen Geistes (Röm. 11,33) zu erkennen. Luther räumt ein, es gebe zwar viele dunkle und verschlossene Stellen in der Schrift, doch wirkten sie so nicht wegen der Erhabenheit der Gegenstände, sondern wegen unserer Unkenntnis der Wörter und der Grammatik. Es sei falsch, wegen einiger unklarer Stellen, die durch andere erklärt werden könnten, auf die Unklarheit der Sachen zu schließen. Christus habe uns den Sinn geöffnet, damit wir die Schrift verstehen könnten. Die ganze Schrift sei zu unserer Belehrung geschrieben. Sie offenbare ohne Dunkelheit und Zweideutigkeit die Trinität Gottes, die Menschheit Christi und die unvergebbare Sünde. Kurz: Es gebe eine zweifache Klarheit der Schrift: eine äußere in der Verkündigung des Wortes und eine innere im Verstehen des Herzens. Die innere Klarheit komme allein vom Heiligen Geist. Was die äußere Klarheit betreffe, so sei nichts dunkel oder zweideutig, sondern alles durch das Wort ins gewisseste Licht gesetzt und der ganzen Welt dargetan (606,16–609,14). Dagegen sieht Luther das Gottesbild des Erasmus als zu oberflächlich an. In Wirklichkeit handle Gott unter dem Gegenteil dessen, was wir wahrnehmen: Er mache lebendig, indem er töte; er mache gerecht, indem er anklage; er bringe in den Himmel, indem er in die Hölle führe. So verberge er seine ewige Milde und Barmherzigkeit unter ewigem Zorn und seine Gerechtigkeit unter Ungerechtigkeit. Wenn sich dieses Gottesbild von der Vernunft begreifen ließe, wäre der Glaube nicht nötig. Da es nicht begriffen werden könne, werde es zur rechten Gelegenheit, den Glauben zu üben (633,7–23). Weshalb sich Gott verberge und von uns nicht erkannt werden wolle, gehe uns nichts an. Gott, der uns geoffenbart und gepredigt sei, wolle uns von Sünde befreien und vom Tod erretten. Im übrigen bewirke der in seiner Majestät verborgene Gott Leben, Tod und alles in allem (685,1–24).

Erasmus fühlte sich durch Luthers Schrift tief getroffen, vor allem durch die Art, wie ihn Luther in jene antiken Traditionen einordnete, die man damals der Gottlosigkeit beschuldigte. In seiner Charakterisierung der Denkweise des Erasmus hatte er ihm vorgeworfen, in seinem Herzen Lukian, einen religionskritischen Schriftsteller des zweiten nachchristlichen Jahrhunderts, oder – ein Bild des römischen Dichters Horaz (Epistula I 4, 16) aufnehmend – »ein anderes Schwein aus der Herde Epikurs [Philosoph des 4./3. Jh. v. Chr.]« zu nähren.

> »Laß uns Menschen sein, die Behauptungen machen, sich um Behauptungen bemühen und an ihnen Freude haben; du halte dich zu deinen Skeptikern und Akademikern [auch sie eine skeptische Schule], bis auch dich Christus ruft. Der Heilige Geist ist kein Skeptiker, er hat in unsere Herzen weder Zweifel noch Meinungen geschrieben, sondern Behauptungen, die gewisser und fester sind als das Leben selbst und jede Erfahrung.« (WA 18, 605,27–34)

Daß ihn Luther mit den antiken Zweiflern und Gottesleugnern in Verbindung brachte, erregte den damals auch von der Universität Paris angegriffenen, als Anhänger Luthers verdächtigten und deshalb ängstlich auf Rechtgläubigkeit bedachten Erasmus so sehr, daß er sich am 2. März 1526 bei Kurfürst Johann über Luther beklagte und bat, ihn zur Mäßigung anzuhalten (WAB 4, 58–60). Am 11. April verteidigte er sich – in der Antwort auf einen (verlorenen) Brief Luthers – gegen dessen »lächerliche Schmähungen und verleumderische Lügen«, er sei gottlos, Epikuräer, skeptisch gegenüber dem christlichen Bekenntnis, Gotteslästerer und anderes (46 f.). Inzwischen (im Februar) hatte er bereits den ersten Teil einer Antwort an Luther veröffentlicht, deren zweiter Teil 1527 erschien: *Hyperaspistes diatribae adversus servum arbitrium Martini Lutheri* (»Schutzschrift der Unterredung gegen den ›Unfreien Willen‹ Martin Luthers«). Seine ungemein ausführliche Auseinandersetzung mit der Schrift »Über den unfreien Willen« leitete er mit der Klage darüber ein, daß Luther, obwohl er von verschiedenen Seiten angegriffen werde, gerade Erasmus ohne die doch von diesem bewiesene Höflichkeit bekämpft habe. Inhaltlich brachte er keine neuen Argumente. Luther antwortete ihm nicht mehr. Als er sich später mit den Schriften des Erasmus beschäftigte und Nikolaus von Amsdorf ihn am 28. Januar 1534 aufforderte, jenem zu antworten, um seinem Einfluß auf zeitgenössische Theologen entgegenzuwirken (WAB 7, 16,14 f.), da grenzte Luther sich im März 1534 noch einmal öffentlich von Erasmus ab. In einem sogleich zusammen mit Amsdorfs Schreiben gedruckten Antwortbrief warf er Erasmus Heuchelei, Unwissenheit und Bosheit vor, die sich vor allem in seiner unklaren, unpassenden und zweideutigen Ausdrucksweise zeigten. Er selbst sei ganz mit der Belehrung, Ermutigung, Zurechtweisung und Leitung der eigenen Anhänger beschäftigt; außerdem nehme ihn die Bibelübersetzung in Anspruch. Von diesen Aufgaben suche ihn der Teufel abzulenken, wenn er vergeblich Nichtigkeiten nachjage. Das Buch »Vom unfreien Willen« beweise, wie schwierig es sei, den Proteus Erasmus mit seiner dunklen und schlüpfrigen Redeweise anzugreifen (28–39).

28. Die Durchführung der Reformation in Kursachsen

In allen von der Reformation nicht erfaßten Gebieten waren die Bischöfe Inhaber der kirchlichen Weihe-, Lehr- und Jurisdiktionsgewalt. Sie hatten die Leitung ihrer Bistümer inne, die sie unter anderem durch das Mittel der Visitation und, wenn nötig, auch durch Reformen wahrnahmen. Luther hatte durch die Verwerfung des Kirchenrechts der darin verankerten Amtsgewalt der Bischöfe ihre Grundlage entzogen. Allerdings setzte er auf ein freies Konzil, das die bestehenden Ordnungen im evangelischen Sinne ändern würde. Da ein Konzil jedoch nicht so bald zu erwarten war, hoffte er, geweihte Bischöfe könnten sich der evangelischen Bewegung anschließen. Solange es aber keine evangelisch gesinnten Bischöfe gab, mußte die Reformation ohne oberste kirchliche Autoritäten durchgeführt werden. Da Kurfürst Friedrich der Weise nicht aktiv an einer Reform mitwirkte, sondern sie nur – mehr oder weniger gerne – duldete, gab es in Kursachsen zunächst keine einheitliche, obrigkeitlich gelenkte Reformation. Die Reform der Universität Wittenberg hatten die Professoren unter Zustimmung des Kurfürsten durchgeführt. Die Reform der Wittenberger Gemeinde war in Luthers Abwesenheit tumultuarisch begonnen und nach seiner Rückkehr von der Wartburg durch ihn in geordnete Bahnen geleitet worden. Das Mittel dazu, das Luther beispielhaft anwandte, war die Predigt. Weitere Städte in Kursachsen folgten dem Wittenberger Vorbild, voran die von Leisnig. Allstedt wurde durch Thomas Müntzer, Orlamünde durch Andreas Karlstadt reformiert. Es entsprach zwar der evangelischen Auffassung, daß die Kirche von der einzelnen Gemeinde her aufgebaut werden solle. Doch hatte sich dadurch die Reformation in Kursachsen sehr uneinheitlich entwickelt. Bereits 1524 unternahm Luther im Auftrag Herzog Johann Friedrichs eine Reise durch Thüringen, die den Charakter einer bischöflichen Visitation hatte und der Regierung vor allem ein Urteil über die Prediger verschaffen sollte. Im Mai 1525 verfaßte der Zwickauer Reformator und Freund Luthers Nikolaus Hausmann (1478/79–1538) für den Kurfürsten ein Gutachten, in dem er Visitationen durch Luther und andere vorschlug. Diese Aufgabe wurde nach dem Bauernkrieg mit seinen Verwüstungen besonders dringlich. Am 31. Oktober riet Luther selbst dem neuen Kurfürsten Johann, die Gemeinden mit ihren heruntergekommenen Pfarreien und ebenso das weltliche Regiment im Land visitieren und wieder in Ordnung bringen zu lassen (WAB 3, 595,36–64). Konkrete Vorschläge für die Durchführung der Visitation durch eine Kommission von zwei Beauftragten in seinem in vier oder fünf Teile zersplitterten Kurfürstentum reichte er einen Monat später nach (628 f.). Nachdem zwei kleinere Visitationen und gewiß auch manche Gespräche durchgeführt worden waren, machte Luther im folgenden Jahr (am 22. November 1526) erneut den Vorschlag für eine Visitation der Kirchen und Schulen, in dem jetzt Kommissionen mit je zwei theologischen und juristischen Mitgliedern vorgesehen waren (WAB 4, 133 f.). Der Landesherr hat die Reformation Kursachsens also nicht eigenmächtig in die Hand genommen; er mußte vielmehr von Luther dazu gedrängt werden. Erst im Juni 1527 erließ der Kurfürst eine »Instruktion und Befehl, darauf die Visitatoren abgefertigt [abgesandt] sind«. Melanchthon, der an den ersten Visitationen teilnahm, erarbeitete auf Grund seiner Erfahrungen noch 1527 zunächst in lateinischer Sprache Richtlinien für die Visitatoren, nach denen sie die Pfarrer und Lehrer beurteilen und belehren sollten. Die deutsche Ausgabe dieser Richtlinien sah Luther im Auftrag des Kurfürsten zusammen mit Bugenhagen durch und schrieb ein Vorwort dazu. Ende März 1528 erschienen beide Teile unter dem Titel »Unterricht der Visitatoren an die Pfarrherrn im Kurfürstentum zu Sachsen« (WA 26, 195–201 [Vorrede], 202–240 [Text]). Luther hat nur von Oktober 1528 bis Januar 1529 sowie im Januar 1530 selbst an Visitationen mitgewirkt. Weit umfangreicher war die Beteiligung Melanchthons, der dadurch geradezu zum Reformator Kursachsens wurde.

Allerdings hat Luther eine Reihe von Schriften verfaßt, die dem Gebrauch in den reformierten Gemeinden dienen sollten und zu Grundlagen eines evangelischen Kirchenwesens wurden. 1525 gab er eine deutsche Form des Gottesdiensts heraus, nachdem bereits 1522 in Basel (Wolfgang Wissenburg), Pforzheim (Johann Schwebel), und Nördlingen (Kaspar Kantz), 1523 in Allstedt (Müntzer) und seither an vielen anderen Orten deutsche Messen eingeführt worden waren. Der Wunsch nach einem von Luther entworfenen volkssprachlichen Gottesdienst war immer dringender geworden. Wie Luther am 28. Oktober 1525 Johannes Lang und den übrigen Erfurter Predigern ankündigte, machte er am folgenden Tag die Gemeinde in der Wittenberger Stadtkirche mit seiner vom Kurfürsten gebilligten Gottesdienstordnung bekannt. Noch vor Weihnachten erschienen die ersten Exemplare der »Deutschen Messe und Ordnung des Gottesdiensts« (WA 19, 72–113) mit Melodien, die Luther mit Hilfe der kursächsischen Sangmeister Konrad Rupff und Johann Walther erarbeitet hatte. Dabei war gegenüber der lateinischen Messe so viel vereinfacht worden, daß Pfarrer und Gemeinde den Gottesdienst ohne Mitwirkung eines Chors feiern konnten. Für Gottesdienste, bei denen Lateinschüler den Chor bildeten, wollte Luther die lateinische Sprache beibehalten (80,4–7). Doch im deutschen Gottesdienst sollte die Gemeinde deutsche Lieder singen, wie Luther und andere sie gedichtet hatten und wie sie seit 1524 in zahlreichen evangelischen Gesangbüchern gesammelt worden waren.

Für die Taufe hatte Luther schon 1523 ein »Taufbüchlein verdeutscht« (WA 12, 42–48) herausgegeben, das die in Wittenberg übliche Taufpraxis weitgehend beibehielt. 1526 hat er dieses kleine Werk »auffs new zu gericht« (WA 19, 537–541). Darin ist vieles aus dem alten Taufritus weggelassen. Beibehalten ist der Exorzismus in stark vereinfachter Form. Bei der Beschwörung des »unreinen Geistes« soll der Priester dreimal das Kreuzeszeichen machen; in Vertretung des Kindes sollen die Paten dem Teufel absagen. Für die Trauung schuf Luther 1529 eine neue Agende: »Ein Traubüchlein für die einfältigen Pfarrherrn« (WA 30 III, 74–80). Nach Luthers Auffassung ist die Ehe »ein welltlich geschefft« (74,3) oder »ein welltlicher stand« (75,15 f.), von Gott mit seiner Schöpfung eingesetzt, aber ohne Regelung der Eheschließung im einzelnen. Luther möchte jeder Stadt und jedem Land ihre Heiratsbräuche lassen, doch für die kirchliche Trauung eine Ordnung schaffen, zumal bisher die Einsegnung in den von Menschen erfundenen Stand der Mönche und Nonnen mit großem Aufwand betrieben worden sei (75,1–21). Das »Traubüchlein« schreibt in engem Anschluß an den bisherigen Brauch folgende Schritte vor: 1. das Aufgebot von der Kanzel, 2. die Trauung vor der Kirche mit der Erklärung des Ehekonsens durch die Brautleute, Ringwechsel und Zusammenfügen der Hände (vom Pfarrer mit dem Wort Mt. 19,6 begleitet: »Was Gott zu samen fügt, sol kein mensch scheiden«) und Erklärung des Pfarrers vor der Gemeinde, 3. der eigentliche kirchliche Akt: Verlesung von Schriftworten über die Ehe vor dem Altar und Gebet für die Eheleute unter den segnend erhobenen Händen des Geistlichen. Mit diesem Formular schuf Luther eine Anleitung für die kirchliche Trauung mit Hervorhebung der biblischen Grundlagen und unter Verzicht auf Brautmesse und Sakramentsgedanken, die für alle lutherischen Kirchen vorbildlich wurde.

Eine zentrale Aufgabe beim Aufbau evangelischer Gemeinden war die religiöse Erziehung. Die Mitwirkung an der kursächsischen Visitation hatte Luther deutlich gezeigt, was ihm bei seiner bisherigen seelsorgerlichen Arbeit natürlich nicht ganz verborgen geblieben war: »das der gemeine man doch so gar nichts weis von der Christlichen lere, sonderlich auff den dörffern, und leider viel Pfarherr fast [sehr] ungeschickt unnd untüchtig sind zu leren« (WA 30I, 264/66a). Die Belehrung der Gemeinde lag Luther seit jeher am Herzen; bereits früh hatte er in seinen Predigten biblische Kerntexte wie die Zehn Gebote ausgelegt und darüber auch in Schriften gehandelt (Eine kurze Erklärung der zehn Gebote, 1518: WA 1, 250–256; *Decem praecepta Wittenbergensi praedicata populo* [»Die zehn Gebote der Wittenberger Gemeinde gepredigt«], 1518: 398–521). In der Vorrede zur »Deutschen Messe« von 1526 betonte er, im deutschen Gottesdienst sei ein leichtverständlicher, schlichter, einfacher und guter Katechismus nötig (WA 19, 76,1–7), womit er den mündlichen Unterricht durch die Predigt meinte. Er nahm damit den Begriff auf, der seit der Alten Kirche für den Unterricht derer, die Christen werden wollten, gebräuchlich war: Vor der Taufe hießen diese Anfänger im christlichen Glauben »Katechumenen«. Im Mai, September und November / Dezember 1528 hielt Luther drei Reihen von Predigten über die fünf wichtigsten Stücke der christlichen Lehre: die Zehn Gebote, das Apostolische Glaubensbekenntnis, das Vaterunser, Taufe und Abendmahl (WA 30I, 2–122). Diese Predigten wurden zur Grundlage eines gedruckten Katechismus, der 1529 in doppelter Fassung erschien. Zuerst wurde »Der kleine Katechismus für die gemeinen [gewöhnlichen] Pfarrherrn und Prediger« ausgegeben, zunächst in Form von Tafeldrucken (Einblattdrucken), anschließend als Buch (243–425). Die Überschriften der Tafeln zeigen, daß Luther diese Fassung des Katechismus eigentlich für die Hausväter bestimmt hatte, die sie den Angehörigen ihres Haushalts (Familie und Gesinde) regelmäßig vorlesen und dadurch einprägen sollten. Ende April lag der schon 1528 ausgearbeitete »Deudsch Catechismus« vor, der wegen seines größeren Umfangs seit der niederdeutschen Ausgabe von 1541 auch »Großer Katechismus« genannt wird (123–238). Grundbestand beider Katechismen sind die fünf Hauptstücke. Während der Große Katechismus am Ende noch »Eine kurze Vermahnung zur Beichte« bietet, fügt der Kleine Katechismus Anleitungen zum Morgen- und Abendgebet, zum Segen und Dank bei Tisch hinzu, ferner kurze biblische Texte für die verschiedenen Stände sowie eine Anleitung zur Beichte. Der Große Katechismus hat den Charakter einer theologischen Abhandlung, die tiefschürfende Gedanken enthält. So etwa in der zukunftweisenden Aussage über die Beziehung zu einem ungegenständlichen Gott:

»Was heist ein Gott haben oder was ist Gott? Ein Gott heisset das, dazu man sich versehen sol alles guten und zuflucht haben ynn allen nöten. Also das ein Gott haben nichts anders ist denn yhm von hertzen trawen und gleuben, wie ich offt gesagt habe, das alleine das trawen und gleuben des hertzens machet beide Gott und abeGott [Abgott]. Ist der glaube und vertrawen recht, so ist auch dein Gott recht, und widerümb wo das vertrawen falsch und unrecht ist, da ist auch der rechte Gott nicht. Denn die zwey gehören zuhauffe [zusammen], glaube und Gott. Worauff du nu (sage ich) dein hertz hengest und verlessest, das ist eygentlich dein Gott.« (132,34–133,8)

War in der angeführten Stelle des Großen Katechismus noch etwas vom Wechsel von Frage und Antwort im Religionsunterricht zu erkennen, so sind die Hauptstücke des Kleinen Katechismus bis in das Druckbild hinein nach Fragen und Antworten gegliedert. Das erste Gebot lautet: »Du solt nicht ander

Götter haben. Was ist das? Antwort. Wir sollen Gott über alle ding Fürchten, Lieben und Vertrawen« (282/84α). In entsprechender Weise setzt sich das Frage-Antwort-Verhör fort und vermittelt dem, der es auswendig lernt, über die biblischen Grundtexte hinaus eine knappe lutherische Laiendogmatik. Wir sind berechtigt, hier den Begriff »lutherisch« zu verwenden; denn Luther hatte zu der Zeit, als er die Katechismen verfaßte, die zunächst von den Gegnern herabsetzend gemeinte und deshalb von ihm abgelehnte Bezeichnung längst akzeptiert (z. B. WA 15, 111,21–25 [1524], wo er »Lutherisch« und »Euangelisch« gleichsetzt).

Probleme bei der Durchführung der Reformation gab es freilich von zwei Seiten. Einerseits lebten in Kursachsen noch lange altgläubige Priester und Klosterleute, die sich den Veränderungen widersetzten und die Fortführung der herkömmlichen Meßfeier und des Klosterlebens forderten. Noch 1530 mußte Luther seinem Kurfürsten Johann Auskunft über diese Themen geben, die auf dem Augsburger Reichstag zur Sprache gekommen waren (WAB 12, 124 f.). In seiner Antwort zeigte er eine unveränderte Haltung zu diesen Fragen (WAB 5, 572–574, 614 f.). Seit 1531 wurden in Kursachsen die Immobilien der Stifte und Klöster einer staatlichen Verwaltung unterstellt. Schwierig wurde die Lage religiöser Gemeinschaften, die zwar die evangelische Predigt einführten, aber an ihrem Habit und der gemeinschaftlichen Lebensweise festhalten wollten. Als der Rat der Stadt Herford in Westfalen 1532 die dort bestehende Gemeinschaft der Schwestern und Brüder vom gemeinsamen Leben aufheben wollte, die sich der Reformation angeschlossen hatte, bat Luther, sie nicht zu beunruhigen, wenn »sie noch geistliche Kleider tragen und alte löbliche Gewohnheit, so nicht wider das Evangelion sind, halten. Denn solche Kloster und Brüderhäuser mir aus der Maßen gefallen« (WAB 6, 255,13–17).

Andererseits entstanden im evangelischen Lager immer wieder Differenzen. Auch nach Müntzers Tod und Karlstadts Ausweisung aus Kursachsen traten mehrfach Dissidenten in Luthers Gesichtskreis, die er als »Schwärmer« bekämpfte. Erst im Laufe des Jahres 1527 erfuhr Luther Näheres von der Bewegung der Täufer, die man damals »Wiedertäufer« (*Anabaptistae*) nannte, da sie die Kindertaufe ablehnten und im Kindesalter Getaufte als Erwachsene erneut tauften. Schon die radikalen Reformatoren der Frühzeit hatten unter anderem die Kindertaufe abgelehnt, ohne daß Luther dieses Thema aufgegriffen hätte. Eine regelrechte Täuferbewegung bildete sich zuerst unter den Anhängern Ulrich Zwinglis. Im Januar 1525 hielten ihre Anführer in Zürich eine Disputation mit Zwingli, an deren Ende der Zürcher Rat diesen zum Sieger erklärte und von seinen Gegnern verlangte, ihre Propaganda gegen die Kindertaufe einzustellen. Seit März 1526 unterdrückte der Rat die Täufer mit Gewalt. Bereits seit 1525 war Balthasar Hubmaier (ca. 1480/85–1528), ehemals Theologieprofessor in Ingolstadt, seit 1520 Pfarrer im vorderösterreichischen Waldshut und Reformator dieser Stadt, ein führender Theologe der Täuferbewegung.

Luther erfuhr durch Briefe seiner Freunde über die Bewegung; ihr einziger Vertreter, von dem er Näheres wußte, war Hubmaier. Ende 1527 / Anfang 1528 verfaßte er seine Schrift »Von der Wiedertaufe an zwei Pfarrherren« (WA 26, 144–174). Ihr äußerer Anlaß war die Anfrage von zwei nicht näher bekannten Pfarrern aus einem altgläubigen Gebiet; daneben nennt er die Behauptung Hubmaiers, Luther sei sein Gesinnungsgenosse (144,5–9). In seiner Darlegung geht er nur auf die täuferische Argumentation gegen die Taufe unmündiger Kinder und für die Taufe glaubender und bekennender Erwachsener ein. Für ihn ist der Gedanke entscheidend, »Das Gott hat einen bund gemacht mit aller welt, zu sein der Heiden

Gott ynn aller welt, wie das Euangelion sagt [Mt. 28,19]«
(164,24–26). Die Taufe sei »recht und gewis«, wenn auf Gottes
Wort und Gebot getauft werde, auch wenn der Täufling keinen Glauben habe. Zwar sei sie ohne Glauben nicht nütze
(165,7–16); doch hält Luther es für möglich, daß auch die getauften Kinder glauben (156,29 f.), während er bezweifelt, daß
jeder, der zu glauben meint oder bekennt, tatsächlich Glauben
habe (154 f.). »Sind sie [die Täufer] nu zu Götter worden, das sie
den leuten yns hertz sehen konnen, ob sie glewben odder
nicht?« (154,7 f.). Im übrigen hält Luther die Taufhandlung bei
aller Hochschätzung, die sich auch auf die lange Taufpraxis der
Christenheit stützt, nicht für heilsnotwendig: »Wenn gleich
yemand nie getaufft were, wuste doch nicht anders odder
glewbte starck, das er recht und wol getaufft were, so wurde
yhm solcher glawbe dennoch gnug sein, Denn wie er glewbt,
so hat ers fur Gott« (171,25–28). Da Luther die Täufer 1528 nur
unter dem Aspekt einer Glaubensfrage sah und ihre politischen Forderungen noch nicht kannte, beurteilte er sie bei aller
Ablehnung recht milde:

»Doch ists nicht recht, und ist mir warlich leid, das man solche elende leute so iemerlich ermordet, verbrennet und
grewlich umbbringt, Man solt ia einen iglichen lassen gleuben, was er wolt, Gleubet er unrecht, so hat er gnug straffen
an dem ewigen fewr ynn der hellen. Warumb wil man sie
denn auch noch zeitlich martern, so ferne sie allein ym glauben yrren und nicht auch daneben auffrhurisch odder sonst
der öberkeit widderstreben?« (145,22–146,4)

Luther hält es nur für angemessen, die Menschen, in denen der
Geist Müntzers lebendig ist, aus einem Gebiet zu vertreiben
(WAB 4, 372,5–8). Nachdem er aber den Eindruck gewonnen
hatte, die Dissidenten richteten sich aufrührerisch gegen die

Obrigkeit, forderte er ebenfalls – wie seine Zeitgenossen, auch andere Reformatoren – ihre strenge Bestrafung. In seiner Auslegung des 82. Psalms (1530) betonte er aber:

> »hie mit wird niemand zum glauben gedrungen [gezwungen], denn er kan dennoch wol gleuben, was er wil, allein das leren und lestern wird yhm verboten, da mit er wil Got und den Christen yhr lere und wort nemen, und wil solchs dennoch unter der selbigen eigen schutz und gemeinschafft aller welltlichen nutzung zu yhrem schaden thun [...].« (WA 31I, 208,30–34)

Als Justus Menius (1499–1558), Superintendent von Eisenach, 1530 eine Schrift »Der Wiedertäufer Lehre und Geheimnis, aus heiliger Schrift widerlegt« herausgab, verfaßte Luther dazu das Vorwort (WA 30II, 211–214). Darin bezeichnet er die Wiedertäufer als vom Teufel angestiftete »Rottengeister«. Jetzt tadelt er an ihnen, daß sie weltliche Güter verhießen, dazu lehrten, Christus werde die Gottlosen durchs Schwert umbringen, und gute Werke geringschätzten. Ihr auffälligstes Kennzeichen – »ein gewis zeichen des teuffels« – sei aber, daß sie nicht ordentlich berufen oder gesandt seien, sondern »durch die heusser so schleichen und lauffen jm lande umb Und nicht offentlich aufftretten, wie die Apostel gethan und teglich alle ordenliche prediger thun, Sondern sind eitel meuchel [heimliche] prediger« (212,35–38). Damit untergruben sie Luthers Vorstellung vom ordentlichen Predigtamt, das er für den Aufbau evangelischer Gemeinden als notwendig ansah. Sein Hauptinteresse an der neuen Bewegung verlagerte sich also von der Taufproblematik auf die unbefugte Predigtätigkeit der »Wiedertäufer«. Ihr widmete er 1532 eine eigene Schrift: »Von den Schleichern und Winkelpredigern« (WA 30III, 518–527). Darin wendet er sich ausführlich gegen das heimliche, unberufene Auftreten falscher Lehrer, deren Wirken vom geistlichen Amt durch Belehrung des Volks und vom weltlichen Amt durch Eingreifen verhindert werden solle. Doch da die Täufer in Kursachsen kein dauerhaftes Problem darstellten, setzte sich Luther mit ihnen nicht weiter auseinander.

29. Das Türkenproblem

Im »Unterricht der Visitatoren« handelt ein eigener Abschnitt »Vom Türken« (WA 26, 228 f.). Darin wird den Predigern widersprochen, die fordern, »man sol dem Türcken nicht widderstehen, Darümb das [weil] Rache den Christen verboten sey« (228,33 f.). Mit »dem Türken« ist das Osmanische Reich gemeint, das unter Sultan Suleiman I., dem Großen (Herrscher 1520–1566), mit Macht nach Westen drängte. 1521 hatte es Belgrad an der ungarischen Grenze erobert und fiel danach immer wieder nach Ungarn ein. Am 29. August 1526 siegte das türkische Heer bei Mohács über König Ludwig II. von Ungarn und Böhmen, der seit 1516 regiert hatte und in dieser Schlacht ums Leben kam. Zwei Wochen später stand der Sultan in Ofen und hätte bald ganz Ungarn eingenommen, wäre er nicht durch Aufstände in Kleinasien zum Rückzug gezwungen worden. 1529 rückten die Türken bereits gegen Wien vor, mußten aber aus Mangel an Nachschub wieder abziehen. 1532 drangen sie erneut nach Ungarn ein, das sie seit 1541 für anderthalb Jahrhunderte besetzt hielten. Die Gefährdung des Reichs durch die Türken begleitete die gesamte Regierungszeit Kaiser Karls V. (bis 1556) und beschäftigte immer wieder die Reichstage. Auch die Politik des Kaisers gegenüber den Evangelischen wurde dadurch behindert, daß er sich ständig um die Sicherung der Ostgrenze seines Reichs kümmern mußte.

Für Luther wie für seine Zeitgenossen stellten die Türken also eine andauernde Bedrohung dar, mit der sie sich auch theologisch auseinandersetzen mußten. Bereits 1518 hatte Luther beiläufig erklärt, kirchliche Große träumten von Kriegen gegen die Türken und widersetzten sich dadurch einer »Rute« Gottes, mit der er unsere Ungerechtigkeiten bestrafe (WA 1, 535,35–39). Nachdem die Bannandrohungsbulle diese Äußerung als Irrtum verworfen hatte, hing Luther der Ruf an, er lehne einen Krieg gegen die Türken ab. 1524 gab er dieser Meinung neue Nahrung, als er die Wormser Reichsacht von 1521 und das Nürnberger Mandat vom 18. April 1524, mit dem Erzherzog Ferdinand (1503–1564) im Namen des Kaisers die Acht erneut eingeschärft hatte, mit spöttischen Kommentaren abdruckte (»Zwei kaiserliche uneinige und widerwärtige [widersprüchliche] Gebote den Luther betreffend«: WA 15, 254–278). Am Ende der Schrift bat er die Christen, den verblendeten Fürsten nicht in einen Krieg gegen die Türken zu folgen, »Syntemal der Turck zehen mal klüger und frummer ist, denn unsere Fürsten sind. Was sollt solchen narren widder den Turcken gelingen, die Gott so hoch versuchen und lestern?« (277,24–278,1). Auf die Kunde von der Schlacht bei Mohács und vom anschließenden Rückzug der Türken meinte er am Ende der Schrift über Kriegsleute: »weil der Turck widder heym ist und unser Deudschen nu nicht mehr dar nach fragen, ists noch nicht zeit davon zuschreiben« (WA 19, 662,15 f.). Doch dauerte die Bedrohung durch die Türken ebenso an wie die Vorwürfe gegen Luther. Deshalb hielt er es schließlich für unerläßlich, sich öffentlich dazu zu äußern, zumal zahlreiche Veröffentlichungen über die Türken und ihre Bekämpfung aus den letzten Jahren vorlagen.

Im Frühjahr 1529 erschien Luthers Schrift »Vom Kriege wider die Türken« (WA 30 II, 107–148). Ausgangspunkt der Philipp von Hessen gewidmeten Schrift ist der Widerspruch gegen die von den Gegnern fälschlich verbreitete Behauptung, Luther predige Defätismus gegenüber den Türken, ja sogar Sympathie für sie (107,10–16). Luther knüpft an seine Ausführungen über Obrigkeit und Kriegsführung an und begründet, weshalb er einen Angriffskrieg im Namen des Christentums gegen die Türken ablehnt (111,3–28). Christus sei gekommen, um der Welt das Heil zu bringen und nicht, um Menschen zu töten (111,29–112,8). Die Erfahrung zeige, daß Kriege gegen die

Türken unter Beteiligung Geistlicher gescheitert seien (113,20–114,15). Auch solle der Papst kein kirchliches oder christliches Heer führen, »denn die Kirche sol nicht streitten noch mit dem schwerd fechten« (114,24). Auch später erinnert Luther an seine friedfertige Haltung:

> »Aber wenn [wann] hab ich yhe nach dem schwerd getracht odder dazu gereitzt und nicht viel mehr fride und gehorsam geleret und gehalten, ausgenomen das ich weltliche ordenliche ôberkeit yhrs ampts, friden und gerechtigkeit zu handhaben unterricht und vermanet habe?« (125,22–26)

Dennoch rät er keineswegs dazu, die Christenheit wehrlos den Türken preiszugeben. Bevor man sich an den Kampf mache, müsse man sich aber klarmachen, daß der Türke »Gottes rute und des Teûffels diener« sei (116,16 f.) und die Christen zunächst nach biblischer Weisung den Teufel durch Buße und Gebet bekämpfen sollten. Tatsächlich führte Luther Anfang 1529 in Wittenberg wieder die Litanei (das liturgische Bittgebet) in den Gottesdienst ein (deutsch und lateinisch: WA 30III, 29–42). In seiner Schrift fordert er sodann, das Volk solle über »alle das wûst leben und wesen, das der Tûrck fûret« belehrt werden (WA 30II, 121,18 f.). Im folgenden wirft er einen kritischen Blick auf die Lebensweise der Türken, wobei er sich vornehmlich auf den Koran beruft. Liest man seine Ausführungen, so fragt man sich, woher er seine Kenntnisse hatte. Offenbar war er brennend am Koran interessiert. Er beklagt es, daß weder durch die Politik noch durch die Wissenschaft eine sichere Kenntnis von den Türken ermöglicht werde (121,19–23). Den Koran, den er nicht mit der christlichen Bibel vergleicht, sondern mit den päpstlichen Dekretalen, einem Teil des kanonischen Rechts, kenne er nur in einigen Stücken (121,30 f.). Als er Anfang 1530 den *Libellus de ritu et moribus Turcorum* (das

»Büchlein von der Religion und den Sitten der Türken« des Dominikaners Georgius de Hungaria aus dem 15. Jahrhundert) neu herausgab, schrieb er in seinem Vorwort (WA 30II, 205–208), er habe bisher zwar eifrig gewünscht, die Religion und die Sitten der *Mahometistae* (»Mohammedaner«, wie man damals die Muslime nannte) kennenzulernen, doch nur eine *Confutatio Alkorani* (die »Widerlegung des Korans« des Dominikaners Ricoldo da Monte Croce, um 1300) und die *Cribratio Alkorani* (»Sichtung des Korans«, 1461) des Nikolaus von Kues (1401–1464) vorgefunden, aber vergeblich gesucht, den Koran selbst lesen zu können. Es zeugt bereits von historischem Sinn, daß Luther erkannte, diese christlichen Autoren bemühten sich, alles Schändliche und Unsinnige aus dem Koran auszuwählen, während sie das Gute übergingen (205,4–15). In seinem Bericht über den Koran von 1529 hebt er drei Punkte hervor: Er lobe zwar Christus (wie Maria), sehe in ihm aber nur einen Propheten, nicht Gottes Sohn; er lehre nicht nur, den christlichen Glauben, sondern auch das weltliche Regiment zu zerstören, und er achte nicht den Ehestand, da er die Vielweiberei erlaube (WA 30II, 121,30–127,2). Damit zerstöre er aber den geistlichen Stand, den weltlichen Stand und den Ehestand, ohne die nur Fleisch, Welt und Teufel übrig blieben (127,3–18). Daneben kennt Luther auch gute Eigenschaften des Türken; denn es gelte das Wort: »Es ist kein mensch so arg, Er hat etwas gutts an sich« (127,21 f.). Im übrigen gleiche der Türke durch sein Verhalten dem Papst (129,1–5), den Luther immer wieder zu dessen Nachteil mit dem Türken vergleicht. Während die Christen also den Türken als Gottes Rute erleiden oder durch Buße und Gebet abwehren sollen (129,12–15), sei der Kaiser als die von Gott eingesetzte Obrigkeit verpflichtet, gegen den Türken zu kämpfen (129,17–20). Dies führt Luther im folgenden breit aus. Dabei betont er aber gegen die traditionelle Auffassung, der Kaiser sei weder das Haupt der Christenheit noch der Schützer von Evangelium oder Glauben (130,27 f.). Vielmehr sei die weltliche Obrigkeit nach Gottes Gebot zum Schutz ihrer Untertanen verpflichtet; dagegen solle sie sich nicht, wie bisher, von Ruhm- oder Rachsucht und von materiellen Interessen leiten lassen (130,15–18).

Am 17. Oktober 1529 erfuhr Luther auf der Rückreise von Marburg in Torgau, daß die Türken vor Wien standen. Nach Wittenberg zurückgekehrt begann er sofort, eine »Heerpredigt wider den Türken« (so schon am 26. Oktober: WAB 5, 166,9 f.) zu schreiben, von der er nicht abließ, als er noch am selben Tag vom Abzug der Türken erfahren hatte (WAB 5, 167,5 f.). Ende des Jahres lag sie vor (WA 30II, 160–197). Während er in der vorigen Schrift aufklären und vor der christlichen Verbrämung eines Kriegs gegen die Türken warnen wollte, setzte er sich in der »Heerpredigt« die Aufgabe, zuerst die Gewissen zu unterrichten und zu trösten (161,31–181,4), sodann zum Kampf zu ermahnen (181,4–197,19). Im ersten Teil erklärt er an der Vision des Propheten Daniel von vier Tieren (Dan. 7), die in der Tradition auf vier Weltreiche gedeutet wurden, die Stellung der Türken in der Weltgeschichte: als ein Phänomen innerhalb des Römischen Kaiserreichs (166,12), das ein Feind Gottes, Christi und seiner Heiligen sei (172,19 f.). Daraus folge, wer gegen den Türken kämpfe, der streite zwar gegen Gottes und Christi Feind, ja gegen den Teufel selbst (173,3–5); als Christ solle er aber nicht kämpfen, sondern willig leiden und den Krieg der weltlichen Obrigkeit überlassen (173,29–32). Als gehorsamer Untertan solle er mutig in den Krieg ziehen (180,9 f.). Im zweiten Teil möchte Luther »die faust vermanen« (161,31; 181,5). Ausführlicher als seine Ermutigung zum Kampf (auch an die deutschen Frauen: 184,7–14) ist allerdings sein Trost für Deutsche, die in der Türkei gefangen sind (185,18–197,19). Er mahnt zum Festhalten am rechten christlichen Glauben, der sich von allen anderen Glaubensarten unterscheide, und warnt vor Verhaltensweisen der Türken, die zwar gottgefällig schienen (das strenge Leben der Geistlichen, das Gebet in der Moschee, die Wallfahrten, Enthaltsamkeit und Sittsamkeit), aber nur »einen grossen Schein der Heiligkeit« (186,32) vorspiegelten.

Die Furcht vor den Türken begleitete Luthers weiteres Leben. 1530 beschäftigte er sich besonders mit einschlägigen biblischen Weissagungen (Übersetzung des Danielbuchs mit langer Vorrede: WADB 11II, 1–180; Übersetzung von Hesekiel 38 und 39: WA 30II, 223–236). Als später wieder Gefahr von den Türken drohte, verfaßte er noch dreimal »Vermahnungen« zum Türkengebet (1539: WA 50, 485–487; 1541: 51, 585–625; 1543: 53, 558–560). 1542 übersetzte und erklärte er das Werk des Ricoldo da Monte Croce (»Verlegung [Widerlegung] des Alcoran Bruder Richardi, Prediger Ordens«: WA 53, 272–396). Erst 1543 erschien in Basel die von Luther so lange erwartete lateinische Übersetzung des Korans, angefertigt durch Theodor Bibliander (1504/09–1564), einen großen Schweizer Philologen und Anhänger Zwinglis.

30. Ausbreitung und Zersplitterung der Reformation

Durch Kollegen und Schüler Luthers wie unter dem Einfluß seiner Schriften breiteten sich seine Gedanken rasch über ganz Deutschland aus. Das Wirken evangelisch gesinnter Prediger leitete bald auch außerhalb Kursachsens eine Reformation in einigen Territorien – zuerst in der Landgrafschaft Hessen –, vor allem aber in Reichsstädten ein. Im deutschen Sprachgebiet entstand neben Wittenberg bereits zu Beginn der zwanziger Jahre ein zweites reformatorisches Zentrum in der alten Reichsstadt Zürich. Der scholastisch und humanistisch gebildete Prediger Ulrich Zwingli (1484–1531), seit 1519 Leutpriester am Großmünster, führte hier 1523 gegen den Widerstand von Chorherren und Bettelmönchen, Konstanzer Bistumsleitung und Eidgenossen, aber mit Unterstützung des Rats, mittels öffentlicher Disputationen die Reformation ein. Seit 1520 hatte Zwingli viele Schriften Luthers gelesen und verteilt. Er war ähnlich wie Luther durch Lektüre der Bibel und Augustins zu seinen reformatorischen Einsichten gekommen, hatte das Bewußtsein, mit Luther im Glauben an Jesus Christus übereinzustimmen, unterschied sich von ihm aber auch in vielen Punkten. Während etwa für Luther die Unterscheidung von Gesetz und Evangelium grundlegend war, sah Zwingli auch im Gesetz das Evangelium, und während Luther das weltliche vom geistlichen Regiment trennte, fielen sie für Zwingli weitgehend zusammen. Eine dauerhaft trennende Differenz zwischen beiden entstand an der Auffassung des Abendmahls.

Bereits bei der ersten Zürcher Disputation im Januar 1523 erklärte Zwingli öffentlich, die Messe sei kein Opfer und die Transsubstantiation sei eine Erdichtung. Darin stimmte er mit Luther überein. Bei seinen weiteren Überlegungen über den

Sinn der Einsetzungsworte lernte er die Auffassung des niederländischen Humanisten Cornelis H. Hoen (gest. 1524) kennen, der das »ist« in diesen Worten im Sinne von »bedeutet« erklärte. Hoens Lehre wurde Zwingli für sein Verständnis des Abendmahls als Bekenntnis-, Erinnerungs- und Danksagungshandlung der Gemeinde im Gedenken an den Kreuzestod Christi hilfreich. Dazu kam seine Überzeugung, der zur Rechten Gottes sitzende Christus könne nicht wirklich auf allen Altären gegenwärtig sein, und seine besonders aus Joh. 6,63 (»Der Geist macht lebendig, das Fleisch ist nichts nütze«) gespeiste Meinung, das Essen des Leibes Christi sei ein geistliches Geschehen. In einem Brief an den Reutlinger Reformator Matthäus Alber vom November 1524 und in seinem *Commentarius de vera et falsa religione* (»Kommentar über die wahre und falsche Religion«, Frühjahr 1525) entwickelte er seine Abendmahlslehre. Für Luther, der sich gerade mit Karlstadts Abendmahlsverständnis auseinandersetzte und sich dabei auf das wörtliche Verständnis der Einsetzungsworte festlegte, mußte Zwingli als Karlstadts Gesinnungsgenosse erscheinen (WAB 3, 373,11 f.). Zunehmend schwierig wurde das Verhältnis beider dadurch, daß ihre Einflußbereiche sich in Oberdeutschland von Straßburg bis ins Allgäu konkurrierend berührten und überschnitten. Im Sommer 1525 vertrat Johannes Bugenhagen die Auffassung Luthers gegen Zwingli, während sich im September der Basler Reformator Johannes Oekolampad (1482–1531) an die evangelischen Prediger in Schwaben wandte, um in einer gelehrten Schrift mit vielen Kirchenväterzitaten Zwinglis Sicht zu stützen. Vierzehn schwäbische Prediger antworteten darauf im Herbst mit dem hauptsächlich von dem damaligen Schwäbisch Haller Reformator Johannes Brenz (1499–1570) verfaßten *Syngramma Suevicum*, zu dessen verschiedenen deutschen Übersetzungen im März und September 1526 Luther Vorreden schrieb (WA 19, 457–461; 529 f.). Im

Herbst 1526 griff Luther erstmals auch in die Auseinandersetzung mit Zwingli durch eine eigene Schrift ein, die aus drei gehaltenen Predigten zusammengefügt war: durch den »Sermon
von dem Sakrament des Leibes und Blutes Christi, wider die
Schwarmgeister « (482–523). Mit dieser Schrift begann eine bis
1528 geführte, zwischen Annäherung und Distanzierung hin-
und hergehende Diskussion zwischen Luther und Zwingli in
einer Reihe von Veröffentlichungen. Die exegetische Diskussion um die Wörter »ist« oder »bedeutet« drehte sich trotz vieler
anderer zur Begründung herangezogener biblischer Texte im
Kreise, zumal es in der Muttersprache Jesu, dem Aramäischen,
in der Formulierung »dies ist« kein dem »ist« entsprechendes
Wort gab. Deshalb verlagerte sich die Kontroverse auf andere
mit dem Abendmahlsverständnis verbundene Fragen: die Bedeutung der johanneischen Aussagen, das Verständnis des Sa-
kramentsbegriffs oder die Überlegung, ob der verklärte Christus tatsächlich in seiner Leiblichkeit beim Abendmahl gegenwärtig sein könne. Luthers letztes Wort in dieser Sache war die
Ende März 1528 erschienene große Schrift »Vom Abendmahl
Christi. Bekenntnis« (WA 26, 261–509). Sie ist nach seiner
Zählung in drei Teile gegliedert. Im ersten Teil (263,6–378,27)
setzt er sich zunächst mit einer 1527 erschienenen Schrift
Zwinglis auseinander. Dessen Meinung, der Leib Christi kön-
ne nicht auf dem Altar sein, stellt er die Behauptung entgegen,
Christus sei wie Gottes rechte Hand »allenthalben« (überall:
318,1 f. u. ö.). Sie sucht er in umfangreichen Ausführungen über
Sein und Ort Christi zu beweisen. Dabei beruft er sich auf die
im altkirchlichen Bekenntnis von Chalkedon enthaltene Lehre,
Jesus Christus sei in einer Person unzertrennt und ungeteilt
Gott und Mensch (326,30–32; 332,12–14 u. ö.), aus der er mit
Hilfe von Vergleichen und anderen Argumenten seine These
ableitet. Dabei kommt er auch zu einem durchaus unanschauli-
chen, überpersönlichen Gottesbegriff, wenn er sagt:

»Das Gott nicht ein solch ausgereckt [ausgedehntes], lang, breit, dick, hoch, tieff wesen sey, sondern ein ubernatůrlich unerforschlich wesen, das zu gleich ynn eym iglichen [jeglichen] kôrnlin gantz und gar und dennoch ynn allen und uber allen und ausser allen Creaturn sey, drumb darffs [bedarf es] keines umbzeunens hie [...]. Nichts ist so klein, Gott ist noch kleiner, Nichts ist so gros, Gott ist noch grôsser, Nichts ist so kurtz, Gott ist noch kůrtzer, Nichts ist so lang, Gott ist noch lenger, Nichts ist so breit, Gott ist noch breiter, Nichts ist so schmal, Gott ist noch schmeler und so fort an, Ists ein unaussprechlich wesen uber und ausser allem, das man nennen odder dencken kan.« (339,33–340,2)

Seine anspruchsvollen Überlegungen unterbricht er durch die Bemerkung, den »einfeltigen ist gnug an den einfeltigen worten Christi, die er ym abendmal sagt ›Das ist mein leib‹« (341,29–31), was freilich die ganze Diskussion um das Thema betrifft. An die Kritik Zwinglis fügt er zunächst eine Auseinandersetzung mit Oekolampad an (379–437,29), dem er eine Widerlegung der Abendmahlslehre John Wyclifs (ca. 1330–1384) folgen läßt (437,30–445,17). In einem zweiten Teil (445,18–498,31) stellt er die neutestamentlichen Belege für seine Auffassung mit ausführlicher Interpretation vor. Wie tief ihn die Auseinandersetzung um das Abendmahl bewegt, zeigt sich am dritten Teil der Schrift (499–509). In ihm will er »fur [vor] Gott und aller welt meinen glauben von stůck zu stůck bekennen, darauff ich gedencke zu bleiben bis ynn den tod« (499,20 f.). In seinem »Bekenntnis« trägt er verschiedene Stoffe von den grundlegenden altkirchlichen Dogmen über das Klosterwesen und Gegenstände des Gottesdiensts bis zur Auferstehung der Toten am Jüngsten Tag als Inhalte seines Glaubens vor.

Während sich der Abendmahlsstreit abspielte, hatte sich die politische Lage der Evangelischen verändert. Nachdem sich im

Juli 1525 altgläubige Reichsstände Mittel- und Norddeutschlands im Dessauer Bund zusammengeschlossen hatten, bildeten im Frühjahr 1526 Kursachsen und Hessen in Gotha und Torgau ein Bündnis der Evangelischen, dem bald weitere norddeutsche Stände beitraten. Auf dem Reichstag zu Speyer 1526 wurde beschlossen, bis zu einem Konzil, das man spätestens in anderthalb Jahren in Deutschland erwartete, solle jeder Stand des Reichs mit seinen Untertanen in Religionssachen so leben, wie er es vor Gott und dem Kaiser verantworten könne (DG 348). Dadurch blieb den Territorien eine Frist für den Aufbau eines landesherrlichen Kirchenregiments, das die Durchführung der Reformation mit Hilfe von Visitationen einschließen konnte. Wie angespannt dennoch die Stimmung war, zeigten die »Pack'schen Händel«. Otto Pack, der Rat Herzog Georgs von Sachsen, ließ im Januar 1528 Landgraf Philipp die falsche Nachricht zukommen, die altgläubigen Fürsten hätten in Breslau ein Bündnis geschlossen und planten nun, die Herrscher von Kursachsen und Hessen zu vertreiben und die lutherische Ketzerei zu beseitigen. Nachdem Kursachsen und Hessen bereits einen Präventivkrieg beschlossen hatten, befragten sie Luther, der sich so nachdrücklich gegen einen Angriffskrieg wandte, daß der Plan schließlich aufgegeben wurde (WAB 4, 421–435). 1529 wurde die Lage für die Evangelischen jedoch wirklich gefährlich. Der Reichstag, der im März und April 1529 in Speyer tagte, hob den Reichstagsabschied von 1526 wieder auf und erneuerte das Wormser Edikt von 1521. Gegen diesen neuen Abschied vom 22. April 1529 appellierten die evangelischen Stände, darunter auch einige von Zwingli beeinflußte oberdeutsche Städte, an den Kaiser und das künftige allgemeine Konzil (DG 349–353). Daß sie in ihrer Erklärung »protestierten«, hat den evangelischen Ständen erstmals den Namen »Protestanten« eingetragen. Der Ausgang des Reichstags und die Unnachgiebigkeit des Kaisers machten den Zusammenhalt aller Evangelischen notwendiger denn je. Luther sträubte sich jedoch gegen ein Bündnis mit jenen Ständen, die sich, von der Lehre Zwinglis beeinflußt, gegen das Wittenberger Abendmahlsverständnis stellten und die er deshalb als »Sakramentierer« und »Schwarmgeister« ablehnte. An Kurfürst Johann schrieb er warnend, es sei »das allerärgste, daß wir in solchem Bündnis die müssen haben, so wider Gott und das Sacrament streben, als die mutwilligen Feinde Gottes und seines Worts, dadurch wir müssen alle ihre Untugend und Lästerung auf uns laden, teilhaftig machen und verfechten, daß fürwahr kein fährlicher [gefährlicherer] Bund möcht furgenommen werden, das Evangelium zu schänden und zu dämpfen [unterdrücken], dazu uns mit Leib und Seel verdammen; das sucht der Teufel leider« (WAB 5, 77,35–41). Je konkreter im Laufe des Jahres 1529 die evangelischen Bündnispläne wurden, um so nachdrücklicher forderte Luther, von Melanchthon unterstützt, als Voraussetzung eine Übereinstimmung der Bündnispartner in der Lehre. Während der Sommermonate 1529 verfaßten Luther und Melanchthon eine Reihe von 17 Artikeln, in denen die Wittenberger Lehre gegen die der von Zwingli beeinflußten oberdeutschen evangelischen Stände abgegrenzt werden sollte (»Schwabacher Artikel«: WA 30 III, 86–91; dazu RN 18–22). Da bei allen Verhandlungen bisher keine Einigkeit in der Abendmahlsfrage erzielt werden konnte, erreichte Philipp von Hessen schließlich, daß sich die führenden Theologen beider Seiten zu einem Religionsgespräch unter seinem Vorsitz vom 1. bis 4. Oktober 1529 im Marburger Schloß trafen. Wortführer der einen Seite waren Zwingli und Oekolampad, der anderen Luther. Die erhaltenen Berichte über das Gespräch (110–159) zeigen, daß Luther und Zwingli sich näher kamen; doch wurde über das Abendmahl keine volle Einigkeit erzielt. Am Ende wurden 15 »Marburger Artikel« (160–171) unterzeichnet. Im letzten Artikel über das »Sacrament des leibs vnd Bluts Christi«

wurde Übereinstimmung in mehreren Punkten festgehalten, aber auch, daß man sich in der Frage, »Ob der war [wahre] leib vnd plut Christj leiblich jm Brot vnd wein sey, dißer Zeit nit vergleicht [geeinigt]« habe. Dennoch solle jede Partei der anderen »Christliche liebe, so fer [sofern] yedes gewiessen ymmer leyden kan, erzeigen« und Gott bitten, durch seinen Geist das rechte Verständnis zu bestätigen (170,6–15).

31. Der Augsburger Reichstag 1530

Eine positive Folge des Marburger Gesprächs war die Beilegung der heftigen Auseinandersetzungen zwischen Luther und Zwingli. Zugleich brachte es aber auch das Ende der Hoffnungen auf eine gemeinsame Politik im gesamten evangelischen Lager. Das zeigte sich besonders deutlich auf dem Augsburger Reichstag im folgenden Jahr. Am 3. August 1529 hatte Margarete von Österreich, die Tante Karls V. und 1507–1530 Statthalterin der Niederlande, mit Luise von Savoyen, der Mutter des französischen Königs Franz I., den »Damenfrieden« von Cambrai (einer Reichsstadt im Süden der Niederlande) zwischen Spanien und Frankreich geschlossen. Dadurch hatte Karl die Gelegenheit, als erwählter deutscher Kaiser am 24. Februar 1530 in Bologna aus der Hand von Clemens VII. (Papst 1523–1534) die Kaiserkrone zu empfangen und anschließend erstmals seit Jahren wieder persönlich an einem Reichstag teilzunehmen. Noch in Bologna berief er am 21. Januar einen Reichstag auf den 8. April 1530 nach Augsburg ein. Auf ihm sollte neben der Abwehr der Türken besonders die Religionsfrage im Reich behandelt werden (DG 372 f.). Da Karl angekündigt hatte, er wolle sich im Blick auf den Zwiespalt im Glauben bemühen, alle Meinungen in Liebe und Güte zu hören, zu verstehen und zu erwägen, hoffte man im evangelischen Lager, der Kaiser sei zu einem offenen Gespräch mit den Ständen über die Religion bereit, während er doch unverändert an seinem Wormser Urteil über Luther festhielt. Daß man am kursächsischen Hof auch die Möglichkeit in Betracht zog, der Kaiser könnte mit Gewalt gegen die Evangelischen vorgehen, zeigt sich an Kurfürst Johanns Bitte an Luther vom 27. Januar 1530, er möge sich mit Jonas, Bugenhagen und Melanchthon darüber beraten, ob in diesem Fall gewaltsamer Widerstand erlaubt sein (WAB 5, 223 f.). Luther antwortete am

6. März in einem mit seinen Kollegen erarbeiteten Gutachten (WAB 5, 258–261). Aus seiner Überzeugung heraus, ein Christ dürfe sich der Obrigkeit in keinem Fall widersetzen, sondern müsse von ihr Gewalt und Unrecht leiden, verneint er das Recht zum Widerstand gegen den Kaiser als höchste weltliche Obrigkeit. Die Fürsten dürften sich ihm auch nicht im Interesse ihrer Untertanen widersetzen; doch dürften sie ihm Hilfe beim Vorgehen gegen ihre Untertanen versagen.

Doch vorerst gab es noch Hoffnung auf eine Verständigung. Auf dem Augsburger Reichstag erschien Kurfürst Johann in Begleitung von Spalatin, Melanchthon, Jonas und Johann Agricola (1492/94–1566). Luther, der weiterhin unter der 1521 verhängten Reichsacht stand, konnte nur bis zum südlichsten Ausläufer des Kurfürstentums reisen. Vom 23. April bis zum 4. Oktober lebte er, begleitet von seinem Sekretär Veit Dietrich (1506–1549), auf der Veste Coburg, »zwischen den Wolken und in Wahrheit im Reich der Vögel«, insbesondere im »Reich der Dohlen« (WAB 5, 289,1 f.; 290,1 f.). Er schrieb zahlreiche Briefe – »aus der Einöde« (so gerne an seine Freunde) – und empfing Briefe. Freilich waren die Nachrichten aus Augsburg spärlicher als er wünschte. Auf das Geschehen auf dem Reichstag konnte er ohnehin nur wenig Einfluß nehmen, obwohl er weiterhin in höchstem Ansehen stand und sein Rat gefragt war. Aber die Verhandlungen erforderten oft rasche Reaktionen, und die Kommunikation zwischen Augsburg und Coburg war zu umständlich, als daß Luther wirkungsvoll hätte eingreifen können.

Ziel der Evangelischen war es, dem Kaiser ein »Bekenntnis« (Positionspapier) zu überreichen, das womöglich seine Billigung finden und zur Anerkennung der Reformation in den dafür gewonnenen Reichsständen führen sollte. Doch die Zersplitterung des evangelischen Lagers zeigte sich darin, daß auf evangelischer Seite kein einheitliches Bekenntnis zustande kam. Der kursächsische Kanzler verlas am 25. Juni im Namen der Protestanten von Speyer, denen sich die Reichsstädte Nürnberg und Reutlingen anschlossen, die *Confessio Augustana* (*CA*, das »Augsburgische Bekenntnis«), während die Reichsstädte Straßburg, Konstanz, Memmingen und Lindau mit Martin Bucers *Confessio Tetrapolitana* (»Vierstädtebekenntnis«) und Zwingli mit seiner *Fidei ratio* (»Rechenschaft über den Glauben«) eigene Papiere vorlegten. Die *Confessio Augustana* hatte Melanchthon auf der Grundlage der »Schwabacher Artikel« und der hauptsächlich von ihm selbst Ende März formulierten »Torgauer Artikel« über umstrittene kirchliche Bräuche erarbeitet. Obwohl dieses Bekenntnis vor allem in Glaubensfragen die Gemeinsamkeiten mit den Altgläubigen betonte und im ganzen versöhnlich gehalten war, lehnte der Kaiser es ab und beauftragte Theologen wie Eck und Cochlaeus mit einer Gegenschrift, der am 3. August verlesenen *Confutatio Confessionis Augustanae* (»Widerlegung der *CA*«: DG 380 f.). Als lange Verhandlungen der Theologen und Beamten beider Seiten, bei denen Melanchthon sich zu manchem Zugeständnis bereit zeigte, erfolglos blieben, legte Melanchthon eine *Apologia Confessionis Augustanae* (»Verteidigung der *CA*«) vor. Nachdem der Kaiser die für den 22. September geplante Übergabe der Apologie abgelehnt hatte, ging der Reichstag erfolglos zu Ende. Der am 19. November nur noch von den altgläubigen Ständen beschlossene Reichstagsabschied (DG 381–383) hielt am Wormser Edikt fest und forderte weiterhin ein Konzil, das binnen eines Jahres stattfinden sollte.

Die geschilderten Vorgänge konnte Luther nur aus der Ferne verfolgen. Dennoch war er auf der Veste Coburg nicht untätig. Bereits am Tag nach seiner Ankunft schrieb er Briefe an Melanchthon, Jonas und Spalatin (WAB 5, 285–291). Melanchthon teilte er mit, er wolle sich mit dem Psalter, den Propheten und Aesop, dem altgriechischen Fabeldichter, beschäftigen

(285,5 f.). Zunächst verfaßte er aber eine »Vermahnung an die Geistlichen, versammelt auf dem Reichstag zu Augsburg« (WA 30II, 268–356). Darin gab er zuerst einen Rückblick auf einige Stationen seines reformatorischen Wirkens und besonders auf die von ihm verworfenen kirchlichen Bräuche: vom Ablaß über die Winkelmesse bis zur Ehelosigkeit der Geistlichen. Dem Vorwurf, er habe Neuerungen eingeführt, begegnet er mit dem Hinweis, in Wahrheit seien die von ihm kritisierten Bräuche Neuerungen (295–304). Vom ehelosen Stand kommt er auf die Bischöfe, denen er ein Angebot macht: Sie sollten Fürsten und Herren bleiben und den Evangelischen die freie Lehre des Evangeliums erlauben, wozu eigentlich Bischöfe bestimmt seien (340–343). Am Ende zählt Luther die Stücke auf, mit der sich die rechte christliche Kirche beschäftige, und jene, die in der »gleissenden kirchen [Scheinkirche]« gebräuchlich seien (345–353). Am 11. Mai sandte ihm Kurfürst Johann eine von Melanchthon erarbeitete frühe Fassung der späteren *CA* zur Überarbeitung zu (WAB 5, 311 f.). Luther verzichtete auf Eingriffe in den Text und antwortete am 15. Mai, er habe die Schrift überlesen, »die gefellet mir fast wol [sehr gut], vnd weis nichts dran zu bessern noch endern, Wurde sich auch nicht schicken, Denn ich so sanfft vnd leise nicht tretten kan« (319,5–8). Diese Äußerung, aus der später das abfällige Urteil über Melanchthons »Leisetreterei« hergeleitet wurde, war in Wirklichkeit eine volle sachliche Zustimmung zum vorgelegten Text, wobei Luther bemerkt, daß er selbst andere Worte gewählt hätte. Mit dem Fortgang der Arbeit am Bekenntnis der Wittenberger war er freilich weniger zufrieden. Als ihm Melanchthon am 26. Juni die dem Kaiser vorgelegte Fassung »in jammervollen Sorgen und beständigen Tränen« zusandte (396,2), antwortete Luther am 29. Juni, er wundere sich über Melanchthons Nachgiebigkeit (405–407). Nach seiner Meinung sei in der Schrift mehr als genug nachgegeben; er wolle sich nun nichts mehr nehmen lassen (405, 19–26). Drei Wochen später schrieb er an Justus Jonas, er vermisse klare Artikel über das Fegefeuer, die Heiligenverehrung und am meisten über den Antichristen, den Papst (496,8 f.). Zum ersten Punkt verfaßte er im Juli einen »Widerruf vom Fegefeuer« (WA 30II, 367–390). Darin widerlegte er die angeblichen biblischen Beweisstellen für die Lehre vom Fegefeuer. Schließlich schrieb er an Kardinal Albrecht, der sich bisher Luther und den Evangelischen gegenüber wenig feindselig verhalten hatte, einen offenen Brief (397–412), in dem er für eine friedliche Lösung der Religionsfrage warb, zumal es bekannt sei, »das man niemand sol noch kan zum glauben zwingen« (400,26 f.).

Neben seiner exegetischen Arbeit und den Beiträgen zum Reichstag verfaßte Luther auf der Veste Coburg noch weitere Schriften, von denen zwei besonders erwähnt werden sollen. Einen wichtigen Gesichtspunkt am Wirken der Kirche hatte die Schrift »Von den Schlüsseln« zum Gegenstand (WA 30II, 465–507), zu der Luther eine kürzere Vorfassung aus Wittenberg mitbrachte (435–464). Darin geht es um das rechte Verständnis des Wortes Jesu an seine Jünger: »Was ihr bindet auf Erden, soll gebunden sein im Himmel, und was ihr löset auf Erden, soll los sein im Himmel« (Mt. 18,18). Zunächst setzt sich Luther mit vier Mißbräuchen dieses Wortes durch die Papstkirche auseinander (465–496); anschließend möchte er die richtige Auffassung darlegen (497–507). Die Schlüssel seien ein von Gott durch Christus verliehenes Amt, die Sünden zu behalten oder zu vergeben, dessen Wirksamkeit allein auf Glauben (d. h. Vertrauen) beruhe. Auf Kritik an seiner Übersetzungsweise im allgemeinen und seiner Übertragung von Röm. 3,28 im besonderen sowie auf eine Frage über die Fürbitten der Heiligen wollte Luther mit seinem »Sendbrief vom Dolmetschen« antworten (WA 30II, 632–646). Da er betont, er habe sich beim Übersetzen bemüht, »rein und klar teutsch« zu geben (636,16), äußert er sich auch grundlegend über seine Art, deutsch zu schreiben. Dabei betont er: »man mus die mutter jhm [im] hause, die kinder auff der gassen, den gemeinen man auff dem marckt drumb fragen, und den selbigen auff das maul sehen, wie sie reden« (637,19–21). Wie sehr sich Luther, dem ja kein deutsches Wörterbuch zur Verfügung stand, um eine volkstümlich-verständliche Sprache bemühte, zeigen die vielen Sprichwörter, die er in seinen Schriften in wachsendem Umfang verwendet. Er hat sich sogar eine eigene kleine Sammlung von 489 Sprichwörtern angelegt (WA 51, 645–662). Allerdings sind viele Redewendungen und Aussagen erst durch Luthers Gebrauch zu »geflügelten Worten« oder gar zu Sprichwörtern geworden.

32. Bemühungen um Absicherung der Reformation nach dem Augsburger Reichstag

Der Ausgang des Augsburger Reichstags mit der erneuten Bestätigung des Wormser Edikts warf die Rechtslage der Protestanten um ein Jahrzehnt zurück. Die Ausführung des Edikts durch eine Reichsexekution schwebte erneut über Luther und einer wachsenden Zahl von Reichsständen, die sich unter seinem und auch unter Zwinglis Einfluß der Reformation öffneten. Als Schutz gegen diese Gefahr setzten die evangelischen Stände die Bündnispolitik fort, die sie 1526 in Gotha und Torgau begonnen hatten. Erneut wurde die Frage des Widerstands gegen den Kaiser aktuell, in der Luther noch am 6. März 1530 eindeutig negativ geurteilt hatte. Jetzt änderte er widerstrebend seine Haltung.

Bereits im Oktober 1530 arbeitete er eine »Warnung an seine lieben Deutschen« aus (WA 30III, 276–320), die wegen einer Ungeschicklichkeit des Druckers erst im April des folgenden Jahres erschien. In dieser Schrift beabsichtigte er, seine »lieben Deudschen zu warnen fur [vor] jrem schaden und fahr [Gefahr] und Christlich unterricht zu geben, wes sie sich halten [wie sie sich verhalten] sollen, wo [wenn] der Keiser, durch seine Teuffel, die Papisten, verhetzt, auffbieten würde zu kriegen widder unsers teils [die zu uns gehörenden] Fursten und Stedte« (290,31–34). Nachdem er sich eingehend für einen Frieden eingesetzt hat, erklärt er, eine Verteidigung »widder die mördische und blutgyrige Papisten« sei nicht Aufruhr, sondern Notwehr (282,22–26). Für den Fall, daß der Kaiser zum Krieg gegen die Protestanten auffordere, solle niemand sich dazu gebrauchen lassen oder dem Kaiser gehorsam sein (291,20–29). Wie hoch weiterhin sein Respekt vor dem Kaiser ist, zeigt seine Meinung, er müsse »den Lieben Keiser Carol entschüldigen seiner person halben« (291,34–298,29). Alles Schlechte in den Absichten des Kaisers führt er auf den Einfluß »des óbersten schalcks [Bösewichts] jnn der welt, des Bapsts« zurück (298,23); gegen ihn und die geistlichen Personen seiner Kirche polemisiert er im folgenden mit den stärksten Ausdrücken. Vom 26. bis 28. Oktober 1530 verhandelten Luther, Jonas, Melanchthon, Spalatin und andere Theologen in Torgau über das Problem des Widerstands. Trotz aller Bedenken ließen sie sich von den Argumenten der Juristen davon überzeugen, daß die evangelischen Stände dem Kaiser widerstehen dürften (DG 388–390). Etwa gleichzeitig mit Luthers »Warnung« erschien dann seine »Glosse auf das vermeinte kaiserliche Edikt« (WA 30III, 331–388), in der er scharf mit dem Reichstagsabschied ins Gericht ging. An beide Schriften schloß sich eine heftige Polemik an. Auch Herzog Georg von Sachsen beteiligte sich mit einer anonymen Schrift daran, auf die Luther mit einer Gegenschrift »Wider den Meuchler [heimtückischen Verleumder] zu Dresden« antwortete (446–471).

Nachdem Kaiser Karl am 5. Januar 1531 seinen Bruder Ferdinand (1503–1564) gegen den Protest des sächsischen Kurfürsten hatte zum Römischen König wählen lassen, betrieben die Protestanten weiter ein Verteidigungsbündnis, das am 27. Februar in dem thüringischen, zu Hessen gehörenden Ort Schmalkalden geschlossen wurde (DG 391–394). Der »Schmalkaldische Bund« umfaßte auch eine Reihe oberdeutscher Städte, aber – wegen der abweichenden Abendmahlslehre – nicht Zürich, das nach dem Tod Zwinglis in der Schlacht bei Kappel (11. Oktober 1531) endgültig aus dem Geschehen im Reich ausschied. Vorerst hatten aber weder der Kaiser noch König Ferdinand die Möglichkeit, die Augsburger Beschlüsse durchzusetzen. Angesichts der Türkengefahr gewann Karl die Unterstützung auch der protestantischen Stände durch den Nürnberger Anstand vom 23. Juli 1532, der einen Frieden im Reich bis zu dem erhofften Konzil vereinbarte. Nach dem Rückzug der Türken zog der Kaiser über Italien nach Spanien ab und blieb dem Reich wieder ein Jahrzehnt lang fern. Unterdessen traten weitere Stände dem Schmalkaldischen Bund bei, darunter – für Südwestdeutschland besonders wichtig – das Herzogtum Württemberg, dessen Herzog Ulrich (1487–1550) nach seiner Rückkehr mit Hilfe Philipps von Hessen 1534 sein Land sogleich der Reformation öffnete: zunächst sowohl der von Martin Frecht (1494–1556) vertretenen Wittenberger als auch der von Ambrosius Blarer (1492–1564) repräsentierten oberdeutschen Richtung.

Seit Straßburg dem Schmalkaldischen Bund beigetreten war, hatte sich der dortige Reformator Martin Bucer um eine Verständigung unter den Oberdeutschen in der weiterhin heftig umstrittenen Abendmahlsfrage bemüht. Jetzt dehnte er seine Bestrebungen auf Württemberg aus und brachte am 2. August 1534 die »Stuttgarter Konkordie« (Vereinbarung) zwischen Frecht und Blarer zustande, der eine allmähliche Annäherung zwischen Luther und den oberdeutschen Protestanten folgte. Auf Einladung des hessischen Landgrafen trafen sich Bucer und der von Luther mit einer Instruktion (WAB 12, 158–160) versehene Melanchthon am 28. und 29. Dezember 1534 in Kassel. Bucer formulierte abschließend eine Antwort auf Luthers Papier (164–166), mit der sich dieser einverstanden erklärte (169). Weitere Verhandlungen führten schließlich zu einer Konferenz der Wittenberger Theologen mit den Vertretern acht oberdeutscher Städte vom 22. bis 29. Mai 1536 in Wittenberg. Das Ergebnis des Treffens war die »Wittenberger Konkordie«, die nach der Einigung in der Abendmahlsfrage von Melanchthon ausgearbeitet und am Ende von allen Teilnehmern außer dem Konstanzer Reformator Johannes Zwick (um 1496–1542) unterzeichnet wurde. Luther sah in der Konkordie nur eine vorläufige Vereinbarung, der sich freilich bis

Anfang 1537 noch viele oberdeutsche Stände anschlossen (200–212), während die Schweizer sie ablehnten (241–275).

Während die in der Abendmahlsfrage uneinigen evangelischen Stände erst in langwierigen Verhandlungen einander näherkamen, bemühten sich die europäischen Großmächte um Einflußnahme auf sie. Sowohl König Franz I. von Frankreich als auch König Heinrich VIII. von England versuchten, Kontakt zu den Wittenbergern aufzunehmen; doch kam es nicht zu einem Bündnis. Eine neue Lage entstand für die evangelischen Stände dadurch, daß Paul III. (Papst 1534–49) 1535 das so lange ersehnte allgemeine Konzil ankündigte und am 2. Juni 1536 ausschrieb; es sollte am 23. Mai 1537 in Mantua zusammentreten. Die evangelischen Stände mußten sich fragen, ob sie die Einladung annehmen und an dem Konzil teilnehmen sollten, obwohl es an einen Ort im päpstlichen Machtbereich einberufen war. Auch Kurfürst Johann von Sachsen stellte sich diese Frage und ließ sich von seinen Räten und den Wittenberger Theologen beraten. Am 11. Dezember 1536 erbat er ausdrücklich von Luther, dessen Wort für ihn offenbar weiterhin das höchste Gewicht hatte, ein Gutachten. Er solle Auskunft darüber geben, an welchen Punkten man »mit gutem Gewissen umb christlicher Liebe willen zu Erhaltung Friedens und Einigkeit in der Christenheit« nachgeben dürfe und wo auf den Artikeln, die vormals von ihm »gelehrt, geschrieben und geprediget« worden seien, beharrt werden müsse (WAB 7, 613,12–19). Noch im Dezember 1536 verfaßte Luther einen Text, den er allerdings erst 1538 unter dem Titel: »Artickel, so da hetten sollen auffs Concilion zu Mantua, oder wo es würde sein, vberantwortet [überreicht] werden, von vnsers teils wegen. Vnd was wir annemen oder geben kündten oder nicht etc.« veröffentlichte (WA 50, 178 f.: Titel; 192–254: Text). Obwohl der an den Weihnachtstagen 1536 von mehr als vierzig Theologen unterzeichnete Text dem Konvent, der sich im Februar 1537 in

Schmalkalden versammelte, nicht vorgelegt wurde, hat sich für ihn nach Luthers Tod der Name »Schmalkaldische Artikel« eingebürgert.

Luther bezeichnet seinen Text gegen Ende als »die Artikel darauff ich stehen mus, und stehen wil, bis inn meinen tod, ob Gott wil, Und weis darinne nichts zu endern noch nachzugeben« (252,10–14). Diese Aussage zeigt, wie wichtig er ihm war. Er ist eine Darlegung des evangelischen Bekenntnisses in polemischer Abgrenzung gegen die Papstkirche. In einem ganz kurzen ersten Teil formuliert Luther Artikel über den Inhalt der altkirchlichen Bekenntnisse, über die es keinen Streit gebe (197,1–198,20). Ausführlicher ist der zweite Teil (198,24–220,18) über Amt und Werk Christi, d. h. unsere Erlösung, die nach Röm. 3,28 allein durch den Glauben erlangt werde, nicht durch Werke (199,8–17), auch nicht durch die Messe, aus der »viel unzifers und geschmeis mancherley Abgotterei« (204,26 f.) hervorgegangen sei (nämlich Fegfeuer, Wallfahrten, Bruderschaften, Reliquien, Ablaß, Heiligenverehrung), nicht durch Stifte und Klöster, die (wie schon in der Adelsschrift gefordert) wieder in Schulen umgewandelt werden sollten, und nicht durch den Papst, der als »der rechte Endechrist oder Widder Christ [Antichrist]« [...] »sich uber und wider Christüm gesetzt und erhohet« habe (217,24–26). Im dritten Teil (220,22–253,4) handelt Luther von den Themen, die ihm wichtig sind: von Sünde, Gesetz und Buße (mit Zurückweisung der falschen Auffassung), von Evangelium, Taufe und Altarsakrament, vom Amt der Schlüssel, Beichte und Bann, von der Ordination und Ehe der Geistlichen sowie von der Kirche, die, wie ein Kind von sieben Jahren wisse, aus den »heyligen gleubigen« und den Schäflein bestehe, die ihres Hirten Stimme hörten (250,1–5). Abschließend betont er noch einmal die zentralen Sachverhalte der Rechtfertigung aus dem Glauben, aus der die guten Werke folgten, und grenzt sie gegen vermeintliche Verdienste im

Klosterleben und aus papistischen Menschensatzungen ab. Wie stark seine Abneigung gegen viele traditionelle kirchliche Gebräuche ist, zeigen seine letzten Bemerkungen über den »Geugkelsack [Zaubersack] des Bapsts« (252,17 f.), gefüllt mit Kirchweihe, Glockenweihe und ähnlichen Weihehandlungen. Melanchthon, der den Text als Siebter unterzeichnete, fügte seiner Unterschrift eine deutlich gegen Luthers antipäpstliche Polemik gerichtete Bemerkung hinzu (253,12–15). In Schmalkalden verfaßte er einen eigenen, die *Confessio Augustana* ergänzenden *Tractatus de potestate et primatu papae* (»Abhandlung über die Vollmacht und den Primat des Papsts«), der am 24. Februar den anwesenden Theologen zur Unterschrift vorgelegt wurde. Die Beschickung des Konzils durch die evangelischen Stände wurde allein von den Politikern ohne Mitwirkung der Theologen beraten und am 28. Februar endgültig abgelehnt. Als Papst Paul III. im Frühjahr 1538 das Konzil erneut verschob, ließ Luther seine »Artikel« mit einem neu verfaßten Vorwort, aber ohne die Unterschriften drucken.

In den letzten Kapiteln sind wir vor allem dem Gang der Religionspolitik im Deutschen Reich gefolgt. Dabei mußte Luther etwas zurücktreten: zum einen, weil er durch das Wormser Edikt in seiner Bewegungsfreiheit gehindert war und auswärtige Verhandlungen auf Seiten der Wittenberger vorwiegend durch Melanchthon geführt wurden, sodann, weil sich durch die Ausweitung der Reformation die Zahl der Mitwirkenden stark vermehrt hatte, und schließlich auch, weil sich Luthers Gesundheitszustand seit Mitte der zwanziger Jahre merklich verschlechterte. Er litt andauernd unter Harnsteinen; dieses Leiden wurde während des Schmalkaldener Konvents 1537 so heftig, daß er vorzeitig abreisen mußte. Fast noch schlimmer quälten ihn psychosomatische Erkrankungen: tiefe Depressionen, Kopfschmerzen und Schwindel bis hin zu Ohnmachtsanfällen. Es ist erstaunlich, welche Arbeitsleistung er unter diesen Umständen erbrachte. Auch nachdem die Zeit des evangelischen Aufbruchs unter Luthers Leitung vorüber war und die Reformation in Kursachsen und darüber hinaus sich stetig ausbreitete, begleitete und förderte Luther sie durch zahlreiche Schriften. Während Melanchthon durch seine großen geistigen Fähigkeiten und sein überragendes organisatorisches Talent entscheidend für die Konsolidierung der Reformation und ihre ausgleichende Absicherung gegen Rom wichtig wurde, blieb Luther die führende geistliche und theologische Autorität unter den Wittenbergern. Vor allem der sächsische Kurfürst erbat immer wieder sein Urteil.

33. Luthers Wirken an der Universität Wittenberg seit 1524

Der Ort, an dem Luther den Grund für sein gesamtes Wirken gelegt hat, war die Studierstube des Professors im Wittenberger Augustinerkloster. Hier schöpfte er vor allem aus dem Studium der Bibel die Einsichten, die er in seinen Lehrveranstaltungen und Predigten, bei Tisch und bei Verhandlungen, in seinen Briefen, Gutachten und Schriften mitteilte. Luthers Wirken als Wittenberger Professor wurde zweimal durch längere auswärtige Aufenthalte unterbrochen: zunächst 1521/22 auf der Wartburg, 1530 auf der Veste Coburg. Dagegen blieb er in Wittenberg, als die Universität am 15. August 1527 vor der Pest nach Jena auswich. Erst am 13. April 1528 trat sie wieder offiziell in Wittenberg zusammen.

Nach der Rückkehr von der Wartburg nahm Luther erst im Februar 1523 seine Vorlesungstätigkeit wieder auf, aber nicht an der Universität, sondern in seinem Kloster vor einem kleinen Kreis von Hörern: Seinen Mitbrüdern vor allem und einigen Freunden legte er das Deuteronomium (5. Buch Mose) aus. Voraussetzung dafür war seine Übersetzung dieses Buches ins Deutsche. Ende 1522 lagen bereits die fünf Bücher Mose vor und wurden 1523 gedruckt; 1524 folgten die historischen und poetischen Bücher des Alten Testaments. Im Sommer 1523 schuf Luther außerdem mit Melanchthon zusammen eine Übertragung des Deuteronomiums ins Latein, die er 1525 zusammen mit seiner Vorlesung von 1523 herausgab: *Deuteronomion Mosi cum annotationibus* (»Das fünfte Buch Mose mit Anmerkungen«: WA 14, 497–744). Von Frühjahr 1524 bis Sommer 1526 setzte er seine Vorlesungen an der Universität mit der Auslegung der zwölf »Kleinen Propheten« von Hosea bis Maleachi fort (WA 13). Es folgte eine Reihe kürzerer Vorlesungen über alt-

und neutestamentliche Bücher, die in Nachschriften meist Georg Rörers vorliegen. Von Juli bis Dezember 1531 las Luther ein zweites Mal (nach 1516/17) über den Galaterbrief. 1535 gab Rörer auf der Grundlage seiner Nachschrift den Kommentar Luthers zum Galaterbrief heraus (WA 40I–40II, 1–184), zu dem Luther ein Vorwort beisteuerte. Wie sehr ihm dieser Paulusbrief am Herzen lag, zeigt ein Wort aus der Zeit kurz nach Ende der Vorlesung: Der Brief an die Galater sei sein Epistelchen, dem er sich angetraut habe; er sei seine Käthe von Bora (WAT 1, Nr. 146). In der Inhaltsangabe des Briefs gibt er einen konzentrierten Abriß seiner Lehre von der Rechtfertigung. Den verschiedenen Arten einer »aktiven Gerechtigkeit« gemäß den Gesetzen, denen wir aus eigenen Kräften oder mit Hilfe Gottes durch unsere Taten entsprechen, stellt er die wahre christliche Gerechtigkeit gegenüber: eine »passive Gerechtigkeit« aus Glauben, die dem Sünder zuteil werde und von der Sklaverei des Gesetzes befreie (40I, 1–52,2). In der eingehenden Auslegung des kurzen, aber höchst gehaltvollen Paulusbriefs entwickelt Luther die zentralen Themen seiner reformatorischen Theologie.

Von März 1532 bis Mai 1535 las er über ausgewählte Psalmen (2, 51, 45, 120–134, 90), was es ihm ermöglichte, einzelne Themen vertieft zu erörtern. So bot ihm etwa die Auslegung des 51. Psalms, des ersten Bußpsalms (WA 40II, 315–470), die Gelegenheit, über Buße, Rechtfertigung und die anderen Zentralthemen der christlichen Religion zu handeln (315,11 f.). Luther gab hier auch eine für sein Denken charakteristische Beschreibung des Gegenstandes der Theologie: Die Erkenntnis Gottes und des Menschen seien eine göttliche und im eigentlichen Sinne theologische Weisheit, und zwar in der Weise, daß sie sich schließlich auf den rechtfertigenden Gott und den Menschen als Sünder bezögen, so daß die eigentliche Sache der Theologie der angeklagte und verlorene Mensch und der gerechtmachende und rettende Gott sei (327,12–328,2).

Parallel zu seiner Schriftauslegung in der Lehre arbeitete Luther weiterhin rastlos an der deutschen Übersetzung des Alten Testaments, bei deren Durchsicht ihm auch Melanchthon und der Wittenberger Hebraist Matthäus Aurogallus behilflich waren. Seit 1531 wirkten daran außerdem der Theologe und Hebraist Caspar Cruciger d. Ä. (1504–1548), der Kollege Justus Jonas und gelegentlich auch andere Wittenberger Gelehrte mit. Ein schönes Beispiel für das Ringen Luthers um ein verständliches wie treffendes Deutsch bietet der Anfang von Ps. 23. 1524 lauteten die ersten beiden Verse: »DEr HERR ist meyn hirtte, myr wird nichts mangeln. Er lesst mich weyden da viel gras steht, vnd furet mich zum wasser das mich erkulet.« 1531 hieß der zweite Vers so: »Er weidet mich auff einer grünen awen [Aue] und füret mich zum frisschen wasser« (WADB 10I, 170f.). Luther konnte bei der Wahl der deutschen Ausdrücke nicht auf einen standardisierten hochdeutschen Wortschatz zurückgreifen. Auch wenn er in die Sprachform seiner Zeit eingebunden war, mußte er viele Wörter und Wendungen als Entsprechungen für den zu übersetzenden Text aus dem allgemeinen Sprachgebrauch übernehmen oder gar neu schaffen. Gerade die Formulierungen seiner Bibelübersetzung, die von Menschen aller Bildungsstufen und aller sozialen Schichten gelesen wurde, haben zur Ausbildung jener hochdeutschen Sprache beigetragen, die noch heute gebräuchlich ist. Die einzelnen Teile der Bibelübersetzung erschienen jeweils nach ihrer Fertigstellung; doch durch äußere Ablenkungen und Luthers häufige Erkrankungen verzögerten sich die Fortführung der Übersetzung und die Überarbeitung älterer Fassungen immer wieder, so daß nicht vor Herbst 1534 die erste vollständige hochdeutsche Lutherbibel in Wittenberg gedruckt vorlag. Besonderen Wert legte man auf die Beigabe von Bildern, die von verschiedenen Künstlern der Cranach-Werkstatt gestaltet wurden (meist von einem, der mit dem Monogramm »MS« zeichnet).

Am 1. Juni 1535 begann Luther seine letzte große Vorlesung. Er wählte sich dafür das 1. Buch Mose (Genesis), mit dem er sich seit 1519 immer wieder in Predigten befaßt hatte. Die 1535 begonnene Genesis-Vorlesung sollte sein letztes großes Werk werden. Er hat sie zehn Jahre hindurch bis zum 17. November 1545 gehalten, ausgenommen zwei kurze Unterbrechungen von wenigen Wochen, in denen er in der Weihnachtszeit 1543 über die messianische Weissagung Jes. 9,1–6 (WA 40III, 597–682) und in der Passionszeit 1544 über das Lied vom leidenden Gottesknecht Jes. 52,13–53,12 las (685–746). Allerdings wurde seine Genesis-Vorlesung häufig durch Krankheit, Abwesenheit wegen auswärtiger Verpflichtungen und andere Umstände unterbrochen, so durch das erneute Auftreten der Pest und die Verlegung der Universität nach Jena vom 19. Juli 1535 bis in den Januar 1536. Im Juni 1540 dachte Luther sogar daran, die Vorlesung mit der Auslegung von Kapitel 24 zu beenden, da er nicht mehr reden könne. Als ihn Rörer aufforderte, weiter zu lesen, soll er geantwortet haben, er lese nicht für ihn und die Gelehrten, sondern für die Studenten, damit sie sagen könnten, sie hätten Luther lesen gehört (WAT 4, Nr. 4959; 4962). Die Vorlesung wurde von Rörer nachgeschrieben und zunächst von Veit Dietrich, nach dessen Tod aber von dem Nürnberger Prediger Hieronymus Besold (um 1500–1562), unterstützt von Michael Roting (1494–1588), Nürnberger Gymnasialprofessor und Schwager Dietrichs, herausgegeben. Der erste Band erschien 1544 mit Vorwort und Nachwort Luthers, der das Werk offenbar durchgesehen und gutgeheißen hatte, die folgenden drei Bände nach Luthers Tod 1550, 1552 und 1554. Zweifellos haben die Herausgeber an diesem Werk manche Formulierung ergänzt und geändert; im ganzen darf es aber doch als Luthers geistiges Eigentum betrachtet werden. Es ist sein umfangreichstes Werk überhaupt, das hier freilich nur in wenigen Beispielen vorgestellt werden kann.

Obwohl Luther manche philologische und historische Bemerkung über den Text macht, ist er auch in seiner letzten exegetischen Vorlesung weit von einer historischen Auslegung entfernt, wie sie heute selbstverständlich ist. Wie in der profanen Welt Homer und Vergil, so galt Juden und Christen seit jeher Mose als Quelle aller Weisheit. Da Luther voraussetzt, im Alten Testament sei bereits die christliche Wahrheit enthalten, benutzt er die einzelnen Aussagen des Texts, um aus ihnen dogmatische, ethische und praktisch-theologische Ausführungen zu entwickeln. Im Gegensatz zur Philosophie, verkörpert in Aristoteles, aber in Übereinstimmung mit der theologischen Tradition sieht Luther in der Erschaffung der Welt, wie sie in Gen. 1 geschildert wird, eine Schöpfung aus dem Nichts: »Aus nichts schafft er Himmel und Erde« (WA 42, 13,33), wie er überhaupt »alles aus nichts zu schaffen pflegt« (WA 44, 43,11 f.). Das gilt auch vom Menschen und seinen Ordnungen. Wie in seinem »Bekenntnis« von 1528 (WA 26, 504,30 f.: Priesteramt, Ehestand, weltliche Obrigkeit) unterscheidet Luther drei Stände, die schon durch die Schöpfung gesetzt seien: Hauswesen, Politik und Kirche (z. B. WA 43, 30,13 f.). Die Einsetzung einer weltlichen Obrigkeit verbindet er mit dem Bund Gottes mit Noah (Gen. 9,6: WA 42, 361,1–6). In der Gegnerschaft von Kain und Abel sieht er bereits den Gegensatz zweier Arten von Kirche vorgegeben: einer heuchlerischen und blutdürstigen und einer leidenden Kirche der Frommen (187,13–20). Häufig setzt sich Luther in der Genesis-Auslegung mit konkreten Phänomenen der Kirche wie dem Papsttum und dem Mönchtum auseinander. Er stellt fest, die Bücher der Mönche seien voll von Lobpreisungen ihrer Väter, wie Franziskus, Dominikus oder Bernhard von Clairvaux. Darin glichen sie Kindern, die vergoldete Nußschalen als Gold bewunderten. Franziskus, Dominikus, Bernhard und andere Ordensgründer hätten gewiß ihre Gaben gehabt. Bernhard ziehe er allen anderen vor;

denn dieser habe die religiöse Lebensweise am besten gekannt, wie seine Schriften zeigten. Doch die Gaben der Mönchsväter dürften nur so gerühmt werden, daß die Herrlichkeit Christi und die Barmherzigkeit Gottes nicht geschmälert werde (453,25–454,7). Daß Mönche, die Gott und die Menschen nicht kannten, sich in die Wüste zurückzogen, sei keineswegs christlich. Man solle in der Welt und unter den Menschen bleiben, solle die Beschwerden der Welt und des Teufels ertragen, um sich nicht vom Fleisch besiegen zu lassen (585,7–9). Dagegen seien die monastischen Ideale problematisch: Franziskus, der nicht übel, aber einfältig gewesen sei, habe durch sein Armutsgebot aus dem Evangelium ein neues Gesetz gemacht, an das sich seine Nachfolger freilich nicht gehalten hätten (495,24–36). Um ihre Keuschheit zu bewahren, flöhen die Mönche vor dem Anblick einer Frau und schlössen sich mit unreinem Herzen im Kloster ein; doch wenn sie allein seien, glühten sie vor Begierde. Man heile von einem Laster nicht dadurch, daß man sich von den Dingen fernhalte, sondern durch ihren gelenkten Gebrauch (496,25–30). Dem falschen Weg der Mönche stellt Luther das Verhalten Abrahams gegenüber. Die Geschichte Abrahams (Gen. 12) in der Interpretation des Apostels Paulus (Röm. 4) dient ihm als das Vorbild eines rechten Christen: Verheißung und Glaube hingen untrennbar miteinander zusammen (451,36). Abraham dürfe nicht für gerecht gehalten werden, weil er seine Heimat und seinen Besitz verlassen, sondern weil er der Verheißung Gottes in seinem Wort geglaubt habe (454,13–19). »Demnach genügt es nicht, daß Gott redet; sondern er muß zu dir reden« (455,13). Das Problem der Rechtfertigung begleitet Luther durch die ganze Vorlesung. Anläßlich der Josephsgeschichte geht er gründlich auf die Unterscheidung einer »aktiven« und »passiven« Bedeutung in der biblischen Redeweise ein. Er wiederholt, was er in seinen frühen Vorlesungen entdeckt hatte: daß die Gerechtigkeit Gottes nicht in philosophischer Weise aktiv verstanden werden dürfe, sondern passiv, als die Gerechtigkeit, durch die der Mensch aus göttlicher Barmherzigkeit gerecht gemacht werde – als Heil und als Trost (WA 44, 485,16–486,38).

Luthers Lehrtätigkeit erschöpfte sich nicht in Vorlesungen. Allerdings waren die Disputationen als zweite Form des Lehrens nach Karlstadts Protest gegen das Promotionswesen 1523 in Wittenberg bald zum Erliegen gekommen. Doch nachdem 1532 Kurfürst Johann der Beständige gestorben war und sein Sohn Johann Friedrich der Großmütige die Nachfolge angetreten hatte, versprach der neue Kurfürst eine Erneuerung der Universität im reformatorischen Sinn. Der große Organisator Melanchthon verfaßte 1533 Statuten für die theologische Fakultät, in denen auch wieder regelmäßige Disputationen der Theologen vorgeschrieben waren (»Zirkulardisputationen«, die reihum von den Professoren geleitet wurden). Am 5. Mai 1536 erließ Kurfürst Johann Friedrich eine auch von Melanchthon beeinflußte Fundationsurkunde, die neben Aufbau und Aufgaben der Fakultäten vor allem die finanziellen Fragen regelte. Ein äußerer Anstoß führte dazu, daß wieder theologische Promotionen vollzogen wurden. In Hamburg, wo 1528/29 durch Bugenhagen die Reformation durchgeführt worden war, wurde im Mai 1532 Johannes Aepinus (1499–1553) zum Superintendenten berufen. Da mit diesem Amt gewisse Aufgaben in der Lehre verbunden waren, sollte er über die Doktorwürde verfügen. Eine Anfrage der Hamburger führte dazu, daß im Juni 1533 in Wittenberg neben Aepinus zugleich Bugenhagen und Cruciger zu Doktoren der Theologie promoviert wurden. Die Thesen zu den drei Disputationen hatte Melanchthon verfaßt.

Im Zusammenhang mit der Wittenberger Universitätsreform steht auch die Einführung einer Prüfung und Ordination angehender evangelischer Prediger durch die theologische Fakultät. Bisher hatte es keine Prüfung angehender Geistlicher gegeben; wenn Unsicherheit über ihre Rechtgläubigkeit bestand, hatte der Bischof als Inhaber der Lehrgewalt die Aufgabe, darüber zu befinden. Die Priesterweihe, die immer vom Bischof als Inhaber der Weihegewalt vollzogen wird, erforderte bisher kein Studium der Theologie, nur ein bescheidenes Maß an Bildung. Allein das Predigen, wie es seit dem 13. Jahrhundert die Bettelmönche und später allgemein die meist städtischen Prädikanten ausübten, setzte mit der Fähigkeit zur Schriftauslegung theologische Kenntnisse voraus. Da im reformatorischen Verständnis die Predigt in den Mittelpunkt des Gottesdiensts rückte, mußten alle künftigen evangelischen Pfarrer selbstverständlich Theologie studieren. Am Abschluß des Studiums gab es noch kein Examen, wie wir es kennen. Im Zuge der kursächsischen Visitationen wurde aber eine Befragung der Pfarrer durchgeführt, in der ihre Kenntnis vor allem der evangelischen Grundanschauungen geprüft werden sollte. Nach dem »Unterricht der Visitatoren« von 1528 sollte künftig ein »Superattendent« (ein übergeordneter Pfarrer mit Aufsichtsfunktion, später auch Superintendent, Propst u. a.) neu einzustellende Pfarrer »verhören und examiniren, wie sie ynn yhrer lere und leben geschickt [geeignet]« seien, damit »kein ungelerter odder ungeschickter zu verfürung des armen volcks auffgenomen werde« (WA 26, 235, 30–34). Nach der Neuordnung der theologischen Fakultät berichtet Luther 1533 in seiner Schrift »Von der Winkelmesse und Pfaffenweihe« (WA 38, 195–256), aus der Pfarrei zu Wittenberg würden Pfarrer für andere Städte auf deren Wunsch »ordiniert« und ausgesandt. Dabei betont er den Unterschied zwischen evangelischer Ordination und Priesterweihe: »Denn ordinirn sol heissen und sein beruffen und befelhen das Pfarrampt« (238,7 f.). »Ordinieren« ist für ihn also keine Weihehandlung mehr, sondern eine Berufung und Einsetzung in ein Amt. So war schon bisher gelegentlich verfahren worden. Zum Beispiel hatte Luther Magister

Georg Rörer, der keine Priesterweihe durch einen Bischof empfangen hatte, am 3. Mai 1525 zum Diaconus (zweiten Pfarrer) an der Stadtkirche von Wittenberg berufen und ihn am 14. Mai vor der Gemeinde unter Gebet und Handauflegung ordiniert, d. h. seinen Auftrag bestätigt und ihn in sein Amt eingeführt. Jetzt sollte die Praxis geregelt werden. Am 12. Mai 1535 führte Kurfürst Johann Friedrich die Prüfung und Ordination aller, die ein Pfarramt in seinem Kurfürstentum anstrebten, durch die Wittenberger theologische Fakultät ein. Dadurch sollte die bischöfliche Priesterweihe ersetzt werden. Luther selbst entwarf das Formular für die Ordinationshandlung (WA 38, 423–433), die keinen selbständigen Gottesdienst bildete, sondern ein Teil des Predigtgottesdiensts war. Die theologische Fakultät übertrug das Amt des Ordinierens auf Bugenhagen; aber da dieser oft abwesend war, hat auch Luther häufig ordiniert. Die Ordinierten erhielten ein Zeugnis, das oft von Melanchthon ausgefertigt war. Seit 1537 wurde ein Register geführt, das bis zu Luthers Tod 740 Wittenberger Ordinationen umfaßte (WAB 12, 447–485).

Von 1535 bis 1545 war Luther ständiger Dekan der theologischen Fakultät. Unter seinem Vorsitz wurden mehr als zwei Dutzend Promotions- und Zirkulardisputationen gehalten (WAB 12, 440–443), zu denen meist er selbst die Thesen aufstellte, über die disputiert wurde. Die Disputationen waren die Gelegenheit, bei der er systematische Erörterungen über wichtige Sachfragen anstellen konnte. Von den meisten Disputationen sind unterschiedlich umfangreiche Niederschriften überliefert, freilich keine zuverlässigen Protokolle (WA 39/ I–II). Vor allem die Thesen, aber auch andere von Luther formulierte Texte sind wichtige Zeugnisse seiner Theologie. Unter den von ihm gewählten Themen steht die Rechtfertigungslehre im Vordergrund, die er vor allem an Röm. 3,28 erläutert: »So halten wir nun dafür, daß der Mensch gerecht wird ohne des Gesetzes Werke, allein durch den Glauben«, aber auch an einigen anderen, ferner liegenden Bibelstellen. Eine Anthropologie und Rechtfertigungslehre miteinander verbindende, besonders gehaltvolle Thesenreihe ist *De homine* (»Vom Menschen«) überschrieben. Mehrere Disputationen widmete Luther der Lehre von der Trinität, von der Gottmenschheit Christi und von der Kirche.

Sechs Thesenreihen Luthers, von denen allerdings nur vier disputiert wurden, sind im Zusammenhang mit einem Streit entstanden, der in Wittenberg jahrelang die Gemüter erregte und auch Luther heftig bewegte. Ausgelöst wurde er durch Luthers alten Schüler und Anhänger Johann Agricola. Er war 1525 bis 1536 Schulrektor und Prediger in seiner Heimatstadt Eisleben, nach der er meist »der Eisleben« genannt wurde. Nachdem er schon hier die Vorordnung der Gesetzespredigt vor die Predigt des Glaubens in Melanchthons Visitationsartikeln kritisiert hatte, kehrte er Ende 1536 plötzlich nach Wittenberg zurück, wo er ein Jahr lang erfolgreich predigte und exegetische Vorlesungen hielt. Allerdings erregte er im Juni 1537 bei den Wittenberger Reformatoren Anstoß: In drei Sermonen wandte er sich gegen die Bedeutung des Gesetzes, wobei er unter Berufung auf Bibelworte wie Lk. 24,47 und Röm. 2,4 die Bußpredigt im Namen Jesu und nicht in dem des Gesetzgebers Mose forderte. Er war überzeugt, bereits aus der Predigt des Evangeliums gehe Bußgesinnung hervor. Luther dagegen meinte, durch diese Lehre werde das Evangelium als Gesetz gedeutet und die eigentlich gebotene Gesetzespredigt entwertet. Deshalb bezeichnete er Agricola und seine Anhänger mit einem von ihm geschaffenen Namen als »Antinomer« (»Gesetzesgegner«). Im Herbst des Jahres verhinderte er im Rahmen der Zensur, die er als Dekan der theologischen Fakultät auszuüben hatte, das Erscheinen von Agricolas Summarien (»Kurze Betrachtungen«) über die Evangelien. Als Thesen Agricolas in

Wittenberg umliefen, ohne daß er sich zu ihnen bekannte, ließ Luther sie Anfang Dezember 1537 drucken (WA 39I, 342–345; 360–417). Anschließend veröffentlichte er zwei eigene Disputationsreihen und leitete am 18. Dezember eine erste Disputation gegen die »Antinomer«. Agricola blieb ihr fern; deshalb entzog ihm Luther als Dekan am 6. Januar 1538 die Lehrerlaubnis an der theologischen Fakultät (WAB 8, 186). Am 12. Januar veranstaltete er eine zweite Disputation (WA 39I, 347–350; 419–485). Dabei erschien Agricola und versöhnte sich wieder mit Luther. Deshalb unterblieb eine Disputation über zwei weitere inzwischen von Luther formulierte Thesenreihen (350–354). Doch hielt die Versöhnung nicht lange an. Im August sandte Agricola Luther eine von ihm erbetene Stellungnahme, der ein Brief folgte, in dem er behauptete, Luther habe in seinen Schriften die Rechtfertigung auf zweifache Weise gelehrt: zum einen durch Gesetz und Evangelium, zum andern ohne Gesetz durch das Evangelium (WAB 8, 279,4–6). Dieser Hinweis auf sein eigenes widersprüchliches Argumentieren erregte Luthers Zorn so sehr, daß Agricola später notierte: »Dieser Brief, den ich aufs einfältigst geschrieben, hat den Rhein entbrannt« (279,20 f.). Am 6. September fand Luthers dritte Disputation über eine fünfte Thesenreihe statt (WA 39I, 354–357; 489–584). In ihrer Einleitung (489–496) greift er die Antinomer mit schärfsten Worten an. Anschließend verfaßte er eine Schrift »Wider die Antinomer« (WA 50, 468–477), die Anfang 1539 erschien. Darin räumt Luther ein, er lehre in der Tat, man solle die Sünder durch die Predigt vom Leiden Christi, für die er besonders Bernhard von Clairvaux als Vorbild anführt, zur Buße antreiben (471,1–6). Doch bedeute das keine Verwerfung der Gesetzespredigt. Er fordert Agricola vielmehr auf, bei der reinen Lehre zu bleiben und zu »predigen, das man die sunder solle und musse zur busse reitzen, nicht allein durch die susse gnade und leiden Christi, das er für uns gestorben ist, sondern durch des gesetzs schrecken«. Man müsse die Sünder durch alle von Gott gebrauchten Mittel – Drohung, Verheißung, Tadel, Hilfe und anderes – zur Buße bringen (472,14–25). Durch diese Schrift, die als Agricolas Widerruf gedacht war, sollte diesem der Weg in den kurfürstlichen Dienst geöffnet werden. In der Tat wurde Agricola zum 7. Februar 1539 in das neu gegründete Wittenberger Konsistorium berufen, das zur Behandlung von Ehesachen und Disziplinarproblemen von Pfarrern bestimmt war. Doch hatte er bereits Anfang Februar durch eine Disputation, zu der er die Thesen verfaßt hatte, erneut Luthers Zorn erregt. Nun suchte er Unterstützung durch einen Brief an seine ehemaligen Predigthörer im Mansfeldischen und benutzte diesen Brief auch als Beschwerde über Luther beim Kurfürsten. Luther reagierte mit einer heftigen Gegenklage »Bericht auff die Klage M. Johannis Eißleben« (WA 51, 429–443). Darin faßt er seine Anklagen zusammen: »Eisleben ist vnser feind, vnd hat vnser lere geschmeht, vnser Theologen geschendet, das beweiset seine secten, die er zu Eisleben gestifftet«. Ferner »kompt er alher gen Wittemberg, vnd abermals hinder mir meuchlings [heimlich] gedenckt diese Schule [Universität] vnd kirche auch zu vergifften vnd abzuwenden« (431,5 f., 12–14). Agricola wartete nicht mehr auf den Ausgang dieses erneuten Streits, sondern verließ Wittenberg im August heimlich, um bei Kurfürst Joachim II. von Brandenburg in Berlin eine Stelle als Hofprediger anzunehmen. Am 10. September 1540 ließ Luther in einer vierten und letzten Disputation über seine sechste Thesenreihe gegen die Antinomer disputieren (WA 39I, 358). Vier Jahre hindurch – 1537 bis 1540 – waren Luther, Wittenberg und der Kurfürst durch den sachlich durchaus gewichtigen, aber von Luther mit ganz unangemessener Schärfe und Leidenschaft geführten Streit mit Agricola belastet worden, dessen Erkenntnisgewinn nicht seiner Dauer und Heftigkeit entsprach.

34. Politik im evangelischen Lager – ein verhängnisvolles Gutachten

Obwohl Luther in seiner Bewegungsfreiheit eingeschränkt blieb, hatte sein Wort weiterhin in der Politik des evangelischen Lagers größtes Gewicht. Immer wieder wurden er und seine Wittenberger Kollegen um Rat und um Gutachten gebeten. Vor allem sein Landesherr zog ihn gerne zur Verwirklichung seiner Pläne heran. Das betraf insbesondere die drei Hochstifte (Bischofsherrschaften), die vom Gebiet der Herzöge von Sachsen umschlossen waren. Seit der Teilung des Herzogtums Sachsen standen Naumburg unter ernestinischer, Merseburg unter albertinischer und Meißen unter gemeinsamer Schutzvogtei. Nach dem Tode Herzog Georgs von Sachsen 1539 und vollends nach dem Übergang der Herrschaft an Moritz, den Schwiegersohn Landgraf Philipps von Hessen, war auch das albertinische Sachsen, in das längst evangelische Gedanken eingedrungen waren, zur Reformation übergegangen. Das Ziel der Landesherren war es, nun auch die Hochstifte dem evangelischen Lager zuzuführen. Doch als am 6. Januar 1541 der Naumburger Bischof starb, wählte das Domkapitel, das am ursprünglichen Bischofssitz Zeitz residierte, rasch den altgläubigen Dompropst Julius Pflug zum neuen Bischof. Gegen den Wunsch des Kaisers und nach langen Verhandlungen mit seinen Räten und mit den zunächst ablehnenden Wittenberger Theologen (WAB 9, 310–318; 12, 314–347) schlug der Kurfürst Luthers früheren Kollegen und Freund Nikolaus von Amsdorf als Bischof vor. Dieser entsprach als Adliger, der zum Priester geweiht, theologisch hochgebildet und unverheiratet war, durchaus den traditionellen Anforderungen an einen Bischof. Am 20. Januar 1542 wählten die Stände des längst evangelisch gewordenen Hochstifts Amsdorf, nachdem Luther ih-

nen am Vortag eine Rede gehalten hatte, die ihr Gewissen be-
ruhigte (597–599), obwohl bereits acht Tage zuvor der vom
Stiftskapitel gewählte Julius Pflug nach langem Zögern seine
Wahl angenommen hatte. Luther ordinierte noch am Tag der
Wahl Amsdorf im Naumburger Dom als ersten evangelischen
Bischof. Anschließend verteidigte er seine Einsetzung in einer
Schrift »Exempel, einen rechten christlichen Bischof zu weihen« (WA 53, 231–260). Doch wurde Amsdorfs Wirken durch
Auseinandersetzungen mit dem Domkapitel, dem kurfürstli-
chen Stiftshauptmann und anderen schwer behindert. Nach
vielen Enttäuschungen und Mißerfolgen, bei denen ihn Luther
durch zahlreiche Briefe seelsorgerlich begleitete, wurde Amsdorf 1547, nach der Niederlage des Schmalkaldischen Bundes,
aus seinem Amt vertrieben. Unproblematisch war dagegen die
Wahl Georgs III. von Anhalt-Dessau (1507–1553), der ebenfalls
geweihter Priester und ehelos war. 1530 für die evangelische
Lehre gewonnen, bemühte er sich um Ausgleich und Frieden.
Am 2. August 1545 ordinierte ihn Luther zum Bischof von Merseburg. Nach dem Schmalkaldischen Krieg wurde auch er vom
Kaiser aus seinem Amt verdrängt. Damit waren die Versuche
gescheitert, dauerhaft evangelische Bischöfe einzusetzen.

Auch Philipp von Hessen suchte den Rat Luthers und seiner
Kollegen. Der Landgraf war – noch nicht 17 Jahre alt – mit Chri-
stina, der Tochter Georgs von Sachsen, verheiratet worden.
Obwohl er mit ihr sieben Kinder hatte, empfand er gegen seine
Frau heftige Abneigung. In außerehelichen Beziehungen holte
er sich eine Syphilis, deren Symptome ihn seit den späten dreißiger Jahren heftig quälten und in seinem politischen Wirken
behinderten. Auch sein Gewissen und die Vorhaltungen seiner
Hofprediger beunruhigten ihn zunehmend. Im September
1539 lernte er die 17jährige Margaretha, Tochter der Hofmeiste-
rin Anna von der Sale, kennen und verliebte sich in sie. Da ihre
Mutter nur eine legale Beziehung dulden wollte, kam Philipp

auf den Gedanken, sie zur »Nebenfrau« zu nehmen. Das war freilich Bigamie (Doppelehe), die Kaiser Karl V. erst 1532 in seiner »Peinlichen Gerichtsordnung« (§ 121) unter strenge Strafe gestellt hatte. Von den Wittenbergern erhoffte sich Philipp ein Gutachten, das seinen gesetzwidrigen Wünschen Dispens erteilen sollte. In dieser Absicht bat er Martin Bucer, der ihm als theologischer Vermittler nahe stand, aus Straßburg in das hessische Melsungen zu kommen, wo er ihm einen Brief übergab, den er Luther und Melanchthon empfehlend überreichen sollte (WAB 8, 631–635). Ganz offen bekennt und begründet er darin seine Abneigung gegen seine Ehefrau und seine Unfähigkeit, seine sexuellen Begierden zu bezähmen. Er bekennt auch freimütig das schlechte Gewissen, das ihn dabei plagt. Für den von ihm ersonnenen Ausweg einer Zweitehe führt er das Beispiel der alttestamentlichen Väter an. Von Luther, Melanchthon und Bucer erbittet er die schriftliche Bestätigung dafür, daß er mit seinem Vorhaben nicht gegen Gottes Willen verstoße und daß auch die neue Verbindung als Ehe gelten werde. Falls sie ihm ihre Hilfe versagen sollten, wolle er sich an den Kaiser wenden, fürchte aber, damit der evangelischen Sache zu schaden. Er bitte um ein positives Gutachten, um danach sein Leben bessern, wieder mit gutem Gewissen das Sakrament nehmen und sich umso freier für die evangelische Sache einsetzen zu können. Das erhoffte positive Ergebnis sollte Bucer dem Kurfürsten Johann Friedrich mitteilen und ihn um Unterstützung bitten.

Philipps Hoffnung ging in Erfüllung. Obwohl Bucer von Anfang an schwere Bedenken hatte, konnte er sich den Bitten des Landgrafen nicht entziehen. Luther und Melanchthon wurden, wie ihre Antwort zeigt, durch Philipps drängende, geradezu erpresserische Bitte in heftige Gewissensnot versetzt. In ihrem Gutachten (WA 8, 639–643) sprechen sie sich klar darüber aus, daß Gott die Ehe allein als Einehe eingesetzt habe. Sie mahnen den Landgrafen, Hurerei und Ehebruch zu meiden und Gottes Strafe dafür zu fürchten, und bitten ihn dringend um ein ehrbares Leben mit seiner Familie. Wenn er aber sein ausschweifendes Leben nicht lassen könne, wollen sie sich mit einer weiteren Ehe abfinden, zumal das Evangelium nicht verbiete, was im Gesetz Moses (5. Mose 21,15) erlaubt sei. Auf keinen Fall aber dürfe aus Philipps persönlichem Verhalten eine allgemeine Regel (»Gesetz«) gemacht werden; daher solle er seine zweite Ehe geheimhalten. Das von Luther und Melanchthon verfaßte Gutachten wurde von Bucer und fünf hessischen Theologen unterzeichnet. Darauf stimmte auch der sächsische Kurfürst Philipps Wunsch zu. Am 4. März 1540 wurde die Nebenehe im Beisein Bucers und Melanchthons geschlossen. Doch trotz aller Geheimhaltung, um die sich Philipp bemühte, war die Sache sogleich öffentlich bekannt geworden. Nun bat der Landgraf um offene Unterstützung durch die Wittenberger und den Kurfürsten. Doch Luther berief sich darauf, einen Rat gegeben zu haben, der dem Beichtgeheimnis unterliege, und weigerte sich standhaft, sich öffentlich darüber zu äußern. Die Angelegenheit, über die monatelang verhandelt wurde, erregte trotz Luthers Schweigen erhebliches Aufsehen. Sie schadete nicht nur seinem Ansehen, sondern führte auch zu einer beträchtlichen politischen Schwächung des evangelischen Lagers. Der Kaiser verzichtete auf dem am 5. April 1541 eröffneten Reichstag zu Regensburg darauf, Philipp wegen Bigamie zu bestrafen, und ließ sich dafür von ihm insgeheim Zugeständnisse machen, durch die der Schmalkaldische Bund empfindlich beeinträchtigt wurde.

35. Die endgültige Absage an Rom

Als Luther mit seiner Ablaßkritik an die Öffentlichkeit trat, ja als er die Bannandrohungsbulle und das Kirchenrecht öffentlich verbrannte, hatte er keineswegs die Absicht, eine neue christliche Kirche zu gründen. Damals und noch bis in die dreißiger Jahre hatte er die Hoffnung, die bestehende Kirche nach den in seiner Adelsschrift von 1520 und in vielen weiteren Schriften vorgetragenen Plänen zu reformieren. Er erwartete die geforderten Besserungen lange von einem freien, christlichen, allgemeinen Konzil, wie es auch vom Kaiser und den Ständen des Deutschen Reichs immer wieder gefordert wurde. Auf das Papsttum setzte er dagegen kaum mehr Hoffnungen, seitdem er es in der Adelsschrift vielfältig beschuldigt und seine Auffassung durch »die Romischen buben«, d. h. durch die römische Kurie, mit dem in der Bibel angekündigten Auftreten des »Endchrist« (Antichrist) in Verbindung gebracht hatte (WA 6, 322,10–19). Obwohl er noch lange ehrerbietig von einzelnen Päpsten seiner Zeit sprechen konnte, erschien ihm die Institution des Papsttums immer mehr als der unbelehrbare Widersacher. Als Paul III. ein Konzil nach Mantua einberufen hatte, zeigte Luther durch seine »Schmalkaldischen Artikel« und ein Gutachten für seinen Kurfürsten vom Februar 1537, daß er das Konzil noch ernst nahm, während er meinte, die römische Kurie selbst sei ihm abgeneigt (WAB 8, 35–38).

1535 widmete Luther dem Konstanzer Konzil eine Disputation, deren überaus kritische Thesen er lateinisch und deutsch veröffentlichte (WA 39I, 13–38). Anlaß dafür war wohl ein Besuch von Gesandten der Böhmischen Brüder in Wittenberg. Aber auch die Ankündigung eines Konzilsausschreibens durch den päpstlichen Nuntius und Bemühungen evangelischer und reformgesinnter altgläubiger Theologen um einen Ausgleich auf der Grundlage der altkirchlichen Konzilien und Väter förderten Luthers Interesse an der Geschichte der Konzilien, die er jetzt ebenso wie die Geschichte der Päpste eifrig studierte. 1536 schrieb er eine Vorrede zu den *Vitae Romanorum pontificum* (»Lebensläufe der römischen Päpste«) des englischen Theologen Robert Barnes (WA 50, 3–5), in der er die Erscheinung des Papsts als Antichrist und Widersacher als eine Lehre aus der Geschichte bezeichnet. Als Ergebnis seiner gründlichen Beschäftigung mit der Konzilsgeschichte veröffentlichte Luther 1539 eine seiner gelehrtesten Schriften »Von den Konziliis und Kirchen« (WA 50, 509–653). Das auf den 23. Mai 1537 ausgeschriebene Konzil war inzwischen zweimal verschoben worden: zunächst auf den 1. November 1537, dann auf den 1. Mai 1538. Nachdem es noch immer nicht eröffnet worden war, konnte Luther über die Absichten des Papsts nur noch spotten (510,2–7). Seine Schrift besteht aus drei Teilen. Im ersten (514,26–547,11) setzt sich Luther mit den Gutwilligen unter den Anhängern der Römischen Kirche auseinander, die meinten, man könne Reformen auf der Grundlage der altkirchlichen Konzilien und Kirchenväter durchführen. Ein solches Vorhaben müsse bereits deswegen scheitern, weil die Konzilien wie die Väter »nicht allein ungleich, sondern auch wol widernander sind« (520,12 f.). An konkreten Beispielen zeigt er ihre Widersprüche, die eine Berufung der verschiedenen Seiten auf sie möglich machen:

»Aber indes wir also klauben [auflesen] aus den Vetern oder Concilien, jene, was jnen gefelt [gefällt], wir, was uns gefelt, und nicht können eines [einig] werden, weil die Veter selbs nicht eines sind, so wenig als die Concilia, Lieber, wer predigt dieweil den armen seelen, die von solchem klauben und zancken nicht wissen?« (542,18–21)

Unter Berufung auf ein Wort Bernhards von Clairvaux betont er dagegen, man müsse sich an die Heilige Schrift halten, die Quelle auch der Kirchenväter sei (519,32–520,10). Nachdem er an vielen historischen Beispielen die Fragwürdigkeit einer Berufung auf Konzilien und Väter gezeigt hat, untersucht er im zweiten Teil (547,12–624,3) die ersten vier ökumenischen Konzilien von Nicaea, Konstantinopel, Ephesus und Chalcedon. Dabei stellt er fest, jedes dieser Konzilien habe nur einen engen, wenn auch wichtigen Ausschnitt der christlichen Lehre behandelt. Vor allem aber habe keines einen neuen Glaubensartikel aufgestellt; denn ihre vier Lehren seien bereits ausführlicher und überzeugender im Johannesevangelium, aber auch in den anderen Evangelien und den Propheten enthalten (605,15–24). Weil aber die vier Hauptkonzilien keine neuen Lehren geschaffen hätten, sei ein Konzil überhaupt weder befugt, neue Glaubensartikel aufzustellen (607,3–17) noch neue Gesetze für das Handeln (607,18–26) und neue kultische Vorschriften (613,19–26), sich ins weltliche Recht und die Politik einzumischen (613,31–33) oder durch kirchliche Satzungen den Bischöfen Macht zu verleihen (614,1–7). Ein Konzil sei vielmehr eine Art Gericht, ein Diener oder Richter in der Kirche Gottes wie jeder Pfarrer und Schulmeister (615,28–617,24). Kurz: Konzilien sollten

»wider die neuen Artickel des glaubens den alten glauben bekennen und verteidigen, und nicht neue Artickel des glaubens wider den alten glauben setzen, Auch nicht neue gute werck wider die alten guten werck setzen, Sondern die alten guten werck wider die neuen guten werck verteidigen, Wiewol, wer den alten glauben verteidigt wider den neuen glauben, der verteidingt auch die alten guten werck wider die neuen guten werck, Denn wie der glaube ist, so sind auch die früchte oder guten werck [...].« (618,11–18)

Im dritten Teil der Schrift (624,4–661) handelt Luther schließlich von der Kirche, einem »blinden undeudlichem wort« (625,5.16). Dieses Wort bezeichne »ein Christlich heilig Volk«, weil es an Christus glaube und den Heiligen Geist habe, »der sie teglich heiligt, nicht allein durch die vergebung der sunden, so Christus jnen erworben hat [...], sondern auch durch abthun, ausfegen und tödten der sunden« (624,29–33). Die so definierte Kirche habe sieben Merkmale: die Predigt des Gottesworts, Taufe und Altarsakrament, den Gebrauch der »Schlüssel« (Binde- und Lösegewalt), Amtsträger zur Verwaltung der genannten vier Aufgaben, rechten Gottesdienst und das Leiden in der Welt (628,29–643,5). Der rechten, heiligen Kirche stellt Luther schließlich die vom Teufel daneben gebaute »Kapelle« gegenüber (644,12–651,14). Schließlich geht er noch mit warmen Worten auf die Schulen ein, die ihm besonders am Herzen liegen: »Summa, die Schule mus das nehest [Nächste] sein bey der Kirchen, als darin man junge Prediger und Pfarher zeüget« (652,1 f.). Durch sie werde die Gemeinschaft begründet, deren uns schon bekannte drei Stände (»Hierarchien«) Luther auch hier noch einmal vorstellt: Kirche, Stadt (Politik) und Haus; auch gegen sie sei der Teufel tätig (652,3–653,15). Seine Hoffnungen auf ein Konzil hatte er mit dieser Schrift endgültig begraben.

Seit 1539 gab es im Deutschen Reich aber verstärkte Bemühungen um einen Ausgleich zwischen dem evangelischen Lager und reformwilligen altgläubigen Kräften. Kaiser Karl plante für 1540 ein Religionsgespräch zwischen den religiösen Parteien. In einem vom sächsischen Kurfürsten erbetenen, im Januar 1540 von Luther und zahlreichen anderen Wittenberger Theologen unterzeichneten Gutachten (WAB 9, 21–34) werden neben den Lehren und Bräuchen, auf denen man bestehen müsse, die »äußerlichen Mitteldinge« aufgezählt, die man der Gegenseite zugestehen könne. Bezeichnenderweise war sein

Text von Melanchthon formuliert worden. An den Religions-
gesprächen, die 1540 und 1541 in Hagenau, Worms und Regensburg stattfanden, nahm Melanchthon teil und nicht Luther, der nicht dorthin reisen durfte und sich ohnehin wenig
von diesen Verhandlungen versprach. Luthers Enttäuschungen
über ihre mangelnde Reformbereitschaft führten dazu, daß
sein Blick auf die Papstkirche immer dunkler wurde. Gleichzeitig bemühte er sich aber weiterhin um Kenntnis der Papstge-
schichte wie des Geschichtsverlaufs im allgemeinen. Bei seiner
Auslegung der Genesis stieß er immer wieder auf Genealogien
und Lebensdaten der Väter, die er ganz wörtlich nahm. Diese
Angaben regten ihn an, Listen anzulegen, aus denen im Laufe
der Jahre eine kommentierte Geschichtstabelle wurde, die mit
der Schöpfung der Welt und der Vertreibung aus dem Paradies
begann und bis zum Jahr 1540 reichte. 1541 wurde sie unter
dem Titel *Supputatio annorum mundi* (»Berechnung der Jahre
der Welt«) gedruckt (WA 53, 28–171). In diesem Werk hat Luther viel von seiner Kenntnis und Beurteilung der Kirchengeschichte in knappster Form zusammengefaßt. So bemerkt er
zum Jahr 1000: »Nach Beendigung dieses Jahrtausends wird
der Satan losgelassen, und der römische Bischof wird der Antichrist« (152). Papst Innozenz III. (1198–1216) wird als »ausge-
zeichneter Heuchler« bezeichnet (158), und zu Bonifaz VIII.
(1294–1303) bemerkt Luther: »Ein Ungeheuer, trat an wie ein
Fuchs, herrschte wie ein Löwe, starb wie ein Hund« (161). In
Vorwort und Nachwort zur »Verlegung des Alkoran [Widerle-
gung des Korans]« geht Luthers Kritik am Koran und seinem
Verfasser wiederholt in eine Kritik am Papst über. So meint er,
»Mahmet« habe »auch so viel Leute mit sich an Leib und Seele
durch seine lügen verfüret in das ewige verdamnis, wie der
Bapst auch gethan und noch thut« (WA 53, 274,40–276,1). Frei-
lich hält er »Mahmet nicht fur den Endechrist [Antichrist]«.
»Aber der Bapst bey uns ist der rechte Endechrist, der hat den

hohen, subtilen, schönen, gleissenden Teuffel, Der sitzt inwendig in der Christenheit« (394,31; 395,4 f.).

Nicht lange vor seinem Tod veröffentlichte Luther noch einmal eine große, überaus gelehrte Schrift gegen das Papsttum. Unmittelbarer Anlaß dazu war ein neuer Konflikt zwischen Kaiser Karl V. und Papst Paul III., der die von ihm seit 1536 ausgeschriebenen Konzilien immer wieder verschoben hatte, zuletzt 1542 ein nach Trient einberufenes Generalkonzil (DG 416–429). Im Abschied des Reichstags von Speyer am 10. Juni 1544 mußte der Kaiser den Evangelischen gewisse Zugeständnisse machen. Da es unsicher war, wann ein allgemeines, freies Konzil auf dem Boden des Deutschen Reichs stattfinden werde, erklärte er, sich auf einem neuen Reichstag oder einem deutschen Nationalkonzil um eine vorläufige Lösung der Religionsfrage bemühen zu wollen. Im Rom reagierte man auf diese gefährliche Entwicklung rasch. Der Papst ließ am 24. August 1544 ein Tadelsbreve (tadelndes Schreiben) ausgehen; auch ein erster, schärferer Entwurf dieses Breve wurde bald bekannt. Noch am 30. November 1544 berief Paul III. erneut das Konzil nach Trient ein. Doch erst am 13. Dezember 1545 wurde das Konzil tatsächlich eröffnet, das dann bis Ende 1563 tagen sollte.

Luther hatte längst jede Hoffnung auf ein Konzil verloren, als er Anfang Januar 1545 eine Abschrift des Breve oder wahrscheinlicher seiner Vorfassung zu Gesicht bekam. Er antwortete mit seiner Schrift »Wider das Papsttum zu Rom, vom Teufel gestiftet« (WA 54, 206–299). In einer ausführlichen Einleitung (206–228,29) wendet er sich nachdrücklich gegen das Konzilsausschreiben, das nicht jenes »Frey, Christlich Concilium, in Deudschen landen« (208,10) bringen werde, das seit 24 Jahren gefordert worden sei. Im folgenden möchte er in drei Abschnitten Aussagen des Tadelsbreve über die Stellung des Papsts überprüfen (228,21–26). Zunächst wendet er sich gegen die Behauptung, der Papst sei das Oberhaupt der Christenheit, das über Kaiser und Konzilien stehe, prüft die dafür herangezogenen biblischen Belege und schildert die Anmaßung des Papsts, der als Antichrist im Tempel Gottes sitze (269,5–9). Sodann setzt er sich mit der Meinung auseinander, den Papst könne niemand aburteilen, richten und absetzen. In Wirklichkeit seien Papst und Papsttum »von Gott verdampt und aus seiner Kirchen verworffen« (290,21); nicht nur die Kirche, sondern jeder getaufte Christ könne ihn »richten, verdamnen, und zum wenigsten aus seinem hertzen absetzen [...] als einen Widerchrist und Beerwolff [Werwolf], als einen Gottes-, als Christi, als aller Christen und aller welt feind« (293,34–294,3). Schließlich möchte er noch kurz die Lehre widerlegen, der Papst habe das römische Kaisertum von den Griechen auf die Deutschen übertragen (*translatio imperii Romani*). Wenn diese Schrift reich an historischen Argumenten ist, so fällt sie noch mehr durch die unflätige Sprache auf, mit der Luther gegen den Papst und die römische Kurie loszieht, besonders in der Einleitung. Er redet den Papst an als »Aller Hellischt Vater«, »Ewer Hellischeit«, und spricht von ihm als »der heiligen jungfrawen S. Paula tertius fraw Bepstin«. Für Luther ist er »ein meisterlicher Geuckeler [Zauberer]«, »schendlicher Lecker [Windbeutel]«, »ein verzweivelter Spitzbube, Gottes und Menschen feind, der Christenheit verstörer, und des Satans leibhafftige wonung«, »ein grober Esel«, »Bapst Esel«, »fartz Esel zu Rom«, ein »Seelmörder und weltfresser«. Die Päpste seien »verzweivelte, durchtrieben Ertzspitzbuben, Mörder, Verrheter, Lügener, und die rechte grundsuppe [Bodensatz] aller bösesten Menschen auff Erden, wie sie selber zu Rom sagen«, und die römische Kurie eine »Bubenschule«, die aus »heiligen Spitzbuben und Mördern«, »puseron und Hermaphroditen [Kinderschändern und Bisexuellen]« bestehe. Bereits in früheren Schriften hatte er seine Gegner mit groben Worten angeredet, wie ja auch er in zahlreichen Streitschriften übel be leidigt worden war. Man pflegt die Polemik auf beiden Seiten in den »Grobianismus« ihrer Zeit einzuordnen. Doch hat sich Luther in dieser späten Schrift selbst überboten. Den Worten entsprechen die beigegebenen Bilder; so zeigt das Titelbild den Papst, der im Rachen der Hölle thront. Bereits in früheren Jahren waren von Luther entworfene, durch einen Künstler als Holzschnitte ausgeführte Spottbilder auf den Papst erschienen, die im Februar 1545 als Illustrationen zur Schrift »Wider das Papsttum« vorlagen (Abbildung des Papsttums: WA 54, 346–373). Luthers grobe Polemik gegen das Papsttum fand auch in seiner Umgebung unterschiedliche Aufnahme. An Amsdorf schrieb er am 14. April 1545, sein Buch gefalle nicht allen gleichermaßen; aber dem Kurfürsten habe es so zugesagt, daß er für 20 Gulden Exemplare verteilt habe (WAB 11, 71,4–6).

Auch seine so maßlose Kritik des Papsttums hat Luther nicht daran gehindert, sich weiter auf theologischem Niveau mit den Altgläubigen auseinanderzusetzen. Als die theologische Fakultät von Löwen auf Wunsch des Kaisers im Dezember 1544 ein Glaubensbekenntnis in 32 Thesen formuliert hatte (WA 54, 417–422), gab Luther dagegen zuerst im September 1545 75 lateinische (425–430) und anschließend 76 deutsche Thesen (430–443) heraus. Allerdings belegt er die Gegner auch in den beiden Fassungen dieser theologischen Texte mit beleidigenden Ausdrücken. Anschließend machte er sich an eine gelehrte lateinische Abrechnung mit den Löwener Theologen, mit der er aber nicht mehr über die Einleitung hinausgekommen ist (447–458).

36. Luthers späte Judenfeindschaft

Auch die Auseinandersetzung mit den Juden beschäftigte Luther bis in die letzte Zeit. 1523 hatte er sie relativ freundlich behandelt. Doch bereits drei Jahre später legte er eine ganz andere Haltung an den Tag. 1526 veröffentlichte er »Vier tröstliche Psalmen. An die Königin zu Ungarn ausgelegt durch Martin Luther« (WA 19, 552–615). Es handelt sich um Ps. 37, 62, 94 und 109. Luther meint, David habe Ps. 109 »ym geist gemacht von Christo, wilcher redet den gantzen Psalmen ynn seiner eygen person widder Juda [Judas], den verrether und widder das gantze Jůdenthum und verkůndigt, wie es den selbigen gehen werde« (595,5–7). Durch diese Gleichsetzung des Judas mit dem Judentum macht Luther die Übernahme traditioneller christlicher Vorurteile möglich. Er legt den Psalm Vers für Vers aus und deutet die meisten Aussagen auf die Juden, ihr Schicksal und ihre angebliche Schuld. Unter den Untaten der Juden betont er besonders, sie schmähten Jesus als »Thola« (»Erhängter«) und »bube« (608,4–6). Wenn er erwähnt, man halte die Juden für Hunde und achte sie seit der Zerstörung Jerusalems nicht mehr (602,11–21), so meint man noch ein gewisses Mitgefühl zu spüren. Luther sagt auch: »Nicht das gar kein Jůde nymer mehr zum glauben komen můge. [...] Sondern das Jůdenthum, wilchs wir das Jůdische volck heyssen, wird nicht bekeret.« (608,28–31).

Wir wissen nicht, was Luthers Sinneswandel gegenüber 1523 veranlaßt hat. Doch geistige Rückschritte sind meist emotional bedingt. Vermutlich haben persönliche Erlebnisse Luthers Haltung beeinflußt. In einer Predigt am 25. November 1526 erwähnt er erstmals, er habe mit besonders gelehrten Juden über den Namen Gottes gesprochen. Auf seine Argumentation hätten sie erwidert, sie glaubten nicht dem Bibeltext, sondern dem Talmud, d. h. einer Auslegung; sonst wären sie

besiegt (WA 20, 569,8–10). Damit stellten sie die nachbibli-
sche Interpretation der Heiligen Schrift über diese selbst. Wie
tief Luther von diesem Erlebnis beeindruckt war, zeigt sich
daran, daß er in späteren Jahren immer wieder davon berichtet, zuletzt 1543 (WA 53, 589,16–19). Daß die drei Juden, nachdem sie Wittenberg verlassen hatten, »den Christum hatten
einen ›Tola‹ genennet, das ist einen erhenckten Schecher [Räu-
ber]«, veranlaßt ihn zu dem Schluß: »Darumb wil ich mit keinem Jůden mehr zu thun haben« (462,1–3). Im Herbst 1532 erreichte ihn die Nachricht des Grafen Wolf Schlick zu Falkenau,
daß die Juden in Mähren für ihren Glauben warben, Christen
beschnitten und von ihnen die Begehung des Sabbats forderten. Dieser »neue Irrtum« forderte seinen Widerspruch bei
Tisch heraus (WATR 1, 149, Nr. 356), veranlaßte aber noch keine öffentliche Reaktion. Als 1536 der sächsische Kurfürst die
Juden aus seinem Land ausgewiesen und ihnen auch die
Durchreise verboten hatte, schrieb Josel von Rosheim im El-
saß (um 1478–1554), »Befehlshaber und Regierer« der Juden,
an Luther und bat ihn um Fürsprache beim Kurfürsten. Luther
antwortete ihm am 11. Juni 1537 (WAB 8, 89–91) und verweigerte die erbetene Hilfe. Er betont zwar, es sei sein Anliegen
gewesen und sei es noch,

> »daß man die Jüden sollt freundlich halten, der Meinung [in
> der Absicht], ob sie Gott dermaleins wollt gnädiglich anse-
> hen und zu ihrem Messia bringen, und nicht der Meinung,
> daß sie sollten durch meine Gunst und Forderung in ihrem
> Irrtumb gestärkt und ärger werden […].« (89,9–90,2)

Allerdings meint er, die Juden mißbrauchten den Dienst, den
er ihnen mit seiner Schrift von 1523 geleistet habe, und handel-
ten für die Christen unerträglich, so daß sie selbst ihm die
Möglichkeit genommen hätten, für sie einzutreten (89,4–8).

Er wolle aber ein Buch schreiben, um einige von ihnen zu dem ihnen verheißenen Messias zu bringen (90,14–17).

Dieses einladende Buch hat er nie geschrieben; denn inzwischen trafen erneut Nachrichten aus Mähren und Bitten um eine Gegenschrift ein, die ihn 1538 zu einem »Brief D. Martin Luthers Wider die Sabbather an einen guten Freund« veranlaßten (WA 50, 312–337). Hier setzt er sich zunächst mit der Hoffnung der Juden auf die Ankunft des Messias auseinander, die sich bisher wegen ihrer Sünden verzögert habe. Dagegen behauptet er, der Messias sei in Jesus erschienen, da Gott zwar die Sünder strafe, seine Verheißung aber ohne Rücksicht auf das Verhalten der Menschen erfülle (319,18–22). In einem zweiten Schritt wendet er sich gegen die Behauptung, das Gesetz Moses solle ewig bestehen, wobei er auch sprachliche Überlegungen über das Wort »ewig« anstellt. Nach Gottes Aussage solle sein Bund mit Mose »nicht ewig sein, sondern zu Messias zeiten auffhören« (330,6 f.). Die Zehn Gebote seien freilich »nicht allein vor Mose, sondern auch vor Abraham und allen Patriarchen auch uber die gantze welt gegangen« (330,33 f.) und »jnn aller menschen hertzen mit der schepffung ein gepflanzt« (331,15 f.). Die zusätzliche Begründung für die Juden gelte nicht für die Heiden. Auch das dritte Gebot vom Sabbat sei an sich »ein gemein gebot aller welt«; sein Sinn sei, daß wir an diesem Tag Gottes Wort lernen und hören sollen, um so den Tag und uns selbst zu heiligen (332,21–28). Aus der Haltung der Juden schließt Luther, Gott habe sie verlassen und sie könnten nicht mehr Gottes Volk sein. Er argumentiert mit dem Text des Alten Testaments und meint, die Interpretation durch die jüdischen Autoren sei durch das Erscheinen des Messias Jesus widerlegt.

In mancher Äußerung Luthers spiegeln sich Überlegungen wider, die er bei seiner Genesis-Vorlesung angestellt hatte. Vor allem gab ihm die Beschneidung, die im Bund mit Abraham befohlen worden war (1. Mose 17,9–14), Anlaß, sich immer neu mit diesem für das Judentum zentralen Brauch und den darauf beruhenden Ansprüchen zu beschäftigen. Für seine Exegese benutzte er seit längerem die Werke zweier mittelalterlicher Autoren, des Franziskaners Nikolaus von Lyra (um 1270–1349) und des getauften Juden Paulus von Burgos (1351–1435). Zu seiner Auseinandersetzung mit dem Judentum zog er jetzt noch andere Literatur heran: die 1530 erschienene Schrift »Der gantz Jüdisch glaub« des jüdischen Konvertiten Antonius Margaritha, des 1522 getauften Sohnes eines Regensburger Rabbiners, der die jüdische Religionspraxis ausführlich, aber tendenziös darstellt, und das polemische Werk *Victoria adversus impios Hebraeos* (»Sieg über die gottlosen Juden«) des Genueser Kartäusers Porchetus Salvaticus (Ende 13. / Anfang 14. Jahrhundert) in einer Ausgabe von 1520.

Als ihm der Graf Schlick im Juni 1542 eine jüdische Antwort auf seine Schrift »Wider die Sabbather« zusandte, nahm Luther das Thema noch einmal auf und verfaßte sein umfangreichstes antijüdisches Werk »Von den Juden und ihren Lügen« (WA 53, 417–552). Darin verzichtet er jetzt auf eine Bekehrung der Juden (417,22–24) und empfiehlt:

> »Disputire nicht viel mit Jüden von den Artickeln unsers Glaubens, Sie sind von Jugent auff also erzogen mit gifft und grol wider unsern HErrn, das da kein hoffnung ist, bis sie dahin komen, das sie durch jr Elend zu letzt mürb und gezwungen werden, zu bekennen, das [daß] Messias sey komen, und sey unser Jhesus [...].« (419,4–8)

Er wendet sich gegen die Berufung der Juden auf ihre Abstammung, auf die Beschneidung, die Gabe des Gesetzes auf dem Berg Sinai und den Empfang des verheißenen Landes (419,16–448,36). Danach sucht er mit bekannten Argumenten die

Hoffnung der Juden auf einen Messias, der noch kommen solle, zu entkräften (449,1–511,24). Sodann berichtet er auf Grund seiner Gewährsleute über Schmähungen Jesu und seiner Mutter Maria (511,25–522,19). Schließlich gibt er Ratschläge für das Verhalten der Christen gegen die Juden. Nachdem er festgestellt hat, sie könnten das über sie ergangene Feuer des göttlichen Zorns nicht löschen noch die Juden bekehren, meint er:

> »Wir müssen mit gebet und Gottes furcht eine scharffe barmhertzigkeit uben, ob wir doch etliche aus der flammen und glut erretten kündten [könnten], Rechen [rächen] dürffen wir uns nicht, Sie haben die Rache am Halse, tausent mal erger, denn wir jnen wündschen mügen [können] [...].«
> (522,34–37)

Wie diese »scharfe Barmherzigkeit« gegen die Juden aussehen soll, beschreibt er konkret durch Maßnahmen, die in seiner Zeit durchaus üblich waren: Synagogen und Schulen verbrennen und dem Erdboden gleichmachen, ihre Häuser zerstören, ihre Bücher wegnehmen, ihren Rabbinern das Lehren untersagen, den Juden die Bewegungsfreiheit nehmen, ihnen das Zinsnehmen verbieten und ihren Besitz an Edelmetall wegnehmen, schließlich die jungen Juden und Jüdinnen ihr Brot durch Handarbeit verdienen lassen (523,1–526,17). Nach weiteren Ausführungen über die von den Juden angerichteten Schäden bis hin zu den wiederholt erwähnten, aus »Historien« bekannten üblen Verleumdungen der Brunnenvergiftung, des Kinderdiebstahls und anderer Untaten behauptet Luther nochmals, »das ein Christ, nehest [nächst] dem Teufel, keinen gifftigern, bittern feind habe, denn einen Jůden« (530,31 f.), und gibt erneut den Rat, man solle die Synagogen verbrennen, den Juden ihre Bücher nehmen, ihnen den Gottesdienst und sogar die Nennung des Gottesnamens vor christlichen Ohren verbieten (536,23–537,17). Indem er ihre angeblichen Untaten wiederholt und ausmalt, steigert sich Luther in eine Wut gegen die Juden hinein, die ihn zeitweise jedes humane Empfinden vergessen läßt. Wenn er während der Abfassung seines Buchs an Justus Jonas schreibt, er sei »bis jetzt in die Rasereien der Juden eingetaucht« (WAB 10, 226,19 f.), dann scheint er seinen eigenen Gemütszustand auf die Gegner zu übertragen.

Noch in zwei weiteren, kürzeren Veröffentlichungen des Jahres 1543 setzt sich Luther mit den Juden auseinander. In seiner Schrift »Vom Schem Hamphoras und vom Geschlecht Christi« (WA 53, 579–648), in der er Aussagen der Schrift über »Die Juden und ihre Lügen« vertieft, übersetzt und kommentiert er zunächst einen Abschnitt aus dem Werk des Porchetus Salvaticus mit einem Jesus schmähenden jüdischen Text (*Toledot Jeschu*: »Geschlecht Jesu«). Danach verbreitet er sich über das Tetragramm, den »Schem Hamphoras« (*schem ha-meforasch*, »der Gott eigene Name«). Er erörtert diesen Gottesnamen im Zusammenhang mit Spekulationen über die Buchstaben (594,23–600,22) und bringt ihn schließlich in Zusammenhang mit dem am Chor der Wittenberger Stadtkirche angebrachten Relief einer Sau, die Ferkel und Juden säugt und an deren Hinterteil sich ein Rabbiner zu schaffen macht (600,23–601,17). Diese Verbindung zwischen dem Gottesnamen und dem im Judentum als unrein betrachteten Schwein ist der Gipfel der Beleidigungen, die Luther den Juden zufügt. Im zweiten Teil der Schrift, der sachlich nicht mit dem ersten zusammenhängt, bemüht er sich, die beiden unterschiedlichen Stammbäume Jesu in Mt. 1,1–16 und Lk. 3,23–37 zu harmonisieren, um so die jüdischen Einwände gegen die Auffassung Jesu als Messias zu widerlegen (610–648). In der ebenfalls 1543 erschienenen Schrift »Von den letzten Worten Davids« (WA 54, 28–100) über 2. Sam. 23,1–7 setzt er sich auch mit der jüdischen Schriftauslegung auseinander. Gleich eingangs erklärt er: »Wir Chri-

236 Luthers späte Judenfeindschaft

sten haben den synn und verstand [Verständnis] der Biblia, weil wir das Newe Testament, das ist Jhesum Christum haben, welcher im alten Testament verheissen und hernach komen, mit sich das liecht und verstand der schrifft bracht hat« (29,3–6). Die Juden nennt er dagegen »der Heiligen schrifft diebe, reuber und verkerer« (93,22). Ein sachliches Verhältnis zu ihnen war ihm unter seinen Voraussetzungen nicht möglich.

37. Luthers Lebensausgang

Trotz aller äußeren Einschränkungen und all seiner Krankheiten, die ihn seit den dreißiger Jahren in seiner Bewegungs- und Arbeitsfähigkeit beeinträchtigten, wäre es falsch, Luthers Wirksamkeit im letzten Jahrzehnt seines Lebens zu unterschätzen. Seine Lehrtätigkeit durch Vorlesungen und Disputationen, die laufende Revision der Bibelübersetzung zusammen mit verschiedenen Helfern, zahlreiche Briefe und Gutachten, aber auch viele – oft auf neuen historischen Studien beruhende – Schriften zeigen ihn durchaus auf der Höhe seiner geistigen Kraft. Auffällig ist freilich, wie viel Mühe er in seinen letzten Jahren auf die Bekämpfung echter oder eingebildeter Gegner verwandt hat. Wenn man die Schriften dieser Jahre liest, meint man eine wachsende Verbitterung gegenüber allen zu erkennen, die sich seinen Überzeugungsversuchen entzogen. Das trifft auch auf den 1531 in der Schlacht bei Kappel gefallenen Zwingli und seine Anhänger zu. 1544 veröffentlichte Luther ein »Kurzes Bekenntnis vom heiligen Sakrament« (WA 54, 141–167), in dem er sich noch einmal mit heftigen Worten gegen alle »Schwermer und Sacraments feinde, Carlstad, Zwingel, Ecolampad, Stenckefeld [den spiritualistischen Reformator Kaspar von Schwenckfeldt, 1489–1561] und jre Jünger zu Zürich und wo sie sind« (141,19 f.) wendet. In seinen Thesen gegen die Löwener Theologen 1545 macht er erneut einen Ausfall gegen »die Zwingler und alle Sacraments schender« (434,14). Von wachsender und am Ende hemmungsloser Grobheit ist seine Polemik gegen das Papsttum und die römische Kurie. Zuletzt haben wir Luthers Schmähungen gegen die Juden kennengelernt, gegen die er eine geradezu wahnhafte Abneigung entwickelte, die ihn bis in seine letzten Lebenstage begleitete.

Luther hatte seit Jahren die Grafen von Mansfeld wegen der

Rücksichtslosigkeit kritisiert, mit der sie ihre wirtschaftlichen Interessen beim Bergbau gegen ihre Untertanen durchsetzten. Die Grafen der drei Mansfelder Linien lagen seit Jahrzehnten im Streit miteinander. Als politische Vereinbarungen nicht zu einer Beilegung ihrer Streitigkeiten führten, bat man das Landeskind Luther um Vermittlung. Im Oktober und Ende Dezember 1545 war er mit Melanchthon und Justus Jonas zu erfolglosen Verhandlungen in Mansfeld. Am 23. Januar 1546 unternahm er eine dritte Reise, die ihn in seine Geburtsstadt Eisleben führte, jetzt zusammen mit seinen drei Söhnen und Jonas. Bereits bei der Abreise aus Wittenberg war er krank gewesen. Am 1. Februar berichtet er seiner Frau von einem Schwächeanfall auf der Fahrt, den er auf einen kalten Wind zurückführt, den man aber als Herzinfarkt deuten kann. Er weiß, daß Katharina noch eine andere Erklärung gegeben hätte:

»Aber wenn du werest da gewest, so hettestu gesagt, Es were der Juden oder ires Gottes schuld gewest. Denn wir musten durch ein Dorff hart [kurz] vor Eisleben [wohl Rißdorf], da viel Juden innen wonen, vielleicht haben sie mich so hart angeblasen.« (WAB 11, 275,5–8)

Nachdem der Erzbischof von Magdeburg die Juden aus dem Erzstift vertrieben hatte, fanden einige von ihnen unter dem Schutz der Gräfin Dorothea von Mansfeld-Vorderort Zuflucht in Eisleben und Rißdorf. Luther fügte dem Bericht an seine Frau hinzu: »Wenn die Heubtsachen geschlichtet weren, so mus ich mich dran legen [machen], die Juden zuvertreiben« (276,16 f.). In Eisleben schonte er sich trotz seines Zustands nicht. Zwei Wochen lang begleitete er die schwierigen Verhandlungen, die am 17. Februar endlich zu einem Vertrag zwischen den streitenden Grafen führten (WAB 12, 364–377). Außerdem hielt er in Eisleben vier Predigten, zuletzt am

15. Februar (WA 51, 148–196). Am 7. Februar predigte er über das Gleichnis vom Unkraut unter dem Weizen (Mt. 13,24–30) und nutzte die Gelegenheit, mit allen Feinden abzurechnen: »Widerteuffer, Sacramentirer, Antinomer und andere Rottengeister«, »Jůden, Tůrken, Spaniolen« und »des Bapsts und andern Rotten« (175,27 f. 35 f.). Diese Predigt schloß er mit einer »Vermahnung wider die Juden« (195 f.). Darin warf er den Juden im Lande vor, großen Schaden anzurichten und Christus zu lästern. Die Christen warnte er vor den Juden, und diesen empfahl er, sich zu bekehren; falls sie sich weigerten, sollten sie unter den Christen nicht geduldet werden.

Luther hatte seit einem Jahrzehnt mit seinem baldigen Tod gerechnet. Als ihm Landgraf Philipp im März 1545 eine italienische Nachricht von seinem angeblichen Tod zusandte, veröffentlichte Luther das Flugblatt mit deutscher Übersetzung und kurzer Nachbemerkung, die sein Wohlbefinden bezeugte, unter dem Titel: »Eine wälsche Lügenschrift von Doctor Martin Luthers Tod, zu Rom ausgegangen« (WA 54, 191–194). Nun kam das Ende, mit dem Luther seit langem so oft in Gedanken und Worten umgegangen war, nicht unerwartet. In den Frühstunden des 18. Februar 1546 starb Luther in Eisleben wohl an einem zweiten Herzinfarkt in Gegenwart mehrerer Zeugen, darunter Justus Jonas, der Mansfelder Prediger Michael Coelius, Graf Albrecht von Mansfeld-Hinterort mit seiner Frau und andere. Noch um vier Uhr früh diktierte Jonas dem Sekretär des Grafen einen Brief an den Kurfürsten Johann Friedrich in Torgau, der durch seinen Kanzler Brück rasch Bugenhagen, Cruciger und Melanchthon in Wittenberg benachrichtigen ließ. Diese überbrachten Katharina Luther die Trauerbotschaft. Jonas und Coelius hielten sogleich die letzten Tage und Stunden Luthers fest, besonders aber seine letzten Worte, um zu dokumentieren, daß der Reformator in festem Glauben gestorben sei, und um damit späteren Verleumdungen vorzu-

beugen (487–496). Sie zeichneten auch die nun folgenden Ereignisse auf: Nachdem Luthers Leichnam am 18. Februar in der
Herberge aufgebahrt worden war, wurde er in die Andreaskir-
che von Eisleben gebracht, wo am 19. Jonas und am 20. Coelius
vor ihm predigten. Anschließend wurde er unter großem Zu-
lauf über Halle und Bitterfeld am 22. in die Wittenberger
Schloßkirche überführt. Beim Trauergottesdienst predigten
Bugenhagen deutsch und Melanchthon lateinisch; anschließend wurde Luther nahe der Kanzel beigesetzt, auf der er so oft
gepredigt hatte. Melanchthon hatte bereits am 19. zu Beginn
seiner Vorlesung über Luthers Tod berichtet und seine Hörer
dazu aufgefordert, das Gedächtnis und die Lehre des Heimge-
gangenen zu bewahren. Seine Leichenrede wurde sogleich lateinisch und bald auch in deutscher Übersetzung gedruckt und
verbreitet (DG 432–437).

38. Wer war Martin Luther?

Melanchthon beschreibt Luther in seiner Leichenrede als heilsames Werkzeug Gottes, das den wahren Glauben geoffenbart und Gottes Kirche wieder aufgerichtet habe. Bereits zu seinen Lebzeiten wurde Luther von seinen Anhängern mit biblischen Vorstellungen als »Mann Gottes« in der Nachfolge der alttestamentlichen Propheten Elia und Daniel gerühmt und verehrt. Man zog sogar Parallelen zwischen seiner Verfolgung und der Passion Christi. Die Verehrung des Gottesmannes, des heldenhaften Kämpfers gegen den Papst und ein durch ihn repräsentiertes entartetes System, des Erneuerers von Glauben und Kirche, hat sich über das Luthertum hinaus im ganzen evangelischen Lager gehalten und verstärkt. Nach Luthers Tod setzte allerdings der Kampf um den »echten« Luther ein, der sich auch in den verschiedenen Gesamtausgaben seines Werks niederschlug. Der deutsche Protestantismus hat gerne jene Äußerungen des Reformators hervorgehoben, in denen er nationale deutsche Interessen gegen Rom betont; bis ins 20. Jahrhundert war immer wieder der »deutsche Luther« Gegenstand von Darstellungen. Auch abgesehen von ihren Folgen für Kirche und Religion schätzt man das Bekenntnis Luthers auf dem Wormser Reichstag und sieht in der »Freiheit eines Christenmenschen« Anstöße zum modernen politischen Ideal der Freiheit. Luther hat Anregungen auf verschiedenen Gebieten gegeben. Und selbst der, dem die Inhalte seiner Werke gleichgültig sind, muß Luthers Bedeutung für die Geschichte der deutschen Sprache anerkennen.

Für die Altgläubigen stand spätestens seit der Verhängung des päpstlichen Banns das Urteil über Luther fest: Er war ein Häretiker. In ihrer erfindungsreichen Polemik haben sie das Bild Luthers nicht nur mit den traditionellen, sondern auch mit vielen neu ersonnenen Merkmalen eines Ketzers bereichert.

Luthers Biographie gab ohnehin reichlich Anlaß, individuelle Züge in dieses Bild einzufügen, wie die des abtrünnigen Mönchs, der eine entlaufene Nonne heiratet und zur gleichen Zeit die Fürsten gegen jene Bauern antreibt, die er zuvor zum Aufstand bewegt hatte. Das katholische Lutherbild wurde nach dem Tod des Reformators vor allem durch die sehr polemischen »Kommentare über Leben und Werk Martin Luthers« seines alten Gegners Johann Cochlaeus (DG 438–442) bis ins 20. Jahrhundert hinein geprägt. Seit Mitte des Jahrhunderts hat die katholische Lutherforschung Schritt für Schritt dieses Bild entzerrt bis zu Versuchen einer »Heimholung« Luthers in die Römisch-katholische Kirche im Zeichen ökumenischer Bemühungen.

Solche positiven wie negativen Urteile wird sich der Historiker versagen, dem es um das Verstehen einer geschichtlichen Persönlichkeit und ihres Werks geht. Luther wird man nur gerecht, wenn man ihn vor dem Hintergrund seiner Zeit sieht. Seine geistigen und emotionalen Wurzeln lagen im späten 15. Jahrhundert; in mancher Hinsicht – etwa in seinem Glauben an den Teufel und an das Walten dämonischer Mächte – ist er immer ein Mensch des Mittelalters geblieben. Zur Zugehörigkeit zu der wahren christlichen Kirche gab es für ihn keine Alternative. Deshalb konnte er, wie seine Zeitgenossen mit nur wenigen Ausnahmen, in Andersgläubigen lediglich Feinde sehen, die es zu bekehren oder zu bezwingen galt. Im grobianischen Stil seiner Zeit ließ er sich zu schärfster, in seinen letzten Jahren oft maßloser Polemik hinreißen: gegen abweichende Meinungen im eigenen Lager wie gegen hartnäckige Altgläubige, gegen das Papsttum, gegen die Türken und besonders gegen die Juden, auf deren Bekehrung er vergeblich gehofft hatte.

Mit seinen Bemühungen, die ganze bestehende Kirche zu reformieren, mußte Luther trotz mancher günstigen Voraussetzungen scheitern; zu groß waren vor allem die politischen

Widerstände. An Stelle der einen erneuerten Kirche gingen aus der Reformation viele auf unterschiedliche Weise neugestaltete Kirchentümer hervor. Darin zeigt sich freilich zugleich ihre epochale Bedeutung: nicht nur in der Spaltung der ohnehin nie ganz geeinten Christenheit, sondern auch in der Begründung eines geistig-religiösen Pluralismus, der sich im Laufe der Neuzeit immer stärker durchgesetzt hat und heute der Garant von Freiheit in allen Lebensbereichen ist. Luther war allerdings kein Vorkämpfer der Emanzipation von sämtlichen Bindungen. Als zutiefst religiöser Mensch, für den das Verhältnis zu Gott im Mittelpunkt aller Überlegungen stand, kam er in heftigen Gewissenskämpfen und durch intensivste theologische Arbeit zu seinen grundlegenden Einsichten. Gott, wie er sich in Christus und in der von Christus zeugenden Heiligen Schrift geäußert hatte, und der Mensch, der diesem Gott als Sünder und zugleich als Angenommener, als Gerechtfertigter, gegenüberstand, waren die beiden Pole seines Denkens. Aus seinem Gottesglauben ging sein Freiheitsbewußtsein hervor. Mit ihm begründete er eine bisher unbekannte Freiheit in Kirche und christlicher Religion, selbst gegenüber der Heiligen Schrift. In der Theologiegeschichte hat Luther eine tiefe Zäsur bewirkt: Mit seiner der monastischen Theologie verwandten und von ihr beeinflußten erfahrungsbezogenen Schrifttheologie hat er die bisherige Herrschaft der auf Autorität gegründeten scholastischen Theologie gebrochen. Zwar ist nach ihm auf den von ihm geschaffenen Grundlagen eine neue protestantische Scholastik entstanden; doch sie konnte nicht von Dauer sein. Weder sie noch der sie ablösende neuere Protestantismus haben Luthers Erbe ganz ausgeschöpft: seine Konzentration auf den im Wort erschienenen Gott, auf die Unterscheidung von Gesetz und Evangelium, auf die unauflösliche Beziehung zwischen Wort und Glauben, auf die Freiheit des allein in Gott gebundenen Gewissens und auf die Erfahrung des einzelnen. Von Luthers Denken gehen bis heute immer wieder wichtige Anstöße aus.

Eine der größten Begabungen Luthers lag in seinem Umgang mit der Sprache, vor allem mit seiner Muttersprache. Durch seine zahlreichen deutschen Schriften, vor allem aber im jahrzehntelangen Ringen um eine deutsche Bibelübertragung hat Luther wesentlich zur Entstehung einer einheitlichen deutschen Schriftsprache beigetragen. Zur Wirkung seiner Deutschen Bibel in weiten Kreisen kam die seiner Kirchenlieder und seiner beiden Katechismen, die seine Gedanken weit über jene Gebiete verbreiteten, die sich der Wittenberger Reformation geöffnet hatten. Über seine zeitgebundenen Züge wie seine gewaltige Wirkung in der Vergangenheit hinaus gehört Luthers Werk zu jenen großen sprachlichen Hinterlassenschaften, mit denen man sich immer wieder beschäftigen kann, um immer neue Entdeckungen zu machen. Geduldiger Lektüre erschließen sich ihre Schätze: ein Reichtum an Gedanken und Formulierungen zu vielen Themen des menschlichen Lebens und eine religiöse Tiefe, die Luther eine einzigartige Stellung in der neueren Geschichte zuweisen.

Literaturhinweise

Verwendete Literatur

Dieses Buch beruht auf bewährten Ergebnissen der Lutherforschung und auf einer erneuten Auswertung der Quellen, vor allem des umfangreichen Werks Martin Luthers. Die neue Datierung und Einordnung der Romreise verdanke ich dem wichtigsten Beitrag zur biographischen Lutherforschung aus den letzten Jahren: Hans Schneider, Martin Luthers Reise nach Rom – neu datiert und neu gedeutet, in: Studien zur Wissenschafts- und zur Religionsgeschichte, Redaktion: Werner Lehfeldt (Abhandlungen der Akademie der Wissenschaften zu Göttingen, NF, Bd. 10), Berlin / New York 2011, S. 1–157.

Die zitierten Quellen werden abgekürzt nachgewiesen:

AWA	Archiv zur Weimarer Ausgabe der Werke Martin Luthers
CR	Corpus Reformatorum
DG	Deutsche Geschichte in Quellen und Darstellung. Band 3: Reformationszeit 1495–1555, hrsg. von Ulrich Köpf
RN	Revisionsnachtrag
WA	Weimarer Ausgabe, Schriften
WAB	Weimarer Ausgabe, Briefe
WADB	Weimarer Ausgabe, Deutsche Bibel
WATR	Weimarer Ausgabe, Tischreden

Lateinische Texte sind von mir übersetzt. Deutsche Texte werden getreu zitiert, heute ungebräuchliche Wörter und schwierige Wortformen in eckigen Klammern erklärt.

Literatur zur Vertiefung

Handbücher

Aland, Kurt: Hilfsbuch zum Lutherstudium. Bielefeld ⁴1970.
Beutel, Albrecht (Hrsg.): Luther Handbuch. Tübingen 2005 (²2010 als UTB 3416).

Lohse, Bernhard: Martin Luther. Eine Einführung in sein Leben und sein Werk. München ³1997.

Zu Luthers Leben und Werk

Beutel, Albrecht: Martin Luther, eine Einführung in Leben, Werk und Wirkung. Leipzig 2006.

Bornkamm, Heinrich: Luther. Gestalt und Wirkungen (Schriften des Vereins für Reformationsgeschichte 188). Gütersloh 1975.

– Martin Luther in der Mitte seines Lebens. Das Jahrzehnt zwischen dem Wormser und dem Augsburger Reichstag. Hrsg. von Karin Bornkamm. Göttingen 1979.

Brecht, Martin: Martin Luther. 3 Bde. Stuttgart 1981–87. [Bd. 1: ³1990.]

Dingel, Irene / Henning P. Jürgens (Hrsg.): Meilensteine der Reformation. Schlüsseldokumente der frühen Wirksamkeit Martin Luthers. Gütersloh 2014.

Ebeling, Gerhard: Martin Luthers Weg und Wort. Frankfurt a. M. 1983.

– Luthers Seelsorge. Theologie in der Vielfalt der Lebenssituationen an seinen Briefen dargestellt. Tübingen 1997.

Junghans, Helmar (Hrsg.): Leben und Werk Martin Luthers von 1526 bis 1546. 2 Bde. Berlin/Göttingen 1983.

Kaufmann, Thomas: Martin Luther. München 2006.

Leppin, Volker: Martin Luther. Darmstadt ²2010.

Moeller, Bernd: Luther-Rezeption. Kirchenhistorische Aufsätze zur Reformationsgeschichte. Hrsg. von Johannes Schilling. Göttingen 2011.

Oberman, Heiko A.: Luther. Mensch zwischen Gott und Teufel. Berlin ²1983.

Schilling, Heinz: Martin Luther. Rebell in einer Zeit des Umbruchs. München ²2013.

Schwarz, Reinhard: Luther (Die Kirche in ihrer Geschichte Bd. 3I). Göttingen 1986. [²1998 als UTB 1926.]

Zu Luthers Theologie

Bayer, Oswald: Martin Luthers Theologie. Tübingen 2003.

Bornkamm, Heinrich: Luthers geistige Welt. Gütersloh ⁴1960.

Burger, Christoph: Tradition und Neubeginn. Martin Luther in seinen frühen Jahren (Spätmittelalter, Humanismus, Reformation 79). Tübingen 2014.

Ebeling, Gerhard: Luther. Einführung in sein Denken. Nachw. von Albrecht Beutel. Tübingen ⁵2006.

– Evangelische Evangelienauslegung. Eine Untersuchung zu Luthers Hermeneutik. Tübingen ³1991.

– Lutherstudien. 3 Bde. in 5 Tln. Tübingen 1971–85.

Hamm, Berndt: Der frühe Luther. Etappen reformatorischer Neuorientierung. Tübingen 2010.

Holl, Karl: Gesammelte Aufsätze zur Kirchengeschichte I. Luther. Tübingen ⁷1948.

Junghans, Helmar: Der junge Luther und die Humanisten. Weimar/ Göttingen 1985.

Lienhard, Marc: Martin Luthers christologisches Zeugnis. Entwicklung und Grundzüge seiner Christologie. Berlin/Göttingen 1980.

Loewenich, Walther von: Luthers theologia crucis. Witten ⁵1967.

Lohse, Bernhard: Luthers Theologie in ihrer historischen Entwicklung und in ihrem systematischen Zusammenhang. Göttingen 1995.

Müller, Gerhard: Causa Reformationis. Beiträge zur Reformationsge-schichte und zur Theologie Martin Luthers. Zum 60. Geburtstag des Autors hrsg. von Gottfried Maron und Gottfried Seebaß. Gütersloh 1989.

Pesch, Otto Hermann: Hinführung zu Luther. Mainz ²1983.

Schwarz, Reinhard: Martin Luther – Lehrer der christlichen Religion. Tübingen 2015.

Personenregister